aux Anciens

RESTAURANT

Entrez dans l'histoire,
découvrez la cuisine québécoise
dans l'ambiance chaleureuse
d'une maison ancestrale.

34, rue Saint-Louis, Québec   Téléphone: (418) 692-1627   Télécopieur: (418) 692-5419
www.auxancienscanadiens.qc.ca   Courriel : restaurant@auxancienscanadiens.qc.ca

EN 2008, QUÉBEC VOUS INVITE POUR SES 400 ANS.

Lieu fondateur de la présence française en Amérique, Québec prépare pour 2008 des festivités mémorables pour célébrer ses 400 ans.
Joyau du patrimoine mondial, Québec sera en fête durant plusieurs mois.
Y serez-vous ?

quebec400.qc.ca

QUÉBEC 2008

Québec

VILLE DE QUÉBEC

Canadä

Édito

JONATHAN CHODJAÏ
DIRECTEUR DE COLLECTION

MAEVA VILAIN
DIRECTRICE DE LA RÉDACTION

AUDREY LORANS
DIRECTRICE DES VENTES ET MARKETING

ANNE GENEST
AUTEURE

CONCILIER UN IMPORTANT HÉRITAGE HISTORIQUE AVEC UN AVENIR PROMETTEUR DE NOUVEAUX DÉFIS : C'EST LA MISSION QUE S'EST DONNÉE LA VILLE DE QUÉBEC. CE NOUVEAU GUIDE DU PETIT FUTÉ N'EST PAS MOINS AMBITIEUX : C'EST LE REFLET DE CETTE CONCILIATION QU'IL VEUT VOUS OFFRIR.

La culture francophone arrivée par la mer voilà maintenant 400 ans se vit quotidiennement dans le cœur de la vieille ville de Québec. Les maisons patrimoniales, les églises, les couvents, les hôpitaux ont été conservés avec soin. Les expositions, les ateliers pour enfants dans les musées, les festivals perpétuent ces longues traditions.

Mais, Québec, c'est aussi la capitale d'une nation vibrante, qui grandit grâce aux apports de nouveaux arrivants. Venus aujourd'hui d'Europe mais aussi d'Afrique, d'Asie ou d'Amérique, ces immigrants se plaisent dans cette culture. Leurs apports dans des domaines aussi variés que la musique, la gastronomie, les relations interpersonnelles donnent une nouvelle couleur au Québec et à sa capitale.

C'est avec un grand plaisir que nous avons parcouru la ville de Québec. La vie nocturne, les saveurs des restaurants, la quantité de nouveaux établissements ont suscité notre enthousiasme. C'est cette soif de découverte que nous nous sommes efforcés de retransmettre dans cet ouvrage. Nous espérons qu'il vous fera apprécier Québec autant que nous l'avons aimé.

Nous vous souhaitons une bonne lecture et une riche utilisation de ce guide, hautement futé!

L'équipe de la rédaction

17

39

59

103

131

147

Sommaire

167

181

193

205

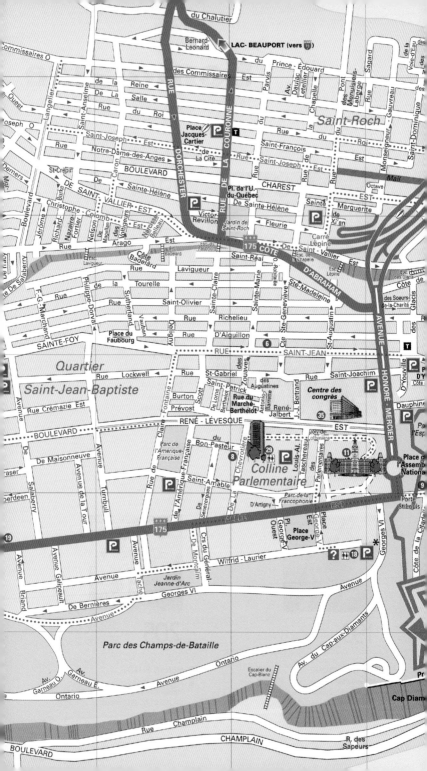

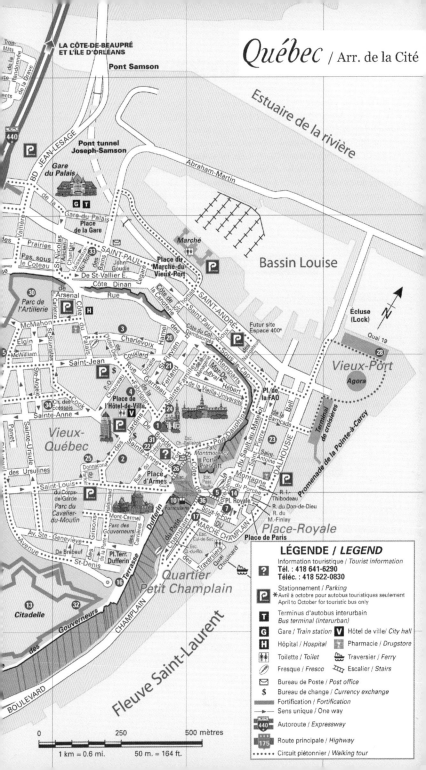

Québec / Arr. de la Cité

LA CÔTE-DE-BEAUPRÉ
ET L'ÎLE D'ORLÉANS

Pont Samson

Estuaire de la rivière

Pont tunnel
Joseph-Samson

Gare
du Palais

Place
de la Gare

Abraham-Martin

Marché

Bassin Louise

SAINT-PAUL

Place du
Marché-du-
Vieux-Port

John
Goudie

De St-Vallier E.

Côte Dinan

Écluse
(Lock)

Quai 19

Parc de
l'Artillerie

SAINT-ANDRÉ

Rue

Charlevoix

Futur site
Espace 400ᵉ

Vieux-Port

Agora

Saint-Jean

Place
de l'Hôtel-de-Ville

Pl. de
la FAO

Vieux-
Québec

Place
d'Armes

Place
de Paris

Place-Royale

Pl. Royale

Parc du
Corps-
de-Garde

Parc du
Cavalier-
du-Moulin

Pl. Terr.
Dufferin

Citadelle

Quartier
Petit Champlain

Fleuve Saint-Laurent

LÉGENDE / LEGEND

Information touristique / Tourist information
Tél. : 418 641-6290
Téléc. : 418 522-0830

Stationnement / Parking
*Avril à octobre pour autobus touristiques seulement
April to October for touristic bus only

Terminus d'autobus interurbain
Bus terminal (interurban)

Gare / Train station   Hôtel de ville / City hall

Hôpital / Hospital   Pharmacie / Drugstore

Toilette / Toilet   Traversier / Ferry

Fresque / Fresco   Escalier / Stairs

Bureau de Poste / Post office

Bureau de change / Currency exchange

Fortification / Fortification

Sens unique / One way

Autoroute / Expressway

Route principale / Highway

Circuit piétonnier / Walking tour

0   250   500 mètres

1 km = 0.6 mi.

50 m. = 164 ft.

VILLE DE QUEBEC 2007-2008

LE PETIT FUTÉ « Québec 2007/2008» est édité par : Les Éditions Néopol Inc, 43 Av. Joyce, Montréal, QC, H2V 1S7. Tél : 514-279-3015. Fax : 514-279-1143. www.petitfute.ca Courriel : redaction@petitfute.ca **Administrateurs :** Gérard Brodin, Jonathan Chodjaï, Michael Galvez. **Directeur de Collection :** Jonathan Chodjaï. **Directrice de la rédaction :** Maeva Vilain **Directrice des ventes et du marketing :** Audrey Lorans. **Auteures :** Anne Genest, Maeva Vilain. **Régie Publicitaire :** Patrick Brisson, Michaël Galvez, Jonathan Chodjaï, Audrey Lorans, Florian Kallenbrunn . **Conception graphique et infographie :** Johan Batier. **Montage des publicités :** Noémie Roy Lavoie. **Correctrice :** Claire d'Hennezel. **Impression :** Imprimerie Transcontinental, Québec. **Distribution :** Socadis-Flammarion. **ISBN :** 2-922450-35-X. **Dépôt légal –** Bibliothèque nationale du Québec, 2006. **Dépôt légal –** Bibliothèque nationale du Canada, 2006.

REMERCIEMENTS

Un grand bravo à notre belle équipe pour ce bon travail. Un grand merci à Sandrine et toute l'équipe de l'Autre jardin pour leur chaleureux accueil, Jean-Claude qui maintient son Astral au Top, Marie-Hélène qui nous soutient sans aucun A priori, AML qui embarque cette année dans notre belle croisière, Paillard pour ses délices, au 400 è pour son bel évènement et tous nos partenaires de la Capitale Nationale qui rendent cette ville unique.

LE PETIT FUTÉ a été fondé il y a 29 ans par Dominique Auzias. Les guides sont édités par les Nouvelles Éditions de l'Université, Paris, France. Jean-Paul Labourdette en est le gérant, et Gérard Brodin le directeur administratif et financier. Merci à tous les deux pour leur soutien et leur confiance. Merci aussi à Stephan, Patrick, Pascal, Caroline, Sandra et tous les autres pour l'aide qu'ils nous ont apportée.

ENGAGEMENTS DU PETIT FUTÉ

• Les adresses sélectionnées englobent les endroits qui sont de notoriété publique mais aussi ceux qui gagnent à être connus et reconnus.
• Rien ne sert de courir, il faut penser futé. Tous les effort déployés pour ce guide sont le fruit d'un travail d'équipe visant à vous en faire profiter … Alors n'hésitez pas à en user et en abuser !
• Le Petit Futé n'est pas un media de masse mais il est indépendant.
• Les guides du Petit Futé sont financés en partie par les ventes et en partie par la publicité.
• En aucun cas le contenu publicitaire ne dépassera 30 % du guide, et il n'aura pas d'influence sur les articles des annonceurs.
• Le Petit Futé n'est pas un distributeur d'étoiles, ni un donneur de notes, c'est l'expérience vécue que nous cherchons à retransmettre.
• L'honnêteté guide la description des auteurs, pour un contenu fiable et authentique et des adresses sélectionnées au service des lecteurs.
• L'utilisation du féminin dans ce guide est à titre générique et ceci pour alléger le texte.
• Votre avis, vos bons plans nous intéressent … alors, contactez-nous !

CE PETIT LOGO INDIQUE NOS COUPS DE CŒUR :

QUÉBEC GRATUIT

Parce qu'on ne peut pas tous les soirs se payer un restaurant ou une place au théâtre, voilà une liste des activités gratuites à Québec.

1. ENTRÉE LIBRE AUX MUSÉES ET DANS LES MONUMENTS

+ Musée national des beaux-arts du Québec : Accès gratuit en tout temps aux six salles de la collection mettant en vedette l'art du Québec, dont une consacrée à Jean-Paul Riopelle et une autre à la Collection d'art inuit Brousseau.

+ Musée de la civilisation : entrée libre tous les mardis entre le 1 er novembre et le 31 mai ainsi que de 10h à 12h les samedis des mois de janvier et février.

+ **Parlement** : des visites guidées sont organisées gratuitement.

+ **Basilique-Cathédrale Notre-Dame de Québec** : entrée libre en tout temps.

+ **Résidence du Gouverneur général du Canada** : entrée libre en tout temps. Fermé lors du séjour du Gouverneur.

+ **La Maison Chevalier** : entrée libre en tout temps.

+ Les **économusées** : entrée libre en tout temps.

+ Le **centre d'interprétation Place Royale** : entrée libre le mardi du 1 novembre au 31 mai ainsi que de 10h à 12h les samedis des mois de janvier et février.

+ **Monastère des Augustines de l'Hôtel Dieu** : entrée libre en tout temps.

+ **Centre Marie de l'Incarnation** : entrée libre en tout temps.

+ **Musée de l'Amérique Française** : entrée libre le mardi du 1 novembre au 31 mai ainsi que de 10h à 12h les samedis des mois de janvier et février.

+ **Espace 400è** : Accès libre de janvier à octobre 2008.

+ **Méduse** : entrée libre en tout temps aux expositions.

2. SPECTACLES GRATUITS

+ Concerts et récitals de poésie à 221 mètres d'altitude ! En 2007, l'**Observatoire de la capitale** fête ses 10 ans et vous invite régulièrement à des concerts le soir, des récitals de poésie le midi. Programme sur
WWW.OBSERVATOIRECAPITALE.ORG

+ Les bibliothèques municipales et en particulier la **bibliothèque Gabrielle Roy** organisent de nombreux spectacles, gratuits ou peu chers.

+ Le **défilé du Carnava**l : on assiste gratuitement au long défilé de chars colorés et musicaux lors du Carnaval, parrainé par le fameux bonhomme.

+ Les grandes festivités de commémoration autour des 400 ans de Québec, le 3, 4, 5 et 6 juillet 2008.

+ Le programme de nombreux festivals contient des spectacles gratuits.

3. LECTURE LIBRE

+ Le **réseau des bibliothèques municipales** : 25 établissements regroupant plus d'un million de documents, libres, revues, journaux, films, jeux et cédéroms.

+ **Magazine Le Clap** :
une véritable institution pour les cinéphiles de Québec. Distribué gratuitement dans plus de 400 points de dépôt.

+ **Journal Voir** :
un hebdomadaire incontournable pour profiter pleinement de la vie culturelle. Livres, ciné, musique, théâtre, tout y est.

4. SPORTS

+ **14 patinoires :**
intérieures ou extérieures ouvrent gratuitement, à certaines heures de la semaine. Voir sur le site
WWW.VILLEDEQUEBEC.QC.CA

+ **11 piscines :**
intérieures ou extérieures ouvrent gratuitement,
à certaines heures de la semaine.
WWW.VILLEDEQUEBEC.QC.CA

+ **Plaines d'Abraham** :
belles pistes de ski de fond en hiver et de patins en ligne en été.

agenda

Les dates et les informations sur les festivals ne sont que des indications, en raison du temps écoulé entre la fabrication du guide et l'organisation du festival. Pour cette même raison nous ne pouvons indiquer les dates des fêtes commémorant les célébrations du 400e anniversaire de la ville. Tous les évènements ont lieu chaque année, sauf indication contraire.

SALON DES ARTISANS DE QUÉBEC

DEUXIÈME SEMAINE
DE DÉCEMBRE
418-877-1919
www.salondesartisans.com
Centre des foires de Québec
Rassemblement de nombreux artisans
de la ville de Québec et de ses alentours.
Présentations et ventes au public
de leur travail.

MOIS MULTI

FÉVRIER
418-524-7553
www.meduse.org/recto-verso
Un mois de rencontre et une incita-
tion à la découverte de nouvelles disciplines artistiques. Présence de nombreux artistes venus du monde entier,
spécialistes de diverses disciplines en
art visuel.

FESTIVAL DE CINÉMA DES 3 AMÉRIQUES

28 MARS - 1 AVRIL 2007
418-647-1112
www.fc3a.com
Le plus important festival de cinéma
à Québec. Courts et longs-métrages,
nouvelles images en provenance des
Amériques, de l'Alaska à Ushuaia,
à découvrir de toute urgence pour
sa diversité et son intérêt.

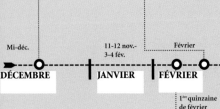

Mi-déc.		11-12 nov.-3-4 fév.	Février		28 mar.-1 avr.	
DÉCEMBRE		**JANVIER**	**FÉVRIER**	**MARS**		**AVRIL**

1ᵉʳᵉ quinzaine
de février

11-15 avr.

CARNAVAL DE QUÉBEC

PREMIÈRE QUINZAINE DE FÉVRIER
418-626-3716
www.carnaval.qc.ca
Au moment où il fait bien froid et où n'importe qui
resterait chez lui, une fièvre hivernale s'empare de la
ville. Anciennement, le Carnaval de Québec était
synonyme de fête plutôt réservée aux adultes.
Aujourd'hui, la programmation du plus gros carnaval d'hiver du monde s'adresse aux petits aussi.
Bonhomme Carnaval, bain de neige, découverte de
cultures nordiques, activités hivernales et culturelles,
animations de tous genres se réunissent pour faire
découvrir le plaisir de l'hiver !

SALON INTERNATIONAL DU LIVRE DE QUÉBEC

11-15 AVRIL 2007
418-692-0029
www.silq.org
Centre des congrès.
Le lieu de rencontre des auteurs et
du public autour de leurs œuvres. Les
conférences, tables rondes, rencontres et
séances de signature font de cet événement un salon qui dépasse la question
littéraire.

HIVER

PRINTEMPS

MANIF D'ART
1 MAI-15 JUIN 2008 (BIENNALE)
418-524-1917
www.manifdart.org
L'art actuel s'exhibe dans la ville sous sa forme la plus diverse à l'aide d'une programmation d'expositions et de spectacles où cohabitent poésie, musique, métiers d'art, photographies, installations, peinture, performances et vidéos. Cette biennale d'envergure internationale fait vivre une expérience stimulante et originale autour de l'art de recherche.

GRAND RIRE (LE)
20 JUIN-2 JUILLET 2007
418-647-2525 ou,
sans frais, 1 877 441-RIRE (7473)
www.grandrire.com
Une centaine d'humoristes de renom et des représentants de la relève donnent des spectacles en plein air ou en salle

CARREFOUR INTERNATIONAL DE THÉÂTRE
MAI 2008 (BIENNALE)
418-692-3131
www.carrefourtheatre.qc.ca
Vaste sélection de pièces de théâtre venues du monde entier.

1 mai-15 juin 2008   mai 2008   20 juin-2 juillet 2007

MAI   **JUIN**   **JUILLET**

28 juin
– 1 juillet 2007

20-22 avr.   25 juin 2007

FESTIVAL DE LA GASTRONOMIE DE QUÉBEC COUPE DES NATIONS
20-22 AVRIL 2007
418-683-4150
www.festivalgastronomiequebec.com
Au Centre de foires ExpoCité.
Les meilleurs restaurateurs de la région de Québec y participent. Dans une ambiance de fête, on déguste des vins et bières, tout en assistant au défi des chefs, à des spectacles continuels et aux compétitions culinaires.

FÊTE NATIONALE
25 JUIN 2007
418-640-0799
www.snqc.qc.ca
Un grand concert, généralement sur les plaines d'Abraham réunit des milliers de spectateurs. En marge de ce grand évènement, sont organisés des fêtes pour enfants, des bals, des défilés, etc.

FIERTÉ QUÉBEC
28 JUIN – 1 JUILLET 2007
418-523-2002
www.fiertequebec.net
Grandes célébrations de la fierté gaie, accueillant de nombreux hétéros

ÉTÉ

GRANDS FEUX LOTO-QUÉBEC
21 JUILLET - 8 AOÛT 2007
418-523-3389 /1 800 923-3389
www.lesgrandsfeux.com
Parc de la Chute Montmorency.
Les mercredis et samedis soir, le ciel s'illumine de grands feux d'artifices musicaux. Tout un spectacle que cette compétition conviant les meilleurs artificiers du monde sur le site enchanteur du parc de la chute-Montmorency !

FÊTE DU CANADA
1ER JUILLET
1 800 361-8303
www.celafete.ca
Nombreuses festivités pour enfants et adultes, notamment sur les plaines d'Abraham

FESTIVAL DES JOURNÉES D'AFRIQUE, DANSES ET RYTHMES DU MONDE
FIN JUILLET
418-640-4213
www.festivaljourneedafrique.com
Place d'Youville et Eglise Saint Roch.
Musiques traditionnelles et modernes reflétant la diversité de la musique africaine.

FESTIVAL D'ÉTÉ DE QUÉBEC
5 –15 JUILLET 2007
1 888 992-5200
www.infofestival.com
Ce festival de musique invite des artistes du monde francophone et d'ailleurs. Musique, arts de la rue, 11 jours de festivité et d'effervescence

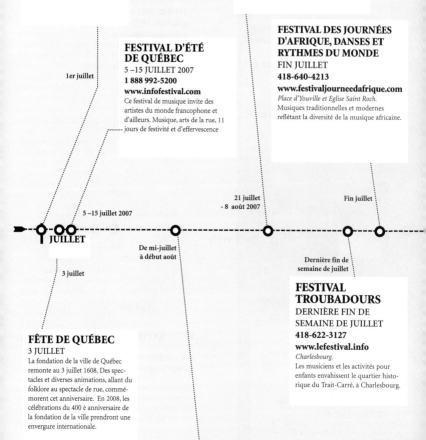

FÊTE DE QUÉBEC
3 JUILLET
La fondation de la ville de Québec remonte au 3 juillet 1608. Des spectacles et diverses animations, allant du folklore au spectacle de rue, commémorent cet anniversaire. En 2008, les célébrations du 400 è anniversaire de la fondation de la ville prendront une envergure internationale.

FESTIVAL TROUBADOURS
DERNIÈRE FIN DE SEMAINE DE JUILLET
418-622-3127
www.lefestival.info
Charlesbourg.
Les musiciens et les activités pour enfants envahissent le quartier historique du Trait-Carré, à Charlesbourg.

LES BOUQUINISTES DU ST-LAURENT
DE LA MI-JUILLET À DÉBUT AOÛT
514-273-6532
www.lesbouquinistes.org
Terrasse Dufferin.
Les fouineurs, les amoureux de l'odeur des livres de seconde main sont choyés. Tout en profitant de la terrasse Dufferin et de sa vue exceptionnelle sur le Saint Laurent, romans, livre d'histoire, de philosophie, de géographie ou BD feront l'objet de recherches passionnantes.

ÉTÉ

PLEIN ART
DÉBUT AOÛT
418-694-0260
www.salonpleinart.com
Vieux Québec.
Une centaine d'artisans professionnels
québécois exposent un large éventail
de produits : décoration en verre,
articles de cuir, de métal, vêtements et
accessoires, meubles, bijoux, etc

FESTIVAL INTERNATIONAL DE MUSIQUES MILITAIRES DE QUÉBEC
22-26 AOÛT 2007
1 888 693 5757
www.fimmq.com
Un festival hors norme qui convie le public
à la découverte de cette musique si particulière.
Les divers lieux de concert permettent une
redécouverte originale de la ville et de
ses sites touristiques.

EXPO QUÉBEC
15-26 AOÛT 2007
1 888 866-3976
www.expocite.com
À l'origine, une foire agricole qui est devenue
la plus grande fête foraine de l'Est du Canada.
Un parc d'attractions pour petits et grands,
différents pavillons récréatifs et culturels. La
foire agricole constitue toujours une part
importante des festivités

Début août

15-26 août 2007

22-26 août 2007

AOÛT

SEPT.

1 - 5 août 2007

FÊTES DE LA NOUVELLE-FRANCE
1 - 5 AOÛT 2007
1-866-391-3383
www.nouvellefrance.qc.ca
Le Québec du XVIIe siècle renaît ! Pendant
une semaine, les filles du roi, coureurs des
bois et autres personnages de l'époque
envahissent les rues. Reconstitutions,
théâtres, animateurs, costumes, rien n'est
laissé au hasard pour remonter au temps du
régime français.

ENVOL ET MACADAM
DÉBUT SEPTEMBRE
418-522-1611
www.envoletmacadam.com
Limoilou.
Un festival de musiques alternatives qui anime les rues de Limoilou depuis 1996. Des artistes reconnus et ceux de la relève se côtoient, en salle ou à l'extérieur, pendant quatre jours.

CHALLENGE DE TENNIS DE QUÉBEC
PREMIÈRE SEMAINE
DE NOVEMBRE
418-653-1234/1-866-653-6203
www.challengebell.com
Plus de 10 ans déjà que ce tournoi féminin convie des joueuses de tennis de niveau international et des jeunes espoirs. Celles qui brillent sur le terrain aujourd'hui ont souvent fait leurs premières armes sur les terrains de Québec

QUÉBEC ATELIERS OUVERTS
OCTOBRE 2008
(BIENNALE)
www.restoscope.com
Les artistes en arts visuels ouvrent les portes de leur atelier au grand public

Oct. 2008

Première semaine
de novembre

Début
septembre

SEPT. — **OCT.** — **NOV.** — Fin novembre — **DÉC.**

28-30 sept.2007

25 oct. – 3 nov.
2007

PARADE DES JOUETS
FIN NOVEMBRE
www.pompiersdequebec.com
Les pompiers déploient tout leur artifice pour collecter des jouets qu'ils remettront à des enfants défavorisés. Chars allégoriques, fanfare, troupes de danses, une parade de 55 tableaux, le spectacle se déroule dans les rues du centre-ville et de la 3e Avenue

JOURNÉES DE LA CULTURE
28-30 SEPTEMBRE 2007
1 866 734-4441
www.journeesdelaculture.qc.ca
Un grand nombre de musées et de monuments ouvrent gratuitement. Des spectacles et des concerts rythment les visites.

FESTIVAL DES MUSIQUES SACRÉES DE QUÉBEC
25 OCTOBRE – 3 NOVEMBRE 2007
418-525-9777
www.festivalmusiquesacree.ca
Eglise Saint Roch.
Les musiques religieuses et un lieu chargé d'histoire se marient pour l'organisation de concerts. Cet événement, crée en 1997 par le curé de la paroisse Saint-Roch accueille des interprètes internationaux de premier ordre pour des gospels, des chants grégoriens, des polyphonies corses et de la musique ancienne.

AUTOMNE

découvrir
Québec

Place Royale. Vieux-Québec.
© Maéva Vilain

Parc Saint-Roch
© Yves Tessier Tessima

Québec,
la perle de la province

BERCEAU DE LA PROVINCE DU QUÉBEC, BASTION DE LA CULTURE FRANÇAISE EN AMÉRIQUE DU NORD, LA VILLE DE QUÉBEC EST UN BIJOU. C'EST AUSSI LA SEULE VILLE FORTIFIÉE D'AMÉRIQUE DU NORD, ET SON QUARTIER ANCIEN, LE VIEUX-QUÉBEC, S'INSCRIT SUR LA LISTE DU PATRIMOINE MONDIAL DE L'UNESCO. QUÉBEC, QUI OFFRE LE CHARME EUROPÉEN DANS UN ENVIRONNEMENT AMÉRICAIN, SEMBLE ELLE-MÊME FAITE DE CONTRADICTIONS ET DE PARADOXES, À L'IMAGE DE SA POPULATION AUX RACINES AMÉRINDIENNES, FRANÇAISES ET BRITANNIQUES.

Depuis 1867 (date de la Confédération), Québec est la capitale politique de la province du

même nom; sa grande fierté aussi. Ici siège le Parlement, à peu de distance du massif et ô combien célèbre Château Frontenac, qui surplombe le majestueux fleuve Saint-Laurent et qui est typique des hôtels de style « château médiéval », avec tourelles et

mâchicoulis, que le Canadian Pacific implanta sur la ligne du chemin de fer transcanadien.

Le Vieux-Québec se compose d'une haute-ville, au sommet du cap Diamant, et d'une basse-ville, comprise entre la falaise et le Saint-Laurent. Il convient d'en faire la visite… à pied. La flânerie est le meilleur moyen de la découvrir. Ici, les voitures sont indésirables et mieux vaut les abandonner dans un des parkings souterrains de la vieille ville. À pied, mille charmes s'y dévoilent, au gré de ses étroites ruelles pavées, de ses escaliers, de ses places ombragées et de ses jardins. Les flèches élancées de ses nombreuses églises et le dôme du Grand Séminaire témoignent de l'importance de la religion catholique dans cette ancienne colonie française. Ici aussi, les manifestations abondent à longueur d'année et, plus particulièrement, durant la saison estivale. Les fêtes de la Nouvelle-France, en août, y recréent l'atmosphère du XVIIe siècle. En février s'y déroule le célèbre carnaval de Québec, conduit par le non moins célèbre « bonhomme », vêtu de sa « tuque » rouge et de sa ceinture fléchée (pièce de tissu traditionnelle), et qui s'accompagne d'un grand défilé de chars, d'un étonnant palais de glace, d'un concours de sculptures sur neige et d'une course de canots au milieu des glaces mouvantes du Saint-Laurent.

Vous irez sans doute faire un tranquille trajet sur le ferry qui fait la traversée du fleuve jusqu'à Lévis (rive sud), histoire de découvrir cet ensemble remarquable coiffant le fameux cap Diamant. Vous vous baladerez très certainement dans le vieux port et ferez un tour au marché couvert où sont proposées toutes sortes de spécialités québécoises. Ou bien vous flânerez dans les ruelles autour du Petit Champlain, pour admirer la pittoresque et coquette rénovation de cet ancien quartier de pêcheurs de la basse-ville, laquelle avait sombré dans l'oubli. Peut-être encore ferez-vous du lèche-vitrines dans une des innombrables boutiques d'art et d'artisanat québécois qui ont pignon sur rue dans la vieille ville, ou dans les beaux centres commerciaux du boulevard Laurier (près du pont Pierre-Laporte). Hors les murs, Québec est une cité moderne, dominée par de hautes tours, une ville d'hommes politiques, de fonctionnaires et d'étudiants, ainsi qu'un centre industriel et portuaire.

Bref, Québec est tout sauf banale. On la découvre avec enchantement et on la redécouvre toujours avec plaisir. Il faut prendre son temps, déguster les spécialités culinaires de la gastronomie québécoise de l'ancien temps, s'offrir un verre en plein air sur les nombreuses terrasses de café de la vieille ville ou de la Grande Allée (les Champs-Elysées de Québec) par une nuit de pleine lune. Et, les soirs d'été, après un dîner savoureux, faire une promenade digestive sur la promenade en planches de la terrasse Dufferin, au pied du Château Frontenac, illuminé comme dans un conte de fées, pour jouir de la vue sur le fleuve ou se laisser charmer par les chanteurs et musiciens qui s'y produisent.

Histoire

BIEN AVANT L'ARRIVÉE DES EUROPÉENS, LES CHASSEURS ET PÊCHEURS AMÉRINDIENS HABITAIENT LE VILLAGE DE STADACONÉ, NON LOIN DU SITE ACTUEL DE QUÉBEC.

En 1535, Jacques Cartier y accoste et donne le nom de cap Diamant au promontoire qui domine le Saint-Laurent, pensant y trouver de précieuses pierres, avant d'en repartir, déçu. En 1608, Samuel de Champlain débarque à son tour à « Kébec », mot algonquin signifiant « là où le fleuve se resserre », et, de fait, le Saint-Laurent ne mesure qu'un kilomètre de large à cet endroit. Il y établit un poste de traite des fourrures et y érige une première forteresse de bois. Les institutions religieuses et l'administration coloniale s'établissent dans la haute-ville, tandis que les marchands et les artisans habitent la basse-ville qui demeurera jusqu'au milieu du

XIXe siècle le cœur économique de la cité. Très vite, Québec devient le centre politique, administratif et militaire de la Nouvelle-France.

Perchée sur le promontoire du cap Diamant (98 m de hauteur), au confluent de la rivière Saint-Charles et du Saint-Laurent, la ville, surnommée « le Gibraltar de l'Amérique », occupe en effet un site stratégique qui fera l'objet de multiples offensives : elle ne subira pas moins de six sièges. Les frères Kirke réussissent même à s'en emparer en 1629. Comme elle reste vulnérable en dépit de sa situation de forteresse naturelle, on décide de l'entourer de puissantes fortifications. Elles sont érigées en 1690 par le comte de Frontenac qui réussit à repousser l'assaut de l'amiral Philips. Mais, en 1759, les troupes anglaises du général Wolfe assiègent la ville. C'est ainsi que, lors de la funeste bataille des Plaines d'Abraham, le général français Montcalm est battu. La France perd sa colonie.

Conquise, Québec est cédée à l'Angleterre en 1763. Cependant la ville conserve son droit de pratiquer la religion catholique (interdite en Angleterre) et se voit autorisée, grâce à la signature, en 1774, de l'Acte de Québec, à préserver sa langue et ses coutumes. Ce qui n'empêchera pas, un an plus tard, une autre tentative d'invasion, celle des troupes américaines de Montgomery qui convoitent la perle de la « Belle province ». Cuisant échec. Là s'arrêtera heureusement l'histoire de la vocation militaire de la place forte de Québec, dont les fortifications seront toutefois complétées plus tard par la garnison anglaise.

Québec fut la capitale de la Nouvelle France jusqu'à ce que la France perde sa colonie sur les plaines d'Abraham. Néanmoins, la ville restera capitale, de façon ininterrompue, jusqu'à aujourd'hui. En effet, au lendemain de la conquête par les Anglais, les nouvelles autorités militaires et politiques s'y installent. En 1791, alors que le Canada se divise en deux provinces (Haut et Bas Saint-Laurent), Québec devient capitale du Bas-Canada. Enfin, depuis 1867, elle est la capitale de la province de Québec.

Le portail **www.partirquebec.com** vous propose différentes idées de séjour pour découvrir le Québec.

Prenez place à bord du M/V Louis Jolliet !

Relaxez, et laissez **Croisières AML** vous faire découvrir Québec d'une façon originale! Le jour, optez pour la croisière Les Découvreurs... En 90 minutes, notre guide interprétant un personnage historique vous offre une petite leçon d'histoire et de géographie sans prétention. Vues du fleuve, la chute Montmorency, l'île d'Orléans, la banlieue de Québec et les falaises se présentent à vous d'un nouvel angle. Le soir venu, attablez-vous pour un souper-croisière gastronomique. Romantiques, offrez-vous une cuisine raffinée dans une ambiance feutrée. Notre chef et sa brigade proposent une table d'hôte sublime, rassasiant les fins palais ! Avec ces escapades urbaines, l'expression s'évader autrement prend tout son sens !

Tours Chanteclerc vous offre la ville de Québec à la carte!

Séjournez dans des Hôtels 3 ou 4 étoiles ! Un séjour de rêve au Manoir Lafayette, au Manoir Victoria ou au Château Laurier à partir de 143$* par nuit ! Consultez dès aujourd'hui le www.partirquebec.com et profitez de la qualité Tours Chanteclerc !

* Prix toutes taxes incluses, à partir de, par nuit en occupation double. La TPS et la TVQ sont incluses lorsque applicables. Les prix n'incluent pas le coût de la contribution des clients au fonds d'indemnisation des clients des agents de voyages détaillants de 3,50 $CAN par tranche de 1 000$ CAN. Des frais de services d'un maximum de 15 $ CAN par personne seront applicables. Permis du Québec.

Escapade dans le cœur du Vieux Québec!

Depuis 1870, l'Hôtel Clarendon fait corps avec l'esprit du Vieux-Québec. Érigé devant les jardins de l'hôtel de ville, l'Hôtel Clarendon est serti dans un écrin de vieux pavés, de jardins décoratifs et d'un boisé d'arbres centenaires au cœur battant du Vieux-Québec. L'Hôtel le Clarendon, est sans contredit l'endroit idéal pour débuter une balade à pied dans le Vieux-Québec.

w w w . p a r t i r q u e b e c . c o m

4 Planifiez vos vacances sur **Partir Québec!**

Partir Québec! La référence pour planifier et réserver un voyage au Québec. Que vous cherchiez un forfait individuel en toute liberté, un circuit organisé sans tracas, un séjour adrénaline ou tout simplement un petit week-end romantique. **Partir Québec** saura combler vos attentes.

5 **Prenez du temps pour vous !**

L'Auberge Quatre Temps est l'endroit où vous pourrez prendre le temps de vous reposer, de vous ressourcer par notre gamme de soins offerts au Sentosa Spa, le tout accompagné d'une cuisine santé au Restaurant Le Laké qui vous servira un excellent déjeuner, dîner ou souper dans un décor unique. Pourquoi ne pas vous offrir un **forfait Dorlotage** ? Ce forfait comprend :

- Une nuitée à l'Auberge chambre standard ;
- Souper table d'hôte quatre services et déjeuner ;
- **Au choix :** Massage de détente d'une durée de 60 minutes **ou** un enveloppement du corps, **ou** un facial d'une durée de 60 minutes ;
- Pause-santé.

6 **Canyon Ste-Anne : Catégorie «parc naturel»**

Époustouflant! Entrez dans un spectaculaire canyon de l'ère glaciaire creusé dans un roc de 900 millions d'années par une imposante chute de 74m. Traversez 3 ponts suspendus…! Explorez ce joyau de la Nature, les marmites de géants, le mini-canyon et autres curiosités. Sentiers familiaux pour petits et grands. Rallye ROC-ambolesque sur pierres du monde entier. Vias ferrata, tyrolienne géante. Lauréat national « Attractions Canada » et site de tournage d'un film de John Travolta. Visites spéciales pour handicapés, aire de pique-nique, restaurant, terrasse, boutique. À 5 minutes de la Basilique. Durée de la visite: de 1 à 3 heures.

Horaire : 1 mai au 23 juin et de la fête du Travail au 22 octobre : 9h à 17 :30h. 24 juin au 4 septembre : 9h à 18 :30h. Dernière admission 1 heure avant la fermeture.

www.partirquebec.com

GEOGRAPHIE

LE CENTRE DE LA VILLE DE QUÉBEC, DANS LEQUEL SE REGROUPENT LES ATTRAITS TOURISTIQUES, SE DIVISE EN UNE HAUTE-VILLE ET UNE BASSE-VILLE. AU NIVEAU PRATIQUE, CELA IMPLIQUE UN FORT DÉNIVELÉ ENTRE LE PORT ET LA PARTIE SURÉLEVÉE DE LA VILLE. ADMINISTRATIVEMENT, IL S'AGIT DE L'ARRONDISSEMENT DE LA CITÉ, DIVISÉ EN 6 QUARTIERS.

Les principaux quartiers touristiques dans lesquels le visiteur sera amené à se promener sont les suivants :

+ le **Vieux-Québec**, construit sur la partie haute et la partie basse

+ le quartier **Saint-Jean-Baptiste**, dans la Haute-Ville

+ le quartier **Saint-Roch**, dans la Basse-Ville

LE VIEUX-QUÉBEC – HAUTE-VILLE ET BASSE-VILLE

Classé patrimoine mondial par l'Unesco en 1985, le Vieux-Québec est le quartier le plus visité de la province. Il se divise entre une partie au niveau de l'eau et une autre sur les hauteurs stratégiques du Cap Diamant. Champlain choisit la partie haute en 1620 pour installer le fort Saint-Louis. La vocation des deux parties date de cette époque : une basse-ville peuplée de commerçants et d'artisans et la haute-ville habitée par les militaires, les fonctionnaires et membres du clergé. Les travaux pour l'édification de l'enceinte fortifiée commencent à la fin du XVIIe siècle et se terminent en 1832 avec l'achèvement de la construction de la citadelle. Aujourd'hui, de nombreuses institutions politiques et religieuses occupent une place de choix dans la haute ville : l'Hôtel de Ville, le Séminaire de Québec, le couvent des Ursulines, le monastère des Augustines, l'Hôpital de l'Hôtel Dieu. Dans la basse-ville, la vocation commerçante et artisane de la ville se confirme dans le quartier du Petit Champlain qui regroupe de beaux magasins vendant de l'artisanat, essentiellement québécois. Au niveau administratif le quartier du Vieux-Québec comprend aussi les Plaines d'Abraham (ainsi nommé en raison de la bataille au cours de laquelle la France perdit sa colonie) et la colline parlementaire.

LE QUARTIER SAINT-JEAN-BAPTISTE

Aux débuts du Régime français, ce territoire faisait partie de la banlieue, notamment en raison de sa situation géographique, hors de l'enceinte fortifiée. Son véritable essor ne commence qu'au début de XIXe siècle, quand le quartier se peuple d'artisans, de commerçants et d'ouvriers. En 1929, le quartier prend le nom de Saint-Jean-Baptiste, en l'honneur du saint patron des Canadiens français. Le quartier connaît aujourd'hui une activité économique importante, en raison des nombreux bâtiments administratifs, notamment des ministères. La rue Saint-Jean ainsi que la Grande Allée, à la limite du quartier Saint-Jean-Baptiste, débordent de magasins, de restaurants et de bars.

LE QUARTIER SAINT-ROCH

Il s'agit d'un des plus anciens faubourgs de Québec mais surtout du nouveau quartier à la mode. Beaucoup de galeries d'art, de résidences d'artistes, de magasins de mode s'y côtoient. Ce quartier se développa au milieu du XVIIIe siècle avec l'avènement des chantiers navals le long de la rivière Saint-Charles. Un siècle plus tard, l'économie se concentra sur la construction de navires. Mais, cette activité ainsi que d'autres types d'industries arrivées par la suite connurent un déclin. Par la suite, le quartier figurait parmi les plus pauvres de la ville au cours de la deuxième moitié du XXe siècle. C'est à partir des années 1990 que commença la réhabilitation des rues principales, notamment la rue Saint-Joseph. Aujourd'hui, en raison de son passé industriel, du charme des ruelles, de la qualité des commerces, c'est un quartier qui mérite une visite.

FUNICULAIRE

FATIGUÉ DES ESCALIERS ENTRE
LE QUARTIER DU PETIT CHAMPLAIN ET
LA TERRASSE DUFFERIN, AU PIED DU
CHÂTEAU FRONTENAC ? ALORS OPTEZ
POUR LE FUNICULAIRE. IL FONCTIONNE
TOUS LES JOURS ET OFFRE UNE BELLE VUE
SUR LE FLEUVE.

VISITER

LE VIEUX-QUÉBEC ET SON PATRIMOINE

POUR DÉCOUVRIR QUÉBEC ET SON
PATRIMOINE, VOICI UNE BALADE
PONCTUÉE DE VISITES DE SITES
HISTORIQUES ET DE MUSÉES. POUR TOUT
VOIR, IL VOUS FAUDRA UNE BONNE
SEMAINE AU BAS MOT. HEUREUSEMENT,
UNE HALTE DANS LES CAFÉS ET
RESTAURANTS SOULAGERA LES PIEDS
ENDOLORIS ET LES VENTRES CREUX. NOUS
AVONS ORGANISÉ LES DESCRIPTIFS DES
ATTRAITS DE FAÇON GÉOGRAPHIQUE : EN
SUIVANT LA LISTE, VOTRE ITINÉRAIRE
VOUS PERMETTRA DE NE PAS REVENIR SUR
VOS PAS.

HAUTE-VILLE INTRA-MUROS

Le cœur du Vieux-Québec, où Champlain
érigea le premier fort, conserve depuis sa
fondation une vocation religieuse et
administrative. Depuis 1985, la zone du
Vieux-Québec dans l'enceinte des murailles
est classée patrimoine mondial par l'Unesco.

CHÂTEAU FRONTENAC
www.fairmont.com
Ainsi baptisé en l'honneur du gouverneur de
la Nouvelle-France, il se dresse au flanc du cap
Diamant depuis 1893, à l'emplacement de
l'ancienne résidence du gouverneur. En août
1943 et en septembre 1944, les Alliés se
donnèrent rendez-vous au château pour
discuter de la conduite générale de la
guerre et de la stratégie future. C'est
lors de la première rencontre que
furent déterminés la logistique et le
lieu du débarquement de Normandie.
Lors de la deuxième rencontre, l'après-
guerre constitua l'essentiel des
conversations. Aujourd'hui, le château,
hôtel 5 étoiles, propriété du groupe
Fairmont compte plus de 600
chambres, plusieurs restaurants,
magasins, etc. Il faut y entrer, ne serait-ce que
pour prendre une consommation au bar, pour
l'ambiance et la vue sur la ville. Les visites
guidées sont intéressantes et vivantes.

TERRASSE DUFFERIN ET PROMENADE DES GOUVERNEURS
Cette promenade se situe au pied du Château
Frontenac. C'est une longue et large terrasse
de planches balayée par le vent et surplombant le Saint-Laurent. Elle offre de magnifiques vues sur la basse-ville et le fleuve. La
nuit, quand le Château est éclairé, le spectacle
devient féerique. En hiver, on fait des glissades
en luge, une attraction pour les amateurs
d'adrénaline. La terrasse Dufferin se prolonge
par la promenade des Gouverneurs, longue
succession d'escaliers longeant la citadelle du
côté du fleuve et qui aboutit aux Plaines
d'Abraham (très belles vues).

MUSÉE HISTORIQUE DE CIRE
22, rue Sainte-Anne
418-692-2289
*Été, ouvert tous les jours 9h-22h. Hors saison
10h-17h. Adulte 4 $, étudiant 3$.*
Dans l'une des plus belles maisons héritées
du régime français (1732), le visiteur
découvrira, en cire et sur pied, 80 figures de
l'histoire de l'Amérique, et plus particulièrement du Québec, ce qui inclut celle du
premier ministre le plus influent que la
province ait connu, René Lévesque.

MUSÉE DU FORT
10, rue Sainte-Anne
418-692-2175
www.museedufort.com
*1 fév-31 mars : jeu-dim 11h-16h, 1 avr-31 oct :
tous les jours 10h-17h, 1 nov-26 déc : jeu-dim
11h-16h, 26 déc- 4 jan : tous les jours.*

UN CAFÉ AVEC VUE !

UN CAFÉ À 221 MÈTRES D'ALTITUDE, ÇA VOUS BRANCHE ? RENDEZ-VOUS AU SOMMET DE L'OBSERVATOIRE DE LA CAPITALE. VOUS SEREZ SAISI PAR LA BEAUTÉ DU PANORAMA SUR LA VILLE ET LE FLEUVE.
Voir page 34

Voir page 34

Représentations toutes les 30 min. Adulte 7,50 $, étudiant 4,50 $, aîné 5,50 $.
Un spectacle son et lumière retrace l'histoire militaire de Québec depuis sa fondation : ses six sièges, la funeste bataille des Plaines d'Abraham et l'invasion américaine de 1775. Vous y verrez aussi une maquette de la ville, de 36 m2, telle qu'elle était vers 1750.

CATHÉDRALE ANGLICANE DE LA SAINTE-TRINITÉ

31, rue des Jardins
418-692-2193
www.cathedral.ca
Ouvert tous les jours en saison touristique, 10h-17h, le reste de l'année aux heures de messe. Visites commentées.
Entrée gratuite.
Cette cathédrale de style palladien, construite en 1804 sur le modèle londonien de Saint-Martin-in-the-Fields, abrite une collection d'objets précieux, don du roi George III. Le trône du roi est situé au balcon, dans la loge royale. Lui seul (ou son représentant) pouvait l'occuper. Les bancs sont faits de chêne importé de la forêt royale de Windsor. En été, dans la cour de la cathédrale, les artisans de la cathédrale exposent leurs œuvres (16 juin-5 sept) tous les jours, 10h30-22h.

RUE SAINT-LOUIS

Cette voie animée regorgeant de restaurants et de boutiques recèle quelques-unes des plus belles maisons de la ville : la maison Maillou (1736), la maison Jacquet (au n° 34) de 1699, et la maison Kent (au n° 25), construite vers 1650, où fut signée la capitulation de Québec (aujourd'hui siège du consulat de France).

MONASTÈRE DES URSULINES, CHAPELLE ET MUSÉE

12, rue Donnacona
418-694-0694
www.museocapitale.qc.ca
Mai-sept : mar-sam, 10h-12h, 13h-17h, dim 13h-17h.
Oct-avr : mar-dim 13h-16h30.
Adulte : 4 $.
C'est le plus ancien établissement d'enseignement pour jeunes filles d'Amérique du Nord (1639). La chapelle possède une superbe décoration intérieure provenant de l'ancienne chapelle du XVIIIe siècle et abrite le tombeau de la bienheureuse Marie de l'Incarnation. C'est elle qui établit en France et au Québec l'Ordre des Ursulines, fondé en Italie en 1535. Le général Montcalm a été inhumé dans la crypte en 1759. Le musée retrace l'histoire des Ursulines arrivées à Québec en 1639. Une riche collection d'objets illustre leur vie quotidienne. Des extraits de lettres de Marie de l'Incarnation et des illustrations d'archives montrent le rôle joué par cette communauté auprès de leurs pensionnaires amérindiennes. De belles pièces d'art religieux démontrent la maîtrise des Ursulines de la dorure et la broderie.

CENTRE MARIE-DE-L'INCARNATION

10, rue Donnacona
418-694-0413
Ouvert mar-sam, 10h-11h30, 13h30-16h30, dim 13h30-16h30. Déc-janv fermé.
Entrée gratuite.
Juste à côté du musée des Ursulines, ce centre présente une collection permanente d'objets ayant appartenu à mère Marie de l'Incarnation. Les tableaux, souvenirs et documents de tous genres de cette grande missionnaire y sont exposés. Des personnes seront là pour répondre à toutes vos questions. Les ouvrages de cette grande dame sont également disponibles.

LA RUE DU TRÉSOR

Le meilleur côtoie le pire dans cette ruelle où les artistes exposent à longueur d'année et où les passants, en haute saison, ont peine à se frayer un chemin. La rue tient son nom d'un immeuble où les colons du régime

QUÉBEC EN DEUX JOURS

POUR COMMENCER, RENDEZ-VOUS AU SOMMET DE L'OBSERVATOIRE DE LA CAPITALE POUR COMPRENDRE LA STRUCTURE DE LA VILLE.

- -

JOUR 1.
VIEUX-QUÉBEC. HAUTE-VILLE

TOUS LES RENSEIGNEMENTS NÉCESSAIRES SE TROUVENT DANS CE GUIDE, DANS LA *SECTION VIEUX-QUÉBEC, HAUTE-VILLE.* EN UNE JOURNÉE, BALADEZ-VOUS SUR LA TERRASSE DUFFERIN, LA RUE DU TRÉSOR ET JETEZ UN COUP D'ŒIL À LA CATHÉDRALE ET À LA BASILIQUE. PUIS, AU CHOIX, OPTEZ POUR LE MUSÉE DE L'AMÉRIQUE FRANÇAISE (EXPOSITION INTÉRESSANTE SUR LES COMMUNAUTÉS FRANCOPHONES EN AMÉRIQUE DU NORD) OU POUR DES MONASTÈRES (AUGUSTINES OU URSULINES).

- -

JOUR 2.
VIEUX-QUÉBEC. BASSE-VILLE

COMMENCEZ PAR LE TRAVERSIER POUR LÉVIS AFIN D'ADMIRER LA VUE DEPUIS LE FLEUVE. PUIS REPORTEZ-VOUS À LA *SECTION VIEUX-QUÉBEC, BASSE-VILLE.* PROMENEZ-VOUS DANS LES RUELLES DU PETIT CHAMPLAIN, PUIS PASSEZ PAR LA BELLE RUE SAINT-PAUL. VOUS AUREZ ENSUITE DU TEMPS POUR VISITER LE MUSÉE DE LA CIVILISATION, TRÈS INTÉRESSANT.

Poursuivre la visite :

Les plaines d'Abraham et le musée des Beaux Arts :
Un beau parc et un grand musée
Le quartier Saint-Roch :
De jolies ruelles et des galeries d'art contemporain

français allaient payer leur redevance au Trésor royal.

BASILIQUE-CATHÉDRALE NOTRE-DAME DE QUÉBEC
20, rue de Buade
418-692-2533
www.patrimoine-religieux.com
Tous les jours 8h-16h sauf lors des Feux Sacrés. Visites guidées tous les jours, 1 mai-31 oct, hors saison sur réservation. Gratuit.
La plus ancienne basilique de la partie du continent américain située au nord du Mexique, cathédrale depuis la fin du XVIIe siècle, chef-d'œuvre de la famille Baillairgé, est riche en œuvres d'art : à l'intérieur, superbe baldaquin doré. Elle représente sans doute l'édifice le plus « classiquement européen » de tout le pays. Frontenac, de Callières et de La Jonquière, gouverneurs successifs de la Nouvelle-France, ainsi que la plupart des évêques de Québec reposent dans la crypte. Détruite par un violent incendie au début de ce siècle, elle fut fidèlement reconstruite. De l'autre côté de la place, l'imposant hôtel de ville fait pendant à la basilique. Sous l'hôtel de ville, le Centre d'interprétation de la vie urbaine de la Ville de Québec (43, côte de la Fabrique 418-691-6172, www.museocapitale.qc.ca) permet de saisir l'évolution de la ville depuis 400 ans, grâce à des expositions thématiques, des animations multimédias et une immense maquette.

MUSÉE DE L'AMÉRIQUE FRANÇAISE, SITE HISTORIQUE DE SEMINAIRE DE QUEBEC
2, côte de la Fabrique
418-692-2843
www.mcq.org
Ouvert du 24 juin à la fête du travail, tous les jours, 9h30-17h. Sept-juin, mar-dim, 10h à 17h. Adulte 5 $, aîné 4 $, étudiants 3 $, enfants 2 $, 11 ans et moins gratuit. Entrée gratuite le mardi du 1 nov-31 mai.
Il s'agit du plus ancien musée du Canada. Il se situe dans un bâtiment attenant au séminaire de Québec, fondé en 1663 par Mgr François de Laval. Le Musée de l'Amérique française est issu de la tradition religieuse et éducative européenne. Dès 1806, on y trouve une collection d'instruments destinés à l'enseignement des sciences, puis des collections de monnaies anciennes, de médailles, des collections de minéraux, de fossiles, de peintures, etc. Aujourd'hui le musée est tourné vers l'histoire de l'Amérique française et notamment sur le développement de la culture française sur le continent. L'exposition permanente se divise

UNE PIÈCE SECRÈTE SOUS LES FORTIFICATIONS

IL EXISTE BEL ET BIEN UNE PIÈCE SECRÈTE SOUS LES FORTIFICATIONS ENTOURANT LA VIEILLE VILLE ! ELLE FUT AMÉNAGÉE PAR LES FRANÇAIS PENDANT LA DÉCENNIE 1750. ON Y ACCÈDE PAR LE FOSSÉ DE LA CITADELLE ET CE UNIQUEMENT DANS LE CADRE DE LA VISITE GUIDÉE DES FORTIFICATIONS.

en îlots consacrés aux communautés francophones du continent : Acadie, Louisiane, Québec, Franco-Ontariens, francophones de l'Ouest, les Métis et les franco-américains de Nouvelle-Angleterre. Un film renforce l'intérêt de l'exposition.

MONASTÈRE DES AUGUSTINES DE L'HÔTEL-DIEU

32, rue Charlevoix
418-692-2492
Ouvert mar-sam 9h30-12h, 13h30-17h, dim 13h30-17h. Entrée : donation.
Fondé par les sœurs Augustines en 1639, il est célèbre pour son hôpital, le premier créé en Amérique du Nord. La façade de l'église est de style néoclassique et l'intérieur en bois sculpté, œuvre de Thomas Baillairgé. À côté, le musée des Augustines abrite de belles collections (tableaux, mobilier, orfèvrerie, broderies, instruments médicaux) amassées par les Sœurs depuis plus de 3 siècles. Les pièces témoignent de l'histoire de cette communauté d'Hospitalières, les premières femmes missionnaires du monde !

BASSE-VILLE

ACCÈS PAR LE FUNICULAIRE OU PAR L'ESCALIER FRONTENAC. LE QUARTIERA ÉTÉ JOLIMENT RESTAURÉ DANS LES ANNÉES 1970. RESTAURANTS, CAFÉS-TERRASSES, BOUTIQUES ET GALERIES D'ART FOISONNENT. L'ANIMATION BAT SON PLEIN DANS LA RUE DU PETIT

CHAMPLAIN ET AUTOUR DE LA PLACE-ROYALE, LE CŒUR DE LA BASSE-VILLE, QUI A GARDÉ SON ASPECT DU XVIIIE SIÈCLE.

PLACE-ROYALE

Un de ces endroits à ne pas manquer où l'on sent de façon authentique le souffle de l'Histoire. C'était, à l'origine, le jardin de Champlain. Lorsque la ville se développa, l'endroit devint un des marchés les plus animés. Jusqu'au XIXe siècle, la Place-Royale demeura le centre de l'activité économique de Québec. Elle est entourée de maisons anciennes du XVIIe siècle (restaurées) : maisons Fornel, Drapeau, Bruneau, Rageot. L'église Notre-Dame-des-Victoires, bâtie en 1688, l'une des plus anciennes églises du Québec, abrite un retable doré représentant la ville fortifiée de Québec.

CENTRE D'INTERPRETATION DE LA PLACE ROYALE

27, rue Notre-Dame
418-646-3167 / 1 866-710-8031
23 juin-5 sept, mar-dim 10h-17h, 24 juin-4 sept : lun-dim 9h30-17h. Adulte : 4 $.
Le Centre d'Interprétation de la Place-Royale, situé dans un superbe bâtiment de la Place Royale fait revivre de façon très vivante les 400 ans d'histoire de cette place. L'exposition est conçue de façon très ludique. Par exemple, 11 objets « mystères » étranges sont disséminés, chacun contenant une énigme. Un spectacle multimedia et des visites guidées, à l'intérieur en hiver et dehors en été, contribuent au dynamisme de la visite.

MUSÉE DE LA CIVILISATION

85, rue Dalhousie
418-643-2158
www.mcq.org
Ouvert en saison tous les jours 9h30-18h30, le reste de l'année mar-dim 10h-17h. Adulte 8$, aîné 7 $, étudiant 5 $, 12-16 ans : 3 $, 11 ans et moins 3 $.
Le bâtiment (1988) est une réalisation du célèbre architecte Moshe Safdie. À l'intérieur, le musée propose plus de dix expositions thématiques à la fois. Il est organisé en deux sections : « Objets de civilisation » (mobilier,

QUÉBEC FÊTE SES 400 ANS

QUOI

2008 marque le 400e anniversaire de la fondation de Québec par Samuel de Champlain. Ce sera l'occasion de célébrer le passé de la capitale, mais aussi son présent et son futur.

COMMENT

Des festivités grandioses sont prévues! Des productions inédites conçues par la Société du 400e, des projets spéciaux préparés par les événements et festivals annuels, des expositions et concerts magiques concoctés par les grandes institutions culturelles ainsi que de grands rassemblements internationaux comme le Sommet de la Francophonie ou le Congrès eucharistique mondial.

OÙ

Partout dans la ville ainsi qu'à Espace 400e, le site principal de la fête situé au bassin Louise, dans le Vieux-Port.

QUAND

Du 31 décembre 2007 à octobre 2008.

EN SAVOIR PLUS
www.quebec400.qc.ca

CARTE MUSÉE QUÉBEC

LA CARTE MUSÉE DE QUÉBEC PERMET
D'ACCÉDER PENDANT 3 JOURS
CONSÉCUTIFS À 24 MUSÉES, À 2 JOURS
D'ACCÈS ILLIMITÉ AU RÉSEAU
DE TRANSPORT.
PRIX : 40 $, TAXES INCLUSES.
OÙ : EN VENTE DANS LES MUSÉES
PARTICIPANTS ET DANS LES BUREAUX
D'INFORMATIONS TOURISTIQUES (DONT
CELUI 835, AV. WILFRID LAURIER).

outils, costumes québécois) et « Mémoires »
(quatre siècles d'histoire et de culture).
Il faut absolument voir l'exposition « Nous,
les premières Nations » qui décrit la vision du
monde et le mode de vie des 11 nations
autochtones peuplant le territoire du Québec.

RUE SAINT-PIERRE

C'était, au XIXe siècle, le quartier des
affaires. Le nombre de banques parle de lui-
même : Banque nationale, ancienne Banque
Molson, Banque Impériale du Canada,
Banque Canadienne de Commerce. C'est
pourquoi certains l'ont surnommée : la «
Wall Street de Québec ». Aujourd'hui, elle
abrite plusieurs beaux hôtels.

RUE SAINT-PAUL

Ouverte en 1816, la rue Saint-Paul relie la
vieille ville, le port et le faubourg Saint-Roch.
Entre 1833 et 1883, le marché Saint-Paul
généra des activités économiques intenses.
Toujours aussi achalandée, la rue Saint-Paul
est parmi les premières rues de Québec à
bénéficier des nouvelles améliorations
qu'apporte le progrès : le gaz et le tramway.
Aujourd'hui, cette charmante rue est
renommée pour ses boutiques d'art et surtout
d'antiquités. Depuis 1997, une partie du boul.
Charest E. s'est annexée à la rue Saint-Paul.

VIEUX-PORT

Il contribua à l'essor de la ville et joua un
rôle primordial jusqu'à la fin du XIXe siècle.
Aujourd'hui on y trouve l'Agora, un
amphithéâtre à ciel ouvert qui propose des
concerts en été. À quelques pas, se
niche le Centre d'Interprétation du
Vieux-Port de Québec (100, rue
Saint-André) qui souligne le rôle
prépondérant du port au XIXe siècle.
Une promenade en planches a été
aménagée le long de la marina (port
de plaisance). S'y trouve également,
un marché couvert, sympathique et
animé, où l'on déniche tous les
produits locaux.

MAISON CHEVALIER

50, rue du Marché-Champlain
418-646-3167
www.mcq.org
24 juin-6 sept 9h30-17h, 7 sept-17 oct,
mar-dim 10h-17h. Entrée libre.
Construite au milieu du XVIIIe siècle par le
riche marchand et armateur du même nom,
elle fait partie du centre d'interprétation de la
Place Royale. Elle présente des expositions sur
le mobilier et l'habitat traditionnel québécois.

LE SYSTEME DE DÉFENSE : PASSÉ MILITAIRE DE LA VILLE

DU XVIIe AU XIXe SIÈCLE, LA FORTE-
RESSE DE QUÉBEC EUT EN CHARGE LA
DÉFENSE DE TOUT LE NORD-EST DE
L'AMÉRIQUE. DE CE DISPOSITIF
MILITAIRE SUBSISTENT D'IMPORTANTS
VESTIGES.

LA CITADELLE

1, côte de la Citadelle
418-648-3563
www.lacitadelle.qc.ca
Ouverte tours les jours. Avr 10h-16h, mai-juin
9h-17h, juill à la fête du travail 9h-18h, sept
9h-16h, oct 10h-15h, nov-avr une seule visite,
à 13h30. Adulte 8 $, aîné et étudiant 7 $,
enfant 4,50 $, 6 ans et moins gratuit. Visites
guidées uniquement.
Située dans la haute-ville, au sommet
du cap Diamant, sur le flanc Est des
fortifications, le plan de la Citadelle forme
une étoile caractéristique de Vauban.
Ce lieu historique national est aussi connu

sous le nom de « Gibraltar d'Amérique ».
Depuis 1920, la citadelle est occupée par les
troupes du 22e régiment royal. L'ancienne
poudrière (1750) et l'ancienne prison
militaire abritent un musée présentant une
collection d'armes, d'uniformes et de
décorations, du XVIIe siècle à nos jours.
En tout, 25 bâtiments. Durant la saison
estivale, des cérémonies militaires se
tiennent tous les jours.

LIEU HISTORIQUE
DES FORTIFICATIONS DE QUÉBEC
100, rue Saint-Louis
418-648-7016
www.pc.gc.ca/fortifications
8 oct-7 mai : sur réservation, 8 mai-8 oct : lun-dim : 10h-17h. Adulte, 3,95 $, aîné 3,45 $, étudiant 1,95 $.
Québec est la seule ville d'Amérique du
Nord ayant conservé ses fortifications. Ce
qui lui a valu d'être proclamée joyau du
patrimoine mondial par l'Unesco en 1985.
Le centre d'interprétation des fortifications
de Québec raconte plus de trois siècles
d'histoire, de façon ludique et interactive.
La visite de la poudrière de l'esplanade est
incluse dans les droits d'entrée du centre
d'interprétation. La grande muraille est
pourvue d'un sentier d'orientation
expliquant, à l'aide de panneaux,
l'évolution du système de défense
de la ville.

PARC DE L'ARTILLERIE
2, rue d'Auteuil
418-648-4205
www.pc.gc.ca/artillerie
24 juin à la fête du Travail. Adulte 4 $, aîné 3,50 $, 6-16 ans 2,75 $, tarif familial 10 $.
Depuis le XVII e siècle, il s'agit d'un lieu
consacré exclusivement à la défense de la
Ville de Québec. Ce fut et c'est toujours un
emplacement stratégique majeur. On y visite
aujourd'hui, pacifiquement, l'ancienne
fonderie, la redoute Dauphine (1712-1748)
et le logis des officiers (1820).

PARC DES CHAMPS-DE-BATAILLE
C'est ici, sur les Plaines d'Abraham, que Wolfe
et Montcalm se sont affrontés en 1759. Il en
reste des souvenirs (plaques
commémoratives, monuments et pièces

d'artillerie), disséminés sur 125 hectares de
parc boisé et de jardins. S'y trouve une belle
vue de la terrasse Grey. De là, la promenade
des Gouverneurs longe la citadelle jusqu'à la
terrasse Dufferin, au pied du Château
Frontenac. Les tours Martello que l'on
aperçoit dans le parc (quatre à Québec, dont
deux sur les Plaines d'Abraham) ont été
érigées, après la conquête anglaise, entre 1808
et 1812, pour servir d'ouvrages avancés de
défense, de crainte d'une autre invasion
américaine à la suite de celle de 1775. Rondes,
robustes, en pierre, elles constituaient des
unités de défense autonome, servant à la fois
de caserne, de magasin, de plate-forme de tir,
et leur unique entrée à l'étage n'était
accessible que par une échelle. Elles n'ont, en
fait, jamais servi.

MAISON DE
LA DÉCOUVERTE
DES PLAINES D'ABRAHAM
835, av. Wilfried Laurier
418-648-4071
www.museocapitale.qc.ca
Ouvert tous les jours, 24 juin-4 sept 10h-17h30, 5 sept-23 juin 10h-17h. Adulte 10 $, incluant l'Odyssée, le bus d'Abraham, la Tour Martello, la maison patrimoniale Louis S. Saint-Laurent.
Le périple commence par une exposition
interactive combinant une vingtaine de
costumes avec des projections multimedia
très intéressantes. On côtoie les personnages
de la Nouvelle France avant de se plonger
dans les grandes batailles de Québec,
opposant le marquis de Montcalm et James
Wolfe. Au cours de la visite de la maison de
Louis S. Saint-Laurent, ancien premier
ministre du Canada, le visiteur s'assoit dans
son salon et écoute des histoires de famille !
La tour Martello 1 abrite une exposition
sur le génie militaire et la vie de soldat, par
l'intermédiaire de huit bornes sonores.

MUSÉE NATIONAL
DES BEAUX-ARTS
DU QUÉBEC
Parc des Champs-de-Bataille
418-643-2150
www.mnba.qc.ca
1 juin-7 sept, tous les jours de 10h-18h, mer jusqu'à 21h. Sept-mai, mar-dim 10h-17h et

jusqu'à 21h le mercredi. Adulte 12 $, aîné 10 $, étudiant 5 $ et enfant 12-16 ans 3 $, 12 ans et moins gratuit. Réservation pour groupes.
Un bâtiment majestueux, situé dans le parc des Champs de Bataille abrite la plus grande collection de la Capitale. 6 expositions sont permanentes. On ne ratera pas les très belles salles consacrées à l'art Inuit, dont les pièces ont été confiées au musée par Raymond Brousseau. L'immense fresque « Hommage à Luxembourg » de Riopelle, dans la salle consacrée à l'artiste, est impressionnante. L'exposition sur la figuration et l'abstraction au Québec met en avant les œuvres de Pellan, Borduas, Dallaire, etc. Enfin, 3 autres salles sont consacrées à l'histoire de Québec, la ville et la province. Des tableaux et des sculptures font revivre les grands moments de son histoire et la vie de ses héros.

GRANDE-ALLÉE

Cette grande avenue qui part de la porte Saint-Louis, dans le prolongement de la rue Saint-Louis, est appelée « les Champs-Elysées » de Québec. C'est une succession de bureaux, boutiques, hôtels, restaurants et terrasses de café où se déroule la vie nocturne.

OBSERVATOIRE
DE LA CAPITALE

Édifice Marie-Guyart, 1037, rue de la Chevrotière, 31e étage
418-644-9841
www.observatoirecapitale.org
24 juin-mi oct lun-dim 10h-17h, mi oct-24 juin : mar-dim 10h-17h. Adulte 5 $, étudiant et aîné 4$, gratuit moins de 12 ans.
Monter au sommet du plus haut bâtiment de Québec (221 mètres d'altitude) permet de comprendre en un coup d'œil l'histoire de la ville : le Vieux-Québec de la Nouvelle France, la Citadelle, les Plaines d'Abraham, le Parlement, les maisons plus modestes, etc. De plus, on se rend compte des distances, ce qui permet de prévoir son itinéraire pour sa visite de Québec. Inutile d'ajouter que le panorama est spectaculaire. Des lunettes d'observation sont mises à votre disposition ainsi que des panneaux d'interprétation. Plus encore, tout au long de l'année alternent expositions en lien avec la ville de Québec

et expositions sur des phénomènes d'actualité. Le nouvel espace café est très appréciable.

CHAPELLE HISTORIQUE
BON PASTEUR

1080, rue de la Chevrotière
418-522-6221
Classée monument historique, cette chapelle, inaugurée en 1868, est l'œuvre de l'architecte Charles Baillairgé. C'est la maison mère des Sœurs du Bon Pasteur. Son intérieur baroque offre un superbe décor sculpté et une Assomption du peintre Antoine Plamondon.

HOTEL DU PARLEMENT

1045, rue des Parlementaires
418-643-7239 / 1 866-DEPUTES
www.assnat.qc.ca
Entrée des visiteurs à l'angle de l'avenue Honoré-Mercier et de la Grande-Allée Est, porte 3. Sept-juin lun-ven 9h-16h30, 24 juin à la fête du travail (début sept) lun-ven 9h-19h30, sam-dim et jours fériés : 10h-16h30. Visites commentées (30 min). Entrée libre.
C'est le premier site historique national du Québec. De style Second Empire, l'édifice conçu en 1886 par l'architecte Eugène-Etienne Taché présente une imposante façade ornée des grands personnages en bronze qui sont autant de jalons de l'histoire du Québec. Devant l'entrée principale, l'impressionnante fontaine dédiée aux Amérindiens s'orne de sculptures du grand artiste québécois du XIXe siècle, Louis-Philippe Hébert. À l'intérieur, la décoration est somptueuse. Dans le hall d'entrée, les divers blasons rappellent que les immigrants venus de France, d'Angleterre, d'Irlande et d'Écosse formaient la population du Québec. Un escalier mène au restaurant « Le Parlementaire », somptueuse salle à manger de style Beaux-Arts, ouverte au public. Le Parlement du Québec est formé d'une chambre unique : l'Assemblée nationale où siègent les 125 députés élus de la province On visite la salle de l'Assemblée nationale où se déroulent les débats parlementaires et la salle du Conseil législatif, utilisée pour les commissions parlementaires et les cérémonies protocolaires. Dans les jardins de l'Hôtel du Parlement se dressent plusieurs statues d'anciens premiers ministres du Québec :

QUÉBEC DEPUIS L'EAU

POUR AVOIR UNE IDÉE DU SITE TEL QUE DÉCOUVERT PAR CARTIER ET CHAMPLAIN, PRENEZ LE TRAVERSIER POUR LÉVIS. POUR UNE SOMME MODIQUE, VOUS APERCEVREZ LA VILLE DEPUIS L'EAU. UNE BELLE PERSPECTIVE.

Voir page 104

Maurice Duplessis (1890-1959), René Lévesque, Henri Bourassa, etc.

RESIDENCE DU GOUVERNEUR GENERAL DU CANADA

La Citadelle de Québec, côte de la Citadelle
418-694-2815
Mai-juin 10-16h, 24 juin-sept tous les jours 11h-16h, sept-oct sam-dim 10h-16h, oct-mai sur réservation. Visites guidées, entrée libre.
Une visite d'une des maisons les plus luxueuse de la ville ! Le Gouverneur général du Canada représente la Couronne canadienne et exerce des responsabilités liées à la fonction de chef d'Etat du Canada. Son rôle demeure néanmoins assez symbolique. Le Gouverneur général dispose de cette résidence, dans la Citadelle, depuis 1872. Le décor s'inspire des couleurs de l'hiver canadien. Les matériaux canadiens tels que le noyer, le granit et l'aluminium sont mis à l'honneur. Des tableaux de Riopelle et une collection d'art Inuit ajoutent aux attraits de cette visite.

QUÉBEC AUTREMENT

LA VIEILLE CAPITALE EST LOIN D'ÊTRE BANALE. VOICI QUELQUES ADRESSES POUR Y REDÉCOUVRIR UNE VILLE AUX ASPECTS INSOUPÇONNÉS. NOUS Y AVONS RÉPERTORIÉ TOUT CE QUI NOUS AMUSAIT, NOUS SURPRENAIT, BREF CE QUI VALAIT LE DÉTOUR ! PARFOIS INSOLITES, CES LIEUX, CES CIRCUITS OU CES LOISIRS NOUS ONT PLU. SORTEZ DU QUOTIDIEN, SOYEZ DIFFÉRENT !

LA COMPAGNIE DES SIX ASSOCIÉS

21, rue Sainte-Angèle
418-692-3033
www.sixassocies.com
Les billets sont en vente au Centre Infotouriste de Québec situé au 12, rue Sainte-Anne. Visite en anglais et en français.
Des circuits touristiques intelligents et très intéressants qui varient sur plusieurs thèmes assez insolites. Pour visiter sa ville ou la découvrir différemment. « Colère et Tragédie » ou comment tout savoir sur les fléaux et les tensions sociales dans les quartiers Saint-Roch et Saint-Jean-Baptiste. « Luxure et ivrognerie », l'histoire de la vie nocturne à Québec au XIXe siècle : décadence et dames de petites vertus. « Crimes et châtiments », dans le Québec de 1900, un circuit nocturne qui relate l'histoire des crimes célèbres et des punitions infligées à leurs auteurs.

VISITE DES FANTÔMES DE QUÉBEC

85, rue Saint-Louis
418-692-9770
www.fantomesdequebec.com
Départ au 98, rue du Petit Champlain. Visite en français 1 mai-31 oct, dim-lun 20h30. Durée : 90 minutes. Adulte 17,50 $, étudiant et aîné 15 $, moins de 10 ans gratuit. Réservations.
Quand la pénombre s'empare de la Vieille Capitale, les histoires oubliées ressurgissent. Cette promenade guidée dans le Vieux-Québec fait revivre 350 ans de meurtres, d'exécutions, de tragédies et de mystères. Suivez les guides costumés dans les rues pavées de pierres, à la lumière d'une lanterne.

VISITE GUIDÉES DU CHÂTEAU FRONTENAC

1, rue des Carrières
418-691-2166
www.tourschateau.ca
1 mai-15 oct, tous les jours 10h-18 h, 16 oct-30 avr sam-dim 12h-17h. Réservations préférables. Adulte 8 $, aîné 7,25 $ aînés, 6-16 ans 5,50 $.

QUÉBEC SUR INTERNET

WWW.TELEGRAPHE.COM
LE « GUIDE URBAIN » DE LA VILLE DE QUÉBEC. BIEN PRATIQUE POUR L'ACTUALITÉ CULTURELLE : EXPOS, SPECTACLES, FESTIVALS.

- -

WWW.VILLE.QUEBEC.QC.CA
LE SITE DE LA MAIRIE. POUR DES INFOS SUR LA VIE MUNICIPALE : COLLECTE DES DÉCHETS, CONSEILS MUNICIPAUX, TAXES, ETC.

Plongez dans deux siècles de petites et grandes histoires qui se sont vécues entre les quatre murs de ce célèbre château. Entrez dans l'intimité de ces lieux en suivant un personnage du XIXe siècle accompagné de ses joyeux acolytes (page, femme de chambre, riche bourgeoise etc.). Une mise en scène théâtrale amuse toute la famille. Un rendez-vous pour les curieux et les passionnés d'histoire.

**PROMENADE
DES ÉCRIVAINS**
418-264-2772
www.promenade-ecrivains.qc.ca
*Départ le mer à 16h, le sam à 11h.
Groupes : Réservations nécessaires,
tous les jours 10h-18h, 15 $ étudiant 8 $.*
Suivre pas à pas les écrivains dont la plume a décrit la Ville de Québec est sans doute une des façons les plus intéressantes de s'imprégner de la culture québécoise. Deux parcours : histoires d'arbres, de ruelles et de montagnes autour des textes d'Alain Grandbois, Anne Hébert, Herman Melville, Jacques Poulin; et Québec, ville verticale, traversée par Alain Beaulieu, André Carpentier, H. P. Lovecraft. Une initiative des plus originales !

SOUPER MYSTÈRE DE 1814
Tour Martello 2,
Plaines d'Abraham
418-649-6157
www.ccbn-nbc.gc.ca
*Billets en vente à la Maison de la découverte, réservation requise.
Quelques dates seulement : fév juill août oct et déc. Adulte 35 $, 13-17 ans et aîné 32 $.*
Une expérience inouïe qui vous plonge dans la peau de Charles-Michel de Salaberry ou de Laura Secord en savourant un repas typique de l'époque. Le souper animé se déroule dans le bâtiment historique de la tour Martello 2. Toute une intrigue au menu !

LES ENVIRONS DE QUÉBEC

LIEU HISTORIQUE CARTIER-BRÉBEUF
175, rue de l'Espinay
418-648-4038
www.parcscanada.gc.ca/brebeuf
8 mai-3 sept lun-dim 10h-17h, 5 sept-24 sept lun-dim 13h-16h, 25 sept-7mai : sur réservation. Adulte 3,95 $, aîné 3,45$, jeune 1,95 $. Accessible en voiture ou avec les autobus 3, 4 ou 801.
Revivre l'hivernage de Jacques Cartier et de ses compagnons en 1535-1536 est une expérience en soi. Ce centre d'interprétation très ludique évoque à travers ses expositions les voyages de Jacques Cartier en Nouvelle-France, ses rencontres avec les Iroquois et le rôle joué par les Jésuites, à partir de l'arrivée du missionnaire Jean de Brébeuf. On visite une maison longue amérindienne. Les dimanches, des ateliers permettent d'expérimenter la vie autochtone : fabrication de poterie, de wampan, dégustation de mets traditionnels etc.

ÎLE D'ORLÉANS
10 km au nord-est de Québec par la route 138 et accès par le pont de l'île d'Orléans.
D'une superficie de 192 km2, bien visible depuis Québec, elle apparaît comme une terre plate, qui présente des érablières au

Chutes Montmorency © Jean-Pierre Huard - Sépaq

nord, des chênaies au sud-ouest, des zones marécageuses au centre et des plages en bordure du fleuve. Elle n'a rien perdu de sa tranquillité pastorale qui inspira le chanteur Félix Leclerc (il y vécut jusqu'à sa mort). Avec ses églises aux clochers effilés et ses demeures normandes du XVIIIe siècle, elle perpétue l'image de la vie rurale en Nouvelle-France.

La route 368 qui permet d'en faire le tour (68 km) offre de superbes vues sur la côte de Beaupré et le Mont Sainte-Anne, ainsi que sur les rives du Bas-Saint-Laurent. Six localités jalonnent le parcours. Vous pourrez faire un arrêt à Saint-Laurent, le centre maritime de l'île (construction navale au XIXe siècle); à Saint-Jean pour visiter le manoir Mauvide-Genest (visite guidée juin-août 10h-17h30), datant de 1734, de style normand, considéré comme le plus bel exemple d'architecture rurale du régime français; au village de Sainte-Famille (la plus ancienne paroisse de l'île, fondée par Mgr de Laval en 1669) pour jeter un coup d'œil à l'église de 1748, qui se distingue par ses trois clochers et un intérieur néoclassique; enfin, à Saint-Pierre, dont l'ancienne église du XVIIIe siècle fut rénovée vers 1830 par Thomas Baillairgé. Mais surtout, l'Île d'Orléans est un véritable havre de paix, un endroit bucolique, un lieu calme et magique.

À n'importe quelle saison de l'année, nous vous conseillons d'y faire un saut.

HOTEL DE GLACE
143, route de Duchesnay,
Sainte-Catherine-de-la-Jacques-Cartier
1 877-505-0423
www.hoteldeglace.qc.ca
Ouvert tous les jours 10h-24h, visites guidées tous les jours 10h30-16h30. Adulte 14 $, étudiant-aîné 12 $, enfants 6-15 ans 7 $, 5 ans et moins gratuit. Accès par l'autoroute 40 Ouest, sortie 295 Sainte-Catherine-de-la-Jacques-Cartier ; 367 Nord. Capacité d'hébergement : 84 personnes, 34 chambres et suites thématiques, bar Absolut, chapelle (mariages), deux salles d'expositions thématiques, deux cours intérieures, spas et foyer, salle de réception N'Ice Club. À partir de 599 $ pour deux comprenant cocktail de bienvenue dans un verre en glace (vodka), table d'hôte, nuit à l'hôtel de glace, boisson chaude servie le matin.

C'est ici que vos désirs se réalisent ! Avec « la Suite de vos rêves », il suffit de choisir un décor pour qu'ensuite vos souhaits soient façonnés en toute originalité. Conçu en 2001, ce majestueux complexe de glace et de neige voit le jour en janvier et disparaît sous le soleil du printemps chaque année (fermeture au début d'avril). Il s'agit d'une structure exceptionnelle de 3000 m? fabriquée de 12 000 tonnes de neige et de 400 tonnes de glace. Les murs sont dotés d'œuvres d'art, le mobilier, le lustre étincelant qui domine le hall d'entrée, les colonnes et les magnifiques sculptures sont façonnées à même la glace. Le chaud et le froid se mélangent, vos sens sont en éveil, un émerveillement qui vous fera vivre une expérience hors du commun !

WENDAKE VILLAGE TRADITIONNEL HURON WENDAT ONHOÜA CHETEK8E

575, rue Stanislas-Koska, Wendake
418-842-4308
www.huron-wendat.qc.ca
Accès par le boul. Laurentien (73 Nord), sortie 154 vers Saint-Emile, puis la rue Max-Gros-Louis Nord. Visite guidée (1h) mai-oct, 9h-18h 9 $, enfants 5 $-6 $, gratuit 6 ans et moins.
Ce village amérindien propose une fidèle reproduction du mode de vie de la nation des Hurons (Wendat). On visite la maison longue communautaire. On verra aussi un fumoir à poissons, un sauna - hutte de sudation en cuir où l'on jetait de l'eau bouillante sur des pierres et un tipi en voile de bateau. On assistera à des danses et à des démonstrations de fabrication artisanale de canots d'écorce et de raquettes à neige. Boutique d'artisanat amérindien, librairie spécialisée en littérature et musique amérindiennes, restaurant Nek8arre où l'on peut déguster de la cuisine amérindienne, traditionnelle et nouvelle.

SAINTE-ANNE-DE-BEAUPRÉ

Une petite ville connue pour sa Basilique et son patrimoine agricole. Ste-Anne-de-Beaupré est un lieu de pèlerinage fréquenté depuis le XVIIe siècle. La basilique actuelle date de 1923. La précédente, construite en 1876, a été détruite par un incendie en 1922. L'intérieur de la basilique est éclairé par plus de 200 vitraux. Un musée, des chapelles et des boutiques se trouvent aux alentours. À l'intérieur de la chapelle de l'Immaculée, on trouve une réplique de la Pietà de Michel-Ange. Autre lieu de pèlerinage, le chemin de croix qui mène à l'église la Scala Santa, érigée en 1891. Les pèlerins se donnent rendez-vous le 26 juillet, jour de la fête de Sainte-Anne.

BASILIQUE SAINTE-ANNE-DE-BEAUPRE

20, rue De Buade
418-694-0665
www.patrimoine-religieux.com
Sur la rive nord du Saint-Laurent, face à l'île d'Orléans, cette basilique, dont la première construction remonte au XVIIe siècle, est dédiée à la sainte patronne du Québec. De renommée mondiale, facilement repérable de la route, elle est le plus ancien lieu de pèlerinage de la province. C'est un gigantesque édifice néogothique pourvu de deux clochers entre lesquels veille la statue dorée de Sainte Anne. À l'intérieur, la basilique se compose de cinq immenses nefs séparées par des colonnes à chapiteaux sculptés, et la voûte en berceau est recouverte de mosaïques relatant la vie de Sainte Anne. 200 vitraux à dominante bleue l'éclairent. Dans l'aile gauche du transept, la statue de la sainte tenant Marie dans ses bras attire les fidèles, qui se recueillent devant elle. Les reliques de Sainte Anne sont abritées dans la chapelle située juste derrière. De nombreux témoignages de miraculés ornent les colonnes des nefs. S'y entremêlent béquilles et prothèses, souliers d'enfants et photos. Ce lieu de recueillement, respecté de tous les Québécois, connaît en été une très grande affluence. L'attrait religieux, touristique et historique de la basilique a engendré autour d'elle la prolifération de boutiques de «bondieuseries», associées à de petites « bineries » disséminées çà et là. Le tout est cher et sans intérêt.

LE CYCLORAMA DE JÉRUSALEM

8, rue Régina, Sainte-Anne-de-Beaupré
418-827-3101
www.cyclorama.com
Vu de l'extérieur, ce monument détone complètement à côté de la Basilique. Une erreur d'urbanisme mais le thème religieux est respecté. À l'intérieur une œuvre géante exécutée à Munich de 1878 à 1882 mesurant 14 mètres de haut et 110 mètres de circonférence vous donne l'illusion d'être à Jérusalem au temps de la crucifixion du Christ. Ce site religieux attire des milliers de pèlerins et de touristes d'années en années.

repères
hébergements

INFORMATIONS UTILES

INFORMATIONS TOURISTIQUES

**MAISON DU TOURISME
DE QUÉBEC**
12, rue Sainte-Anne
1 800-363-7777
*En face du Château Frontenac. 24 juin-5 sept
8h30-19h3, 6 sept-2 oct 8h30-18h30, mi-oct-23
juin lun-sam 9h-17, et dim 10h-16h.*
Comptoir d'information touristique avec
guichet automatique, bureau de change et
librairie.

**BUREAU D'INFORMATION
TOURISTIQUE
DU VIEUX-QUÉBEC**
835, av. Wilfrid-Laurier
418-641-6290
www.quebecregion.com
*24 juin à la fête du Travail 8h30-19h30, de la
fête du Travail à l'Action de grâce 8h30-18h30,
mi-oct-23 juin lun-sam 9h-17h, ven 9h-18h,
dim 10h-16h.*

LES JOURS FÉRIÉS DE 2006 ET 2007

Beaucoup de commerces et de centres
d'intérêt touristique restent ouverts
les jours fériés.

25 décembre. Jour de Noël
1er janvier. Jour de l'An
6 avril. Vendredi Saint
9 avril. Lundi de Pâques
21 mai. Journée des Patriotes
25 juin. Saint Jean-Baptiste
2 juillet. Fête du Canada
3 septembre. Fête du Travail
8 octobre. Jour de l'Action de grâces
12 novembre. Jour du souvenir

TRANSPORT

BUS

**RÉSEAU DE TRANSPORT
EN COMMUN (RTC)**
720, rue des Rocailles
418-627-2511
www.rtcquebec.ca
*Lun-ven 6h30-22h, sam-dim et jours fériés
8h-22h le week-end. Acheter son ticket dans
une tabagie pour 2,25 $ le trajet ou 5,80 $ la
journée. Le site Internet indique les horaires et
les trajets.*

AUTOBUS (LONGUE DISTANCE)

**TERMINAL D'AUTOBUS
LONGUE DISTANCE**
320, rue Abraham-Martin
418-525-3000

**GARE D'AUTOCARS
DE SAINTE-FOY**
3001, ch. des Quatre-Bourgeois
418-650-0087

AUTOBUS ORLÉANS
418-525-3043
Transport interurbain tous les jours.
Départ des deux gares de bus. Ils
desservent les aéroports de Montréal
et Québec, le Saguenay, le Lac-Saint-Jean,
la Gaspésie, le Bas-Saint-Laurent et même
d'autres destinations au Canada et
aux États-Unis.

AVION

**AÉROPORT INTERNATIONAL
JEAN-LESAGE**
500, rue Principale, Sainte-Foy
418-640-2700
www.aeroportdequebec.com
Liaisons nationales et internationales.

Quelques compagnies :

AIR CANADA
1 888-422-7533
www.aircanada.ca

Relaxez vous et profitez

de nos vols réguliers vers le Canada

Air Canada, la compagnie spécialiste
du Canada et de l'Amérique du Nord
aircanada.com
0825 880 881

AIR TRANSAT

1 877-872-6728

www.transat.com

CONTINENTAL EXPRESS

1 800-537-3444

www.continental.com

NORTHWEST AIRLINES

1 800-345-7458

www.nwa.com

BATEAU

**SOCIÉTÉ
DES TRAVERSIERS
DU QUÉBEC**

1 877-787-7483

www.traversiers.gouv.qc.ca

Traversiers entre Québec et Lévis, vers
l'Île-aux-Grues, l'Île-aux-Coudres,
Tadoussac, Baie-Comeau et plus.

CO-VOITURAGE

ALLO-STOP

665, rue Saint-Jean

418-522-0056

www.allostop.com

*Ouvert lun-mer 9h-18h, jeu-ven 9h-19h,
dim 9h-18h. Adhésion annuelle 6 $. À titre
indicatif, quelques destinations courantes
avec leur coût par personne : Montréal : 1
6 $, Rimouski : 16 $, Chicoutimi : 16 $,
Sherbrooke : 16 $.*

Un système pour globe-trotters, écolos,
ou sans-autos, qui a fait ses preuves. À
l'achat d'une carte de membre annuelle,
Allo-stop garantit un service de transport
fréquent sur les destinations canadiennes
les plus prisées. Pour les autres
destinations, vérifiez les disponibilités. Il
est préférable de réserver deux jours à
l'avance. Plusieurs bureaux à travers le
Québec assurent le relais. Les
automobilistes qui souhaitent rejoindre
le réseau peuvent se procurer une carte
annuelle de 7 $. Autre adresse : 2360, ch.
Sainte-Foy 418-522-0056.

LIMOUSINES

**SERVICES DE LIMOUSINES
GUY SAMSON**

418-652-7316

Tarif à l'heure, à la journée ou forfaits
de plusieurs jours.

GROUPE LIMO QUEBEC

418-847-9190

LOCATION DE VOITURES

Ça y est, on s'est enfin décidés à partir dans
Charlevoix pour une fin de semaine de
camping. Le magasinage de la voiture peut
commencer ! La concurrence est rude alors
n'hésitez pas à magasiner. Pour plus
d'efficacité, nous n'avons nommé qu'une
succursale pour chaque entreprise. Il y en a
certainement une proche de chez vous. Sinon,
les agences un peu éloignées du centre-ville
offre un service de navette gratuit.

ALAMO

1-800-462-5266

www.alamo.com

Un des loueurs les moins chers.

AVIS

1 800-879-2847

www.avis.com

BUDGET

29, côte du Palais, Québec

418-692-3660

www.budget.com

COMMUNAUTO

418-523-1788

www.communauto.com

Permanence téléphonique lun-ven 9h-17h.

Une société de location de véhicules sur
réservation qui constitue une alternative
audacieuse, économique et écologique. Vous
récupérez la voiture et la rendez à l'une des
bornes signalées par l'agence. Trois formules
annuelles sont proposées. L'adhésion
implique une caution de 500 $ rendue à
l'adhérent après une période minimale d'un
an si vous ne désirez pas renouveler
l'expérience.

DISCOUNT
12, rue Sainte-Anne
418-692-1244
www.discountquebec.com

HERTZ
44, côte du Palais
418-694-1224
www.hertz.ca

THRIFTY LOCATION D'AUTO
6375, boul. Wilfrid-Hamel
418-877-2870
www.thrifty.location-de-voiture.net

VIA ROUTE
2605, boul. Wilfrid Hamel
418-682-2660
www.viaroute.com

TAXI

Attente moyenne de 6 minutes lors des heures d'affluence, près de 10 (sinon 15) tard le soir...

TAXI COOP
496, 2ᵉ Avenue
418-525-5191
Le taxi classique mais en plus circuits touristiques et guides.

TAXI DE LUXE
418-544-5600
Des taxis bilingues dont les chauffeurs sont des guides touristiques accrédités.

TRAIN

VIA RAIL CANADA
Gare du Palais
1 888-842-7245
Informations lun-ven 7h-9h, sam 8h30-16h30, dim 9h-17h.
Moyen de transport quelque peu suranné mais ô combien romantique. Coûts similaires à un peu supérieurs à l'autobus. Meilleurs tarifs si on réserve au moins sept jours avant le départ.

GARE DE SAINTE-FOY
3255, ch. de la Gare, Sainte-Foy
418-525-3000
Angle ch. Saint-Louis, Sainte-Foy.

HEBERGEMENT

LES ÉTABLISSEMENTS RECOMMANDÉS SE SITUENT DANS LE VIEUX-QUÉBEC, À PROXIMITÉ DES ATTRAITS TOURISTIQUES. DANS LE CAS CONTRAIRE, L'ARTICLE LE PRÉCISERA.

BIEN ET PAS CHER

 AUBERGE INTERNATIONALE DE QUÉBEC
19, rue Sainte-Ursule
418-694-0755
www.aubergeinternationaledequebec.com
Réseau Hostelling International, ouvert 24 heures, consigne à bagage, salle de lavage, cuisine, stationnement pour vélos, Café Bistro, accès à Internet, activités (excursions et tour de ville). Chambre avec salle de bain : 81 $ et plus, sans : 71 $ et +, ch. familiale avec salle de bain : 85 $ et +, dortoir : membre 22 $, non-membres 26 $.
Nouvellement rénovée, cette auberge possède 216 lits en chambres partagées et 24 chambres privées. L'hébergement comprend la literie. Un système de serrures magnétiques permet de dormir à poing fermé. La propreté des lieux est aussi rassurante.

L'AUBERGE DE LA YMCA
855, av. Holland
418-683-2155
www.ywcaquebec.qc.ca
1 avr-31 oct : chambre simple 40 $, double 50 $, triple 60 $, 1 nov-31 mars : simple : 35 $, double 45 $, triple : 55 $.
Au total, il y a 15 chambres, avec salles de bain communes, cuisine, salle de lavage, salon, stationnement et piscine intérieure. Pour les fauchés, la formule « sac de couchage » permet aux groupes de cinq personnes et plus de dormir au YMCA pour un prix modique. Le

bémol : l'auberge ne se situe pas dans le Vieux-Québec mais dans une partie plus moderne de la ville, néanmoins accessible à pied pour les bons marcheurs.

UNIVERSITÉ LAVAL

Pavillon Parent, bur. 1618, Sainte-Foy
418-656-2921
www.ulaval.ca/sres
Autobus 800-801. Du 1 mai jusqu'à la 3e semaine de août. Chambre simple 36,46 $, chambre double 47,86 $. Draps et literie fournis. Salle de bain à l'étage. Stationnement gratuit.
Les chambres de l'Université Laval se vident l'été. Une belle occasion mais il faut réserver longtemps à l'avance pour être certain d'avoir sa place. Le souci : l'université est loin de la vieille ville. On devra prendre le bus pour y accéder.

AUBERGE DE JEUNESSE DE LA PAIX

31, rue Couillard
418-694-0735
www.aubergedelapaix.com
Tarifs : 20 $ par nuit dortoir 3-8 personnes. 3 $ pour la literie pour le séjour. Petit-déjeuner compris à préparer. Ouverte toute l'année de 8h à 2h du matin. Jardin intérieur l'été. Pas d'animaux.
La maison date de 1850 et peut accueillir 59 personnes dans les 15 chambres de deux à huit lits. Il y règne un esprit baba cool, comme il subsiste dans quelques auberges de la province. En cas de petite faim, la charmante épicerie d'à côté propose de tout.

COUETTES & CAFÉ

À L'ÉTOILE DE ROSIE

66, rue Lockwell
418-648-1044
www.etoilerosie.com
Trois chambres, 65 $-85 $, lit supplémentaire 15 $. Stationnement gratuit pour la nuit sauf en cas de déneigement. Petit-déjeuner inclus.
Une belle maison datant de 1910, des plantes, un solarium, des chambres décorées de façon différente et douillettes, l'Étoile de Rosie est un de ces charmants couette et café où il fait bon vivre. La salle de bain est immense, alors même si cette dernière est à

partager, on ne se sent pas à l'étroit. La rue Lockwell est à quelques minutes de marche des différents centres d'attraction de la ville.

À LA MAISON TUDOR

1037, av. Moncton
418-686-1033
www.lamaisontudor.com
Stationnement à proximité, couvert en hiver, 85 $-100 $.
Cette demeure datant de 1900 offre deux chambres douillettes et l'accueil chaleureux des B&B. Aux deux chambres, hautement confortables, s'ajoutent un salon et une salle à manger réservée aux convives. Il est possible de réserver les deux chambres afin d'obtenir un petit appartement, pour soi. L'atmosphère intime de cette résidence ne doit pas vous faire oublier que vous êtes à proximité des pôles d'attraction de la ville.

ACCUEIL SAINT-LOUIS

82, rue Saint-Louis
418-692-4769
Ouvert 1 mai-1 nov, trois chambres. Tarif pour 2 personnes avec petit-déjeuner jusqu'à 95 $.
Un charmant B&B situé dans une maison de style victorien au cœur du Vieux-Québec. Sa localisation vous permet de profiter de l'animation de la rue Saint-Louis et du Château Frontenac. Mais surtout, vous serez agréablement reçu par les propriétaires toujours prêts à vous renseigner et à vous aider. Les trois chambres vous apporteront tout le calme et le confort exigés.

BED&BREAKFAST DE LA TOUR

1080, av. de la Tour
418-525-8775 / 1 877-525-8775
www.bbdelatour.com
Occupation simple 65 $-70 $, double 75 $-85 $. Petit-déjeuner et stationnement inclus (très pratique).
La convivialité d'un B&B avec tout le confort et les services d'un hôtel. L'avenue de la Tour est à proximité de l'avenue Cartier et des Plaines d'Abraham, à environ 20 minutes à pieds du Vieux-Québec. En tout, sept chambres douillettes avec deux salles de bain partagées vous accueillent. Un salon de détente et des services pour travailler, comme un ordinateur et un téléphone, sont à votre disposition.

Haute saison 85 $-100 $, basse saison 65 $-80 $. Trois chambres avec salle de bain privée. Petit-déjeuner et stationnement inclus.

La maison date de 1793 et est classée monument historique. En plus de profiter de ce cadre chargé d'Histoire, trois chambres (une avec deux lits doubles et deux avec un lit double) sont offertes. Une pièce attenante donne accès à un téléviseur et un système de son ainsi qu'une large sélection de films et de CD. Un piano est à la disposition de ceux qui veulent égayer l'ambiance. Quant au petit-déjeuner, il est complet et délicieux. Nous n'avons presque pas besoin de le préciser, ce B&B est chaleureux comme tout et vous serez ravis de l'accueil.

BED&BREAKFAST CAFÉ KRIEGHOFF
1091, av. Cartier
418-522-3711
www.cafekrieghoff.qc.ca
Ouvert 7h-23h. Tarif pour une chambre en occupation double en haute saison de 90 $-110 $, basse saison de 85 $-95 $. Terrasse. Petit-déjeuner inclus. Stationnement 10 $.

Une institution bien implantée sur cette rue passante et commerçante, à l'extérieur de la vieille ville mais accessible en bus ou à pied (compter 25-30 min). L'établissement vient de terminer d'importants travaux. Les chambres n'en sont que plus agréables. En plus d'abriter un charmant café de quartier, la bâtisse compte un superbe B&B avec cinq chambres adorables. Elles possèdent chacune une salle de bain. Comme le café sert de merveilleux petits-déjeuners, le vôtre sera tout aussi délicieux.

LA BOHÈME
650, rue de la Reine
418-525-7832 / 1 866-525-7832
www.gites-classifies.qc.ca/boheme.htm
V, MC, AE, paiement direct et Interac.
Cinq chambres de 65 $ à 115 $, pour deux, petit-déjeuner inclus.

À quelques pas de la gare, ce gîte offre l'hospitalité aux voyageurs de tous les horizons. Une carte du monde où figurent les différentes provenances des visiteurs est affichée à la réception et témoigne du séjour agréable des convives. La vitalité des propriétaires est à l'image de la décoration

BED&BREAKFAST DU QUARTIER LATIN CHEZ HUBERT
66, rue Sainte-Ursule
418-692-0958
Tarifs : 65 $-85 $/ 2 pers. Petit-déjeuner et stationnement inclus. Trois chambres avec lavabo. Deux chambres pouvant accueillir quatre personnes et une chambre pouvant en accueillir deux. Non-fumeur. La maison n'accepte pas les animaux.

Ambiance cosy dans cette maison victorienne de trois étages, jusque dans le décor. Tout ici reflète le bon goût de notre hôte Hubert : de la salle commune avec télévision et fauteuils confortables et bleutés jusqu'à la salle à manger dans les tons orangés. Cette maison bénéficie aussi du calme de sa rue. Venez donc séjourner dans ce lieu que la marque du temps ne semble pas altérer.

BED&BREAKFAST
MAISON HISTORIQUE
JAMES THOMPSON
47, rue Sainte-Ursule
418-694-9042
www.bedandbreakfastquebec.com

et de la finesse du petit-déjeuner. Autour de la table, les discussions jaillissent naturellement. En toute tranquillité, les hôtes peuvent profiter de la terrasse et du jacuzzi, été comme hiver. Une telle quiétude en plein cœur du centre-ville, on croit rêver !

COUETTE ET CAFÉ TOAST AND FRENCH
1020, av. Cartier
418-523-9365 / 1 877-523-9365
www.toastandfrench.com
Tarifs : salle de bain partagée : chambre simple 80-88 $, chambre double 85 $-94 $; salle de bain privée chambre simple 80 $, double 85 $. En basse saison, les chambres sont disponibles à la semaine et au mois. Petit-déjeuner et stationnement inclus.
Des livres, des magazines et des CD offrent un vaste éventail de la culture, notamment québécoise, et pour cause : ce couette et café fait également office de centre d'apprentissage de la langue française. L'avenue Cartier est un endroit idéal pour faire connaissance ou tout simplement pour se détendre l'espace d'une fin de semaine. Le Vieux-Québec est accessible en bus ou à pied (compter 25 min de marche).

MARQUISE DE BASSANO
15, rue des Grisons
418-692-0316 / 1 877-692-0316
www.marquisedebassano.com
De 85 $-165 $ la chambre, petit déjeuner inclus. Stationnement à proximité pour 14 $ les 24 heures.
Une belle maison, avec une longue Histoire, gérée par un couple jeune et dynamique. Construite par un des architectes du château Frontenac en 1888, la demeure fut par la suite occupée par Francine Mckenzie, présidente du Conseil du statut de la femme. Son fils, l'actuel propriétaire, s'occupe des 5 chambres, avec sa conjointe. La maison, située dans un coin très calme du Vieux-Québec laisse penser qu'on est à la campagne. Les chambres sont charmantes, peintes avec des couleurs chaudes. Une d'elle possède un lit à baldaquin. Très agréable !

PETITS HÔTELS FUTÉS

AUBERGE DOUCEURS BELGES
4335, rue Michelet
418-871-1126
www.douceursbelges.ca
Ouvert de 11h-23h. Entièrement non-fumeur. Réservations recommandées. Chambre entre 100-125, avec petit-déjeuner, avec repas complet 160$ pour deux personnes. Stationnement.
Un hôtel pratique pour les automobilistes car en dehors du centre-ville, dans le quartier des Saules. Une magnifique maison entourée de verdure et de calme avec seulement deux chambres, mais elles sont absolument adorables. Un petit havre de paix avec la chambre Bruxelles qui possède un immense bain tourbillon ou la chambre Liège avec vue sur le jardin. Romantique à souhait et calme, le restaurant propose des spécialités belges avec plus de 70 sortes de bières ! Différents forfaits sont proposés pour en profiter pleinement.

AUBERGE LE LOUIS-HÉBERT
668, Grande Allée E.
418-525-7812
www.louishebert.com
115 $-120 $. Petit-déjeuner et stationnement inclus. AE, D, V, MC et Interac.
Une superbe auberge à l'ambiance familiale propose neuf chambres douillettes et délicieuses avec toutes les commodités requises : salle de bain privée, télé, téléphone. Le Louis-Hébert possède également une table superbe servant une fine cuisine française où gibier et fruits de mer sont à l'honneur. Le tout est accompagné d'un cadre superbe, celui d'une maison de près de trois siècles au charme indéniable avec ses boiseries, sa verrière et ses murs anciens.

AUBERGE DE LA PLACE D'ARMES
24, rue Sainte-Anne
418-694-9485
www.aubergeplacedarmes.com.
130 $-200 $ en été, 70-130 $ en hiver. Douze chambres. Possibilité de stationnement à proximité, climatisation dans toutes les

chambres, Internet sans fil gratuit, petit
déjeuner inclus.

Ne vous laissez pas surprendre par l'entrée qui
fait double emploi : elle mène à la fois à un
restaurant et à l'hôtel. Chambres pas très
grandes mais tout confort et au décor très
chaleureux. Les suites avec une baignoire et un
petit canapé sont fort sympathiques. Mieux
vaut demander une chambre aux étages
supérieurs pour éviter les odeurs de cuisine.
Ce lieu de séjour est très bien situé, puisqu'il
est à proximité des principales artères du
Vieux-Québec et du Château Frontenac.

AUBERGE L'AUTRE JARDIN
365, boul. Charest E.
418-523-1790 / 1 877-747-0447
www.autrejardin.com
*28 chambres dont trois suites. Pour la basse
saison, pour une personne seule à partir de:
chambre régulière 89 $, de luxe 108 $ et suite
153$. Haute saison chambre régulière : 109 $,
chambre de luxe 125 $ et suite 178 $. Salle de
réunion, bain thérapeutique dans certaines
chambres, Internet sans fil gratuit. Petit-
déjeuner inclus. Stationnement à proximité :
10 $/jour.*

Auberge située dans le quartier Saint-Roch.
Une quinzaine de minutes de marche pour le
Vieux Port, cinq de plus pour la vieille ville.
L'auberge est née d'une initiative novatrice
d'économie sociale développée par Carrefour
Tiers-Monde, un organisme de solidarité
internationale. Résultat : un hôtel trois
étoiles, très confortable et oeuvrant pour la
solidarité internationale et le développement
local. On le remarquera notamment dans la
jolie boutique qui vend des bijoux et des
vêtements issus du commerce équitable et au
buffet du petit déjeuner ou sont servis des
produits locaux. L'auberge l'Autre Jardin
prouve que tourisme durable et séjours
d'affaires font la paire : bureau,
climatisation, Internet, téléphone et sérénité
garantis dans chaque chambre ! Les
chambres sont belles, décorées
chaleureusement et avec personnalité. Tout le
monde y trouve son compte puisque trois
catégories de chambres sont proposées :
régulière, luxe et suite. Quant à l'accueil, il est
très doux et professionnel. À recommander
sans hésitation.

AU PETIT HÔTEL
3, rue Des Ursulines
418-694-0965
www3.sympatico.ca/aupetithotel
*Été, pour deux : 80 $-110 $, hiver, pour deux :
70 $-90 $, stationnement disponible au 1, rue
des Ursulines à 5 $ la nuit. Hôtel disposant de
16 chambres réparties l'une en face de l'autre,
disposant d'un frigo, d'une télévision et d'une
salle de bain privée. Les chambres avec deux lits
doubles sont climatisées. Un four à micro-ondes
est mis à la disposition du client. Non-fumeur,
téléphone avec appel local gratuit mais limité à
30 min.*

Petit hôtel tout en hauteur et fleuri, situé
dans un coin tranquille du Vieux-Québec,
sans être pour autant trop éloigné de toute
l'agitation touristique. Les chambres sont
confortables et Tim, la propriétaire, est
charmante. Faites un petit détour par ici
pour goûter au calme à l'image du
monastère des Ursulines à proximité.

HÔTEL BELLEY
249, rue Saint-Paul
418-692-1694
www.oricom.ca/belley
*Haute saison : 90$-140 $, basse saison : 70$-
100$. Chambres climatisées, avec salle de bain,
douche, télévision, téléphone, Internet sans fil
gratuit dans toutes les chambres.*

L'hôtel Belley est situé juste au-dessus de la
Taverne Belley dans le Vieux Port, à
proximité du Musée de la Civilisation. Les
huit chambres sont décorées de façon
différente pour vous offrir tout le confort
possible. Claires et spacieuses, elles
possèdent toutes un charme particulier. Vous
pouvez prendre le petit-déjeuner à
l'intérieur ou sur la terrasse.

HÔTEL CAP DIAMANT
39, av. Sainte-Geneviève
418-694-0313
www.hcapdiamant.qc.ca
*Chambre à partir de 85 $ en basse saison,
à partir de 135 $ en haute saison. Petit-
déjeuner comprenant café, muffins et jus
d'orange inclus. Stationnement à proximité.
9 chambres.*
A proximité des attraits touristiques.

L'hôtel Cap-Diamant est réputé pour sa
décoration, ses lustres, ses foyers en

fonte et en marbre, ses meubles. Chaque chambre est équipée d'une salle de bain, d'une télévision avec câble et d'un réfrigérateur. Un hôtel particulier où vous pourrez vous détendre avec plaisir sur la véranda ou dans le jardin.

HÔTEL AU JARDIN DU GOUVERNEUR

16, rue Mont-Carmel
418-692-1704
www.quebecweb.com/hjg/
1 mai-31 oct, pour 2 personnes 75 $-140 $. 1 nov-30 avr, pour 2 personnes 55 $-120 $. Pour le tarif de groupe hors saison, le petit-déjeuner est inclus. Face au parc, derrière le Château Frontenac, cette demeure offre 17 chambres avec salle de bain privée, télévision câblée et air conditionné.

Cet hôtel possède encore son charme d'antan tout en répondant aux exigences de nos contemporains en terme de confort et d'accueil. La localisation de l'hôtel permet de profiter pleinement du Vieux-Québec, notamment de la Terrasse Dufferin et de la promenade des Gouverneurs.

HÔTEL JARDIN SAINTE-ANNE

109, rue Sainte-Anne
418-694-1720 / 1 866-694-1720
www.jardinsteanne.com
info@jardinsteanne.com
Tarifs haute saison 112 $-149 $ la double, basse saison 69 $-99 $. Chambres avec téléphone, Internet, petit-déjeuner continental 5,50 $ par personne. Stationnement 12 $ par 24 heures. Mini frigo et cafetière dans la plupart des chambres.

Un hôtel tout ce qu'il y a de plus charmant. La maison construite en 1815 garde le charme d'antan avec la présence, dans certaines chambres, de pierres apparentes et de boiseries. Certaines chambres sont équipées d'un foyer augmentant ce sentiment de douceur et de convivialité. Une superbe terrasse-jardin permet de profiter pleinement de l'atmosphère champêtre du Jardin Sainte-Anne. La sérénité et le calme sont garantis. Pourtant l'hôtel est situé au cœur du Vieux-Québec, à proximité du Centre des Congrès. L'hôtel a mis en place des forfaits comprenant un repas dans un restaurant avec service et accueil personnalisés.

L'Autre Jardin

365 Boulevard Charest Est
Québec (QC)
G1k 3H3

Tel : (418) 523-1790
Fax : (418) 523-9735
info@autrejardin.com

L'autre Jardin, c'est un jardin à Québec, une auberge résolument urbaine pour une contribution au développement durable de notre planète.

HÔTEL LA MAISON SAINTE-URSULE

40, rue Sainte-Ursule
418-694-9794
www.quebecweb.com/maisonste-ursule
A partir de 39 $ pour une personne et 79 $
pour deux. Toutes CC. Dans le Vieux-Québec.
15 chambres en bois disposant d'un lit double,
d'un ventilateur, dont 12 avec une salle de
bain. Toilette à l'étage.
Sept chambres sont situées dans la partie
rénovée de l'hôtel et donnent sur une
petite cour commune. Stationnement
public. Laissez votre stress à la porte car ici
on apprécie la sérénité. « Quinze chambres
et on n'en veut pas plus » précisent nos
hôtes Maurice et Éric, ceci afin d'être
attentif à chacun de leurs clients et de
préserver une atmosphère à la fois familiale
et conviviale. Bref un petit coup de cœur
pour cette bâtisse dans laquelle il fait si
bon séjourner.

HÔTEL MANOIR D'AUTEUIL

49, rue d'Auteuil
418-694-1173
www.manoirdauteuil.com
Tarifs haute saison 99-189 $, basse saison 79-
149$. TV, téléphone, petit-déjeuner inclus et
stationnement 10 $ par jour. AE, MC, V.
Cette superbe demeure datant de 1835 est
un hôtel depuis 1953. Les seize chambres
offrent tout le confort nécessaire dans un
décor faisant honneur à l'art nouveau et à
l'art déco. Certaines pièces ont gardé leur
cachet d'origine. Les hôtes réservent un
accueil convivial et personnalisé. Le manoir
est situé dans le Vieux-Québec, à proximité
du Parlement et du Centre des Congrès.

HÔTEL MANOIR
STE-GENEVIÈVE

13, av. Sainte-Geneviève
418-694-1666
Coin Laporte. Tarifs 95 $-135 $, petit-
déjeuner inclus. Stationnement 11 $ par jour.
C'est dans les plus petits flacons que sont
faits les meilleurs élixirs. L'hôtel possède
seulement neuf chambres, mais tout y est
douceur et calme ! Elles sont toutes
équipées d'une TV câblée et d'une salle de
bain privée. Quant au cadre, cette maison
de style victorien ne pourra que vous
enchanter.

HÔTEL SAINTE-ANNE

32, rue Sainte-Anne
418-694-1455
www.hotelste-anne.com
A partir de 129 $ en basse saison et de 169 $
en haute saison.
Le marron et le beige, les briques apparentes
et le bois caractérisent cet hôtel 3 étoiles, très
bien situé puisqu'en face du Château
Frontenac. Les chambres supérieures sont
relativement spacieuses, comparativement à
celles d'autres établissements dans le
quartier. Cet hôtel plaira aux amateurs de
style épuré et contemporain.

APPARTEMENTS HOTELS

APPARTEMENTS-HOTEL BONSÉJOURS

237, rue Saint-Joseph E.
418-681-4375 / 1 866-892-8080
www.bonsejours.com
Angle Dorchester. De 85 $-225 $. 14 appart-
ements. Stationnement gratuit, climatisation,
salles de réunion, appels locaux gratuits.
Un concept invitant et à l'image de la
poussée immobilière que connaît
maintenant la basse-ville de Québec, hors
des murs du Vieux-Québec (environ 30 min
à pied ou 10 min en bus). Les appartements
permettent de s'installer en toute facilité
pour un séjour de courte ou de longue durée
à proximité des principales attractions de la
Capitale. De la batterie de cuisine au
magnétoscope, rien ne manque au locataire.
L'espace est propice à cuisiner ses petits plats
et à les savourer calmement dans la salle à
dîner. Les chambres sont en retrait. Le décor
crie le tout neuf et l'on peut contempler avec
aise le bon goût des propriétaires. L'accueil
est agréable et personnalisé à souhait.

LES STUDIOS NOUVELLE-FRANCE

52, rue Sainte-Ursule
418-692-0765 / 1 888-692-0765
www.studios52.com
A partir de 266 $ pour deux personnes par
semaine. Tous les studios ont leur salle de bain
privée et une cuisine tout équipée. La literie est
fournie. Deux unités climatisées. Une laveuse

et une sécheuse dans l'édifice. Un
stationnement intérieur et sécuritaire à
proximité : 60 $-100 $ / semaine.
Édifice non-fumeur.
Ce ne sont pas des studios standard qui sont
proposés au 52 de la rue Sainte-Ursule. Non
seulement pratique, cette formule
d'hébergement est également confortable et
les plus exigeants d'entre vous seront ravis.
Que ce soit les trois studios ou les trois
suites, tout le confort est là. Cuisinette, salle
de bain privée, téléviseur avec câble, une
superbe terrasse et tous les renseignements
possibles et imaginables pour passer un
excellent séjour sont réunis. Les centres
d'intérêt de la ville (musées, cœur
historique, boutiques) ne sont qu'à quelques
minutes de marche…

LES GRANDS HÔTELS

HÔTEL 71
71, rue Saint-Pierre
418-692-1171
www.hotel71.ca
Basse saison : 165 $-225 $, haute saison :
180$-250 $. Petit-déjeuner inclus. Quarante
chambres, dont six suites, Internet sans fil,
salle d'entraînement, salle de massage, service
de conciergerie très attentionné, trois salles de
réunions, café-bistro au rez-de-chaussée, hall
spacieux avec foyer et bibliothèque.
Tout nouveau tout beau, cet hôtel de prestige
vient d'ouvrir ses portes dans l'ancien édifice
du siège social de la Banque Nationale du
Canada datant du XIXe siècle. La façade a
été complètement restaurée avec toute
l'élégance de cet hôtel-café. Le mobilier est
de confection québécoise dans un style épuré
et très design. Le raffinement le plus
authentique et jusqu'au bout des ongles.
Bref, le lieu idéal pour les jeunes urbains
et branchés.

HÔTEL ACADIA
43, rue Sainte-Ursule
418-694-0280 / 1 800-463-0280
www.hotelacadia.com
Basse saison à partir de 99 $-109 $, haute
saison à partir de 129 $-249 $. Chambre avec
salle de bain privée, télévision avec câble et
téléphone. Certaines chambres possèdent un

bain tourbillon ou un bain thérapeutique.
Terrasse extérieure. Petit-déjeuner à 7 $.
Stationnement 11 $ par jour.
L'hôtel Acadia, aussi appelé la Maison
Acadienne, est constitué de trois
somptueuses demeures construites en 1800.
L'hôtel conserve le charme de ces anciennes
bâtisses avec des chambres confortables aux
murs de pierres, aux lumières douces et à la
décoration soignée. Chacune des 41
chambres possède un style différent :
romantique, classique anglais ou français,
mansardé. Plusieurs forfaits permettant de
participer aux événements touristiques ou
de découvrir les environs.

HÔTEL DU VIEUX-QUÉBEC
1190, rue Saint-Jean
418-692-1850 / 1 800-361-7787
www.hvq.com
Tarif basse saison 94 $-189 $ et haute saison
139$-289 $. Stationnement intérieur à
proximité de l'hôtel : 13 $ par jour. Toutes
CC. 44 chambres avec salle de bain privée.
Accès Internet gratuit. Petit déjeuner offert à la
poignée de la porte de la chambre.
Le calme d'une belle batisse qui cotoie
l'animation de la rue Saint-Jean ! Les
chambres de l'hôtel sont meublées avec goût,
douillettes et confortables. Le café et le thé
sont offerts, c'est dire si la convivialité est bien
présente. Quant à la localisation de l'hôtel,
elle vous permet de visiter facilement les sites
historiques et bons restaurants de la ville.

HÔTEL PALACE ROYAL
75, av. Honoré Mercier
418-694-2000 / 1 800-567-5276
www.jaro.qc.ca
Toutes CC. 96 chambres 115 $ -275 $. 138
suites 135 $-295 $. Jardin tropical avec piscine
intérieur, bain tourbillon et rivière de poissons.
Restaurant, bar, salle de sport, lit solaire,
stationnement intérieur avec service de valet et
tous les autres services d'un grand hôtel.
Le style luxueux de cet hôtel est en accord
avec l'éventail des services offerts. Profiter de
cet ilot de quiétude au cœur de la Vieille
Capitale est un choix judicieux. Dès l'arrivée,
il est agréable de s'installer sur le balcon, un
cocktail à la main et de contempler le jardin
tropical aménagé autour de la piscine. Été
comme hiver, cette cour intérieure est

ensoleillée et bénéfique ! Autre charme : la
vue panoramique permettant de survoler
toute la ville et même de pointer son regard
jusqu'à l'île d'Orléans. Un séjour enivrant.

HÔTEL ROYAL WILLIAM
360, boul. Charest E.
418-521-6868
www.royalwilliam.com
44 chambres, 149 $-209 $. Chambre équipée,
TV avec câble, accès Internet haute-vitesse,
deux lignes téléphoniques, coffre-fort
électronique, boîte vocale, mini-bar, fer à
repasser etc. Stationnement intérieur et
extérieur, service de valet gratuit, salles de
réunions équipées, salle de mise en forme,
étages fumeurs et non-fumeur, service de
nettoyage à sec, et même un service de
gardiennage sur demande, petit-déjeuner
compris. Situé dans le quartier Saint-Roch, à
l'extérieur du Vieux-Québec. Compter une
vingtaine de minutes à pied pour s'y rendre.
Déjà au lobby on se sent chez soi, la couleur
verte des murs apaise et on se dirige
naturellement vers la bibliothèque. Un salon
de lecture à l'ambiance calme et feutrée. Vert
et jaune sont sereinement agencés dans les
chambres. Les bains thérapeutiques très
appréciés sont agréments de produits Yves
Rocher. Forfaits intéressants. Un grand hôtel
à l'ambiance familiale.

LE MANOIR LAFAYETTE
661, Grande Allée E.
418-522-2652 / 1 800-363-8203
www.vieuxquebec/lafayette
109 $-239 $. Stationnement gratuit avec
service de voiturier. Petit-déjeuner inclus.
Ascenseur, services postaux, de télécopie et de
photocopie.
Les Champs-Élysées de Québec à vos pieds
avec toute leur vie nocturne et leurs
expériences gastronomiques. Chacune des 68
chambres est climatisée avec salle de bain
complète, télévision avec satellite, téléphone
avec messagerie vocale.
Comme dans bien des hôtels de ce rang, un
sèche-cheveux ainsi qu'un fer et une planche
à repasser sont disponibles tout comme un
service de nettoyeur et de réveil. Quant au
cadre, le décor demeure d'inspiration
victorienne mais avec tout le confort exigé
par les plus capricieux d'entre nous. Le

restaurant de l'hôtel, les Champs-Élysées, ouvre dès 7h.

LES HÔTELS
DE PRESTIGE

AUBERGE SAINT-ANTOINE
8, rue Saint-Antoine
418-692-2211 / 1 888-692-2211
www.saint-antoine.com

94 chambres et suites avec vue sur la terrasse ou sur le Saint-Laurent. 159 $-499 $. Petit-déjeuner et salle de bain privée, Internet haute vitesse etc. Stationnement 18 $ par jour, salons et salle de conférences avec équipement audiovisuel perfectionné. Service aux chambres et service bonne nuit. Fine cuisine canadienne renouvelée avec le restaurant Le Panache.

Suite à des fouilles archéologiques entreprises en 2001 sous ses assises, ce musée-hôtel vous propose une façon originale de trouver le repos et le luxe à l'intérieur des murs d'un ancien entrepôt maritime du début du XIXe siècle et de la Maison Hunt datant du XVIIIe siècle. Les chambres sont de grand confort et exposent les artéfacts découverts sur le site. Le style contemporain du mobilier et de l'architecture s'accordent originalement avec les vestiges du passé. Une façon stylée de découvrir la Nouvelle-France.

AUBERGE SAINT-PIERRE
79, rue Saint-Pierre
418-694-7981 / 1 888-268-1017
www.auberge.qc.ca

31 chambres et 10 suites, lit double, queen ou king. Petit-déjeuner inclus. Basse saison 99-199 et haute saison 135 $-359 $. Deux salles de réunion. Stationnement 17 $ par jour. Différents forfaits.

Un coup de cœur, cela ne s'explique pas ! Occupant les anciens locaux d'une compagnie d'assurances et d'une banque, une multitude de détails crée un ensemble raffiné avec parquet et moulure. La convivialité et la simplicité des auberges alliée avec un service digne des grands hôtels. Les chambres sont parfaitement équipées : téléviseur avec câble, salle de bain avec baigneur à remous, sèche-cheveux, téléphone avec boîte vocale et accès Internet sans-fil. Mais surtout elles sont décorées avec goût, faisant honneur à l'ancien avec des meubles en érable, des murs en pierre ou en brique, des couettes en plume d'oie, des couleurs vives. À partir du 4e étage, une vue merveilleuse sur le fleuve prolonge le plaisir des yeux. Un bistro décoré d'une fresque (inspirée de Klimt et Picasso) et de superbes photographies propose petits-déjeuners et 5 à 7.

CHÂTEAU FRONTENAC
1, rue des Carrières
418-692-3861
www.fairmont.com

Tarifs : 299 $-2500 $. Stationnement 22 $ par jour, trois restaurants, piscine intérieure, club santé, spa et massage.

L'hôtel le plus photographié au monde ne pouvait être passé sous silence, même si peu d'entre nous pourront y passer une nuit. Oui, le luxe est bien présent et ceci à l'état le plus pur. Le hall d'entrée laisse pantois à lui tout seul. Quant à la salle de bal, elle est complètement féérique. Ajoutons à cela le cadre et le service propres aux hôtels Fairmont : le mythe qui tourne autour du Château s'explique aisément. Et il nous n'avons pas encore mentionné la présence de l'excellent restaurant le Champlain. En somme, luxe, calme et volupté : une légende à lui seul.

HOTEL CHÂTEAU BONNE ENTENTE
3400, ch. Sainte-Foy
418-653-5221 / 1 800-463-4390
www.chateaubonneentente.com

De 169 $ à 499 $ la nuit. Piscine, golf, spa, centre de santé, salles de congrès, restaurants.

Situé à 20 min de route du Vieux-Québec, le Château Bonne Entente est un hôtel cinq étoiles (le seul autre 5 étoiles de la ville étant le Château Frontenac). En raison de son éloignement du centre-ville, le rapport qualité prix est très bon. Un séjour dans les magnifiques suites d'Urbania, avec un salon et un lit king, une baignoire thérapeutique, 1001 petites attentions dans la chambre, un cocktail dînatoire et des fraises au chocolat avec du champagne peut revenir à 295 $ pour deux, hors saison. Bref, un luxe presque abordable ! En été, on profite d'une jolie

Situé à deux pas de toutes vos envies, *dans le Vieux-Port de Québec.*

21 chambres
5 suites de luxe
1 salle de conférence
Restaurant « Toast ! »

15, rue Sault-au-Matelot
Québec (Québec) G1K 3Y7
Sans frais : 1 800 351-3992
Téléphone : 418 692-3992
Télécopieur : 418 692-0883

priori@biz.videotron.ca

HÔTEL LE PRIORI

www.hotellepriori.com

piscine et en hiver d'un feu dans le salon de thé. La chef du restaurant Marie Chantal le Page a mis au point un souper très original : la carte comprend 15 suggestions. On en choisit 3 qui seront servies sous forme de tapas consistantes. Un endroit unique dans lequel on apprécie le soin apporté au moindre détail.

HÔTEL CHÂTEAU LAURIER
1220, Place Georges V O.
418-522-8108 / 1 800-463-4453
www.vieuxquebec.com/laurier
Tarifs : 114 $-309 $, 168 chambres. Trois salles de réunion, tour de ville, salle à manger. Service de restauration complet. Internet sans fil et haute vitesse. Air conditionné.
Cet hôtel marie magnifiquement le classicisme et la modernité, avec le confort comme maître mot. Les 154 chambres sont toutes décorées avec du bois et des couleurs chaudes. L'hôtel comporte de magnifiques suites avec foyer au bois et bain thérapeutique ou avec salon. Situé à proximité du Centre des Congrès, au coin de la Grande Allée, ce grand hôtel apporte tranquillité et confort pour faire en sorte que votre séjour reste mémorable.

HÔTEL CLARENDON
57, rue Sainte-Anne
418-692-2480 / 1 888-554-6001
www.hotelclarendon.com
6 salles de réunion et salons particuliers, stationnement intérieur payant. Chambre à partir de 139 $. Forfait santé, Passion romantique, Douceur en famille ou Cap sur Tadoussac. L'un des plus vieux hôtels de la ville qui compte 151 chambres avec salle de bain et climatiseur, téléphone, téléviseur avec câble, films et console de jeu, connexion pour l'ordinateur.
L'hôtel Clarendon, fondé en 1870, possède une atmosphère et une décoration très art déco à laquelle la présence du Bar de jazz l'Emprise n'est pas étrangère.

HÔTEL DOMINION 1912
126, rue Saint-Pierre
418-692-224 / 1 888-833-5233
www.hoteldominion.com
Chambre simple entre 169 $-309 $, double entre 189 $-339 $. Dans chaque chambre les commodités d'usage, petit-déjeuner inclus, air conditionné. 60 chambres. Bureau, lecteur CD, TV et Internet. Bar-lounge.
L'originalité de ces hôtels boutiques (un autre à Sainte-Foy, à Montréal et un à Toronto) est à la fois simple et merveilleuse. Le concept : des hôtels design qui s'adaptent au gré du temps. Beau, zen, tout confort…Le luxe à l'état pur mais pas clinquant. Trois pommes vertes à chaque étage vous rappellent que vous êtes dans un hôtel Germain. Des hôtels dignes des meilleurs magazines de décoration. À notre avis, le Dominion est le plus beau des hôtels Germain. Autre adresse : Hôtel Germain des Prés, www.germaindespres.com, 1200, av. Germain des Prés, Sainte-Foy, 418-658-1224 / 1 800-463-5235.

HÔTEL LOEWS LE CONCORDE
1225, Cours du Général Montcalm
418-647-2222 / 1 800-463-5256
www.loewshotels.com/hotels/quebec
Chambre de 145 $-350 $.
Pour repérer le Concorde, c'est très simple, cherchez l'Astral, le restaurant panoramique. Cet édifice à l'architecture hors norme propose 404 chambres donnant sur le fleuve. Comme il se doit dans des hôtels 4 étoiles et 4 diamants, les chambres sont spacieuses et parfaitement équipées. Quant aux suites, elles possèdent sauna, bain tourbillon et foyer. L'hôtel possède également un spa, une piscine extérieure et une salle de remise en forme. Le restaurant de l'hôtel, l'Astral, vous fait vivre une expérience gastronomique mémorable tout en admirant la vue panoramique de Québec. Le Concorde accueille aussi de nombreux événements et réunions.

HÔTEL MANOIR VICTORIA
44, côte du Palais
418-692-1030 / 1 800-463-6283
www.manoir-victoria.com
Basse saison : 109-275 $, haute saison : 155 -400. Ce grand hôtel de 15 chambres et suites possède 7 salles de réunion et de banquet, piscine intérieur, sauna, centre de conditionnement physique et un spa avec un éventail complet de soins de santé beauté, stationnement intérieur avec service de valet. Situé au cœur du Vieux-Québec, cet hôtel

Place Royale, Vieux-Québec.

classique et chic a été récemment rénové. Si la bâtisse de l'extérieur semble simple, l'intérieur est resplendissant. En montant les marches, le client sait qu'il est dans un hôtel haut de gamme. Le lobby vous accueille dans un décor majestueux. Le luxe se poursuit dans des chambres spacieuses mais chaleureuses. On aime les tons orange ou rouges des chambres régulières et les meubles en merisier. Les salles de bain beiges sont de toute beauté. Que dire des suites et des chambres de luxe ? Au total six, chacune avec une touche spéciale. Les suites au décor français d'époque nous rappellent que l'on séjourne dans la capitale de la Nouvelle-France. Si ici l'on cherche à préserver le cachet du passé, le confort des chambres est tout à fait moderne. Un hôtel qui sait rendre hommage au Vieux-Québec.

HÔTEL LE PRIORI
15, rue du Sault-au-Matelot
418-692-3992 / 1 800-351-3992
www.quebecweb.com/lepriori
21 chambres dont cinq suites. Chambre 129-499. Petit-déjeuner inclus. Stationnement disponible.
Un refuge fier de l'héritage de son bâtiment de 1734, logé tout près du quartier Petit Champlain. On apprécie l'audace d'y avoir apporté un style art déco très contemporain.

Chaque chambre se pare de matériaux précieux: mur de brique, céramique, boiserie, pierres... Les lits sont très confortables et les couettes garnies à souhait. Certaines suites sont munies d'une cheminée, d'un bain tourbillon, d'une cuisine équipée, d'un salon et d'un espace de travail. Le ton contemporain accompagne les raffinements du confort moderne. Pour agrémenter l'ensemble, le restaurant Le Toast vous invite à découvrir une cuisine raffinée dans un cadre de qualité. De quoi profiter sans modération du jardin-terrasse, qui est des plus agréables.

HÔTEL PORT ROYAL
144, rue Saint-Pierre
418-692-2778
www.hotelportroyalsuites.com
45 suites, basse saison : 155 $-245 $, haute saison: 175 $-345 $. Petit-déjeuner inclus, stationnement, Internet sans fil, restaurant de cuisine du monde Le 48 au rez-de-chaussée.
Le luxe, c'est de pouvoir s'offrir ces suites qui conjuguent le design urbain et l'histoire.
Cet édifice qui a vu naître, au XVIIIe siècle, le premier hôtel à Québec, a conservé ses murs de pierres pour les insérer dans un décor rococo. Chaque pièce possède un cachet unique. Par exemple, les meubles de

57

frêne d'inspiration scandinave peuvent trôner dans une chambre à coucher immaculée, en accord avec la lumière du jour qui s'infiltre par les fenêtres rustiques. Les suites sont équipées : four à micro-ondes, vaisselle, espaces de rangement... Le nec plus ultra !

AUTOUR DE QUÉBEC

AUBERGE LA CAMARINE
10 947, boul. Sainte-Anne, Beaupré
418-827-5703 / 1 800-567-3939
www.camarine.com
Ouvert 24h/24, restaurant à partir de 18h. Toutes CC et Interac. Basse saison 88 $-125 $, haute saison : 105$-150$ Différents forfaits : 71-235.
L'auberge est située autour du Mont-Sainte-Anne. Que ce soit en hiver ou en été, les amateurs de plein air et de confort seront gâtés grâce à des forfaits cumulant hébergement et activités sportives. Les 31 chambres sont équipées de TV et grande salle de bain. Certaines chambres possèdent un foyer. Le restaurant de l'auberge, au décor rustique, propose une fine cuisine québécoise.

AUBERGE LA GOÉLICHE
22, av. du Quai, Sainte-Pétronille, Île d'Orléans
418-828-2248
www.goeliche.ca
Ouvert de 7h-23h. Haute saison 128 $-168 $, basse saison 105 $-135 $. Prix incluant petit-déjeuner et souper. AE, V, MC, D et Interac, chèques de voyage.
Pour les amoureux du bucolique et de l'Île d'Orléans, cette auberge au charme enchanteur répond à toutes les attentes en possédant une très bonne table. L'auberge profite du charme propre à Sainte-Pétronille. Plus de 18 chambres douillettes, des chalets, une piscine extérieure et un service de massothérapie se réunissent pour vous plonger dans le plaisir le plus doux. Quant au restaurant, ce dernier possède des terrasses et une verrière qui vous permettront, tout en dégustant un excellent repas, d'admirer la vue sur le fleuve et le Vieux-Québec.

AUBERGE LE P'TIT BONHEUR
183 & 186 côte Lafleur, Saint-Jean, Île d'Orléans
418-829-2588
www.leptitbonheur.qc.ca
4 chambres privées. Tarifs : 65 $ pour 2 personnes en chambre, 19,99 $ par personne en dortoir ou en tente amérindienne (Wigwam), camping 16 $. Petit-déjeuner et literie inclus, repas du soir (sur demande).
Le bonheur se tient ici, dans cette maison champêtre, tricentenaire, qui sent le pain chaud et la bonne humeur. Les poules picorent au jardin, pendant qu'on vous prépare un bon petit-déjeuner; ressourcement nécessaire avant de partir en balade à cheval en charrette. L'hiver, on s'adonne librement à la raquette, au ski de fond, au traîneau à chien et autres activités de plein air. La tente amérindienne (Wigwam) est moelleusement calfeutrée de fourrures. Il ne manque plus que le calumet de la paix.

MAISON DU VIGNOBLE
1071, ch. Royal, Saint-Pierre-de-l'île-d'Orléans
418-828-9562
www.isledebacchus.com
Tarifs : 75 $-90 $/2 personnes. 4 chambres avec salle de bain privée, petit-déjeuner et apéro en fin de journée inclus. Forfaits et visite guidée disponibles.
Au cœur de ce vignoble se trouve une gentille maison ancestrale qui accueille la lumière du jour et offre une vue spectaculaire de couchers de soleil sur le fleuve. Un gîte tendre et joliment entretenu par les propriétaires Lise Roy et Donald Bouchard qui se font un plaisir de nous présenter leur vin. Près du foyer sur la terrasse, ou de la cheminée dans la salle de séjour, on trouve un confort à l'image de nos hôtes très chaleureux.

restaurants

BOULANGERIES PÂTISSERIES

AU ROYAUME DE LA TARTE
402, av. des Oblats
418-522-7605
Lun-mer 8h-17h30, jeu-ven 8h-20h, sam 8-17h, dim 11h-17h. Toutes CC.
Dès son arrivée à Québec en 1960, Olivia Provost a réussi à faire de ce petit dépanneur du coin une pâtisserie reconnue. Dans sa cuisine à l'arrière du magasin, il a d'abord concocté du sucre à la crème qu'il faisait goûter en sortant de la grand messe du dimanche, puis des pâtés, puis des tartes. Fidèles à son engagement, les employés, maintenant regroupés en coopérative de travail, ont pris la relève et perpétué la tradition. On retrouve, au Royaume de la tarte, des mets préparés allant du pâté chinois à l'assiette de rosbif en passant par les fèves au lard et la salade de carottes. Aussi une grande variété de tartes, de pâtés, de pâtisseries et de gâteaux de mariage est offerte.

LA BOITE À PAIN
289, rue Saint-Joseph E.
418-647-3666
Lun-ven 6h30-20h, sam-dim 6h30-17h30. Argent comptant et Interac.
Cette boulangerie artisanale du quartier Saint-Roch nous offre l'un des meilleurs pains en ville. La sélection est riche et variée pour le plus grand plaisir de nos papilles gustatives. Des baguettes blanches, belges, au levain en passant par les pains aromatisés et les fameux pains desserts, tout est délicieux. Pour commencer la journée nous vous suggérons une bonne brioche aux trois chocolats, le muffin choco-poire s'il est disponible ou toute autre viennoiserie. Une adresse hautement futée !

BOULANGERIE CULINA
2510, ch. Sainte-Foy
418-653-9894
www.culina.qc.ca
Lun-mar 9h-17h30, jeu-ven 9h-18, sam 9h-15h, dim fermé.
Cette boulangerie artisanale, qui produit dans la tradition européenne des pains et des pâtisseries, se fait le devoir d'y ajouter comme complément aux produits offerts, des fromages fins et des charcuteries pour offrir une gamme complète de produits pour les fines bouches. Pour ce qui est des pains, le choix est vaste : seigle, blé intégral, pain aux noix ainsi que baguettes, ficelles et parisiens (intégral ou régulier). Cela s'ajoute aux brioches, chocolatines, croissants, feuilletés, tartelettes, sandwichs et sous-marins placés sur les présentoirs.

PAILLARD
1097, rue Saint-Jean
418-692-1221
www.paillard.ca
En été, tous les jours 7h30-22h, le reste de l'année 7h30-19h.
Si le palais était pourvu d'une mémoire, il serait hanté par le goût du croissant au beurre de Paillard. Une couverture croustillante et un cœur si tendre, un bon goût de beurre, c'est une merveille ! Il ne doit cependant pas faire ombrage au rayon pâtisserie, à ses tartes au chocolat et autres religieuses confectionnées par un chef français formé dans les meilleures écoles. Pour le dîner et le souper on s'aventurera au fond de l'antre de la tentation pour se faire servir de bons sandwichs (6 à 8 $) ou une salade consistante (5 à 8 $). On finira par une petite glace, maison bien sûr. Les fins gourmets s'arrêteront devant les grandes étagères pour piocher parmi les spécialités à l'érable ou à la tomate ou encore choisir un café parmi tous ceux torréfiés pour la maison. Niveau déco, on ne sait pas trop si on est à New York ou à Paris puisqu'à une touche de tradition viennent se mêler de grandes photos ultra contemporaines. On mangera sur place ou on emportera son panier à la maison.

BOULANGERIE PÂTISSERIE LE CROQUEMBOUCHE
235, rue Saint-Joseph E.
418-523-9009
Lun fermé, mar-dim 7h-18h30, dim 8h-17h. Interac.
Sandwichs, pains, viennoiseries, gâteaux à la française (Paris-Brest, millefeuilles), biscuits, thés… que ces noms sont doux pour nos oreilles et alléchants pour nos papilles. Ce petit lieu est idéal pour marquer une pause à n'importe quel moment de la journée. On peut aussi y commander des gâteaux pour les anniversaires et les mariages. Les sorbets

LÉGENDE

TH = TABLE D'HÔTE, QUI COMPREND TOUJOURS L'ENTRÉE ET LE PLAT, PARFOIS AUSSI DESSERT ET CAFÉ.

= APPORTEZ VOTRE VIN

= TERRASSE

RESTAURANTS

Toutes CC sauf AE.
À l'image de son grand frère, le Cochon Dingue, cette boulangerie est remplie de bonnes choses, et bien sûr, de desserts servis au Cochon Dingue. En plus d'être une pâtisserie, le Petit Cochon Dingue est une boulangerie artisanale où vous trouverez une vaste sélection de pains, de baguettes et de viennoiseries. Quant au cadre, il est très mignon avec un bel espace pour accueillir ceux qui n'ont pas la patience d'attendre d'être chez eux pour se lécher les doigts.

aux fruits faits sur place sont une bonne alternative aux viennoiseries par une chaude journée d'été. Cette boulangerie-pâtisserie dispose aussi de quelques tables pour prolonger cette pause gourmande… alors prenez place !

BOULANGERIE PAUL
217, rue Saint-Paul
418-694-7246
Mar-ven 8h30-18h, sam-dim 9h30-18h.
Une jolie petite boulangerie artisanale vient d'ouvrir ses portes dans le Vieux Port. Des grandes photos illustrent le travail journalier du maître boulanger, dont on admire aussi le résultat : un large choix de baguettes et de pains, au levain, à la farine blanche, au blé. Les viennoiseries sont délicieuses. Pour les pique-niques, on vous conseille les pains fourrés aux tomates séchées, olives noires et fromage à 2,60$.

LA PORTEUSE DE PAIN
1070, av. Cartier
418-523-7066
Lun-ven 7h-18h30. Argent comptant.
Dans cette boulangerie artisanale de l'avenue Cartier, on retrouve des pains naturels, c'est-à-dire sans farines enrichies, sans sucre, sans gras et sans agent de conservation. Jusqu'à 35 variétés sont offertes aux clients : divers pains au levain, des baguettes, des pains aux olives, aux lardons, au fromage de chèvre et au gruyère sont étalés, pour ne nommer que ceux-là. Des viennoiseries remplissent aussi les présentoirs.

LE PETIT COCHON DINGUE
24 boul. Champlain
418-694-0303
Été 7j/7 de 7h30-22h. En hiver, lun-mer 7h30-18h, jeu-ven 7h30-21h, sam-dim 7h30-18h.

PAINS ET PASSIONS
85, rue Saint-Vallier E.
418-525-7887
Lun-mer 9h-19, jeu-ven 9h-20h, sam-dim 9h-17h30. 35 places.
Dans cette épicerie familiale du quartier Saint-Roch, on trouve de tout en abondance. Des biscuits nous font de l'œil dès notre entrée

dans cette caverne aux merveilles du palais. Puis, c'est au tour du fromage, du pain, des plats cuisinés, comme les feuilles de vignes. Et même lorsqu'on s'attable pour « casser la croûte » au fond de la boutique, nos yeux sont attirés de part et d'autre, vers les étagères remplies de bocaux d'aubergines, de bouteilles d'huile et de vinaigre, de graines de couscous… Vous trouverez ici de quoi faire de bons petits plats, ou tout simplement de quoi rehausser leur goût. Faites-vous donc plaisir et prenez l'habitude de vous régaler !

PREMIÈRE MOISSON EXPRESS
840, Honoré Mercier
418-522-1117
Lun-mer 7h-18h, jeu-ven 7h-19h, sam-dim 7h-18h. V, MC et Interac.
Le magnat de la boulangerie artisanale a maintenant sa petite sœur à Québec. La baguette attire sa part de clients, mais on trouve aussi d'autres pains plus originaux (une quarantaine au choix). Les croissants et pains au chocolat font le bonheur des lève-tôt. Des petits-déjeuners peuvent être consommés sur place. Le menu boîte à lunch propose des repas complets sur le pouce. Au deuxième étage, la salle à manger a confortablement pignon sur rue. À la pause café, consulter un magazine, une pâtisserie à la main, c'est la détente assurée !

BOUCHERIES & CHARCUTERIES

BOUCHERIE W.E. BÉGIN
500, rue Saint-Jean
418-524-5271
Dim 10h-17h, fermé le lun, mar-mer 9h-18h, jeu-ven 9h-21h, sam 9h-17h30. Argent comptant et Interac.
On pourrait peut-être l'appeler LA boucherie de Québec. La viande est rangée en fonction de l'animal : porc, veau, poulet, bœuf… Une qualité irréprochable pour cette maison qui exerce depuis 1904. Si vous manquez d'inspiration, vous opterez pour un poulet rôti.

BOUCHERIE LABRIE
Halles du Petit-Quartier, 1191, av. Cartier
418-523-2022
Lun-mer 9h-19h, jeu-ven 9h-21h, sam-dim 9h-18h. V, MC et Interac.

De belles pièces de bœuf, parfaites pour se faire une fabuleuse bavette, des cailles bien en chair, côté charcuterie c'est aussi très tentant avec un choix de saucisses incroyable. Les prix sont honnêtes et le service professionnel… La cuisinière ou le cuisinier dispensent de très bons conseils. À nos fourneaux !

- -

VIEUX-QUÉBEC – BASSE VILLE
Boire un café
Petit Cochon Dingue
Café du Soleil
Manger vite fait
La Pizze
Marché du Vieux Port
Savourer tranquillement
L'Aubergine
Le Réfectoire
Le 48
Le Cochon Dingue
L'Ardoise
L'Initiale
Le Laurie Rafael
L'Echaudé
Le Toast
Le Poisson d'Avril
Le Marie Clarisse
Le Vendôme

- -

CAFÉS & THÉS

AUX MILLE GRAINS
1032, av. Cartier
418-523-3853
Lun-mer 9h-18h, jeu-ven 9h-20h, sam-dim 9h-17h. Argent comptant et Interac.
Un café tout en longueur où quelques habitués et amateurs viennent prendre une pause. Des cafés en grains de provenances diverses décorent les murs comme pour mieux vous aider à faire votre choix. L'originalité des confitures de la marque « les petits fruits d'amour » attire notre attention : poires au caramel et vanille ou encore framboise à la menthe. Un joli choix de produits régionaux s'étale sur les étagères. Le propriétaire est gentil comme tout et toujours prompt à répondre à vos questions.

BAGEL TRADITION
1332, av. Maguire, Sillery
418-527-2303
Lun-mer 7h-20h, sam 7h-21h, dim 7h-20h. Interac. Carte 5 $-10 $. Environ 60 places.

Chez ce sympathique café-terrasse, les bagels circulent des mains du boulanger au four à bois et atterrissent dans l'assiette du client. La scène se déroule dans un décor chaleureux, réputé pour attirer bon nombre de résidents du quartier. Du classique bagel au bagelwich, des salades, pizzas aux soupes-repas, du brunch au pur chocolat chaud de grand-mère, l'équipe vous offre un service de qualité. Chaque mois, un artiste différent s'approprie les murs du café pour y exposer ses œuvres. Ainsi, il est agréable de s'y retrouver entre amis, avec sa famille ou son journal pour célébrer la lenteur du temps et la quiétude de l'instant.

CAFÉ AGGA
600, boul. Charest E.
418-525-5225
Lun 7h-21h, mar-ven 7h-22h, sam 8h-22h, dim 9h-21h. Toutes CC. Spécial «Bon matin» 2,25 $-2,45 $. Petit-déjeuner 5,25 $-7,99 $. Menu midi : 6 $-7,95 $.
Café moderne qui accueille et répond à toutes nos faims. Il nous régale avec des tortillas, sandwichs et il nous propose même des soupes. Il ne faut pas oublier les pâtisseries : mille-feuilles, mousse trois chocolats, noisetiers, muffins aux fruits, qui font saliver petits et grands. À noter aussi, une large gamme de cafés provenant de tous les coins du monde; les mélanges préparés par la maison Agga savent contenter tous les types d'amateurs.

CAFÉ KRIEGHOFF
1091, av. Cartier
418-522-3711
Ouvert de 7h-23h. Toutes CC et Interac. Petit-déjeuner 7h-15h. Terrasse. Brunch à environ 7 $.
Il y a des petits cafés que l'on apprécie autant l'hiver que l'été. Le Café Krieghoff en fait partie. Une institution bien implantée sur cette rue passante. On y achète du café maison, on y brunche, lunche, soupe. L'hiver, c'est l'appel du chocolat chaud ou d'un dessert maison qui a raison de nous; l'été, c'est la salade sur la terrasse.

CAMELLIA SINENSIS
624, rue Saint-Joseph E.
418-525-0247
www.camellia-sinensis.com
Lun fermé, mar-mer 11h-18h, jeu-ven 11h-20h, sam 11h-18h, dim 12h-17h.
Ah ! Le lent plaisir de délecter la divine feuille ! Le thé, art fort d'un millénaire d'histoire, est ici redécouvert. Plus de 130 thés frais saisonniers sélectionnés annuellement y sont conservés. Les thés de terroir viennent d'aussi loin que de l'Inde, du Japon, de la Chine et de Taiwan. Un choix de théière et de livres satisfait les esprits curieux. Un rituel de l'Extrême-Orient dont on souhaite s'imprégner lentement...

JAZZ CAFÉ
210, boul. Charest E.
418-641-2177
Lun-mer 7h-17h, jeu 7h-19h, ven 7h-23h, sam 10h-15h. Menu du jour à 7,99 $. Carte 5,49 $-8,85 $. TH ven soir 9,50 $-7,99$. Petites collations 2 $-8 $. Toutes CC.
Les grands noms du jazz se côtoient dans un décor bleu marine. Ce café, doté d'un piano, invite à la création avec ces mots d'ordre greffés à l'instrument : « laissez aller votre imagination et vos doigts ! », et ses murs où viennent s'afficher des peintures contemporaines. Réveil tout en douceur au milieu des bocaux de thé ou de café, et des photos qui témoignent de l'époque où brillait le jazz.

L'ABRAHAM MARTIN
595, rue Saint-Vallier E.
418-647-9689
Lun-ven 9h-23h (horaire estival), sam-dim 12h-17h. Menu du jour à partir à partir de 9,95 $-14,95 $. Toutes CC.
Quoi de mieux placé que ce café bistrot situé juste au-dessus de la Méduse, haut lieu de création artistique né de la coopération entre 10 organismes artistiques ? En montant ou en descendant la rue de la Chapelle on tombe dans ce petit café aux couleurs chatoyantes et à la terrasse fleurie. L'ambiance y est chouette et la musique très agréable lui confère beaucoup d'intimité. Vous ne le regretterez pas un passage au cœur même de l'espace culturel du quartier et vous pourrez vous tenir informé des expositions ou autres événements culturels destinés au large public.

LES CAFÉS DU SOLEIL
143, rue Saint-Paul
418-692-1147
Hiver, lun-ven 7h-17h, sam 9h-17h, dim 10h-17h. Été, lun-ven 7-18h, sam-dim 9h-18h. V, MC et Interac.
Ça sent bon, c'est chaud et délicieux, le café

ou le thé se déclinent sous plusieurs parfums et saveurs. Nous vous conseillons cette boutique parce que les personnes qui vous accueillent chaleureusement s'y connaissent, parce que le cadre, tout petit, est adorable. Sur les étagères en bois, du thé, des cafetières Bodum et italiennes, des théières, des machines à expresso, des tasses. Un beau matin d'automne, avant de faire la tournée des antiquaires, prendre un thé dans cette brûlerie, c'est un petit moment de bonheur. Un comptoir de viennoiseries, de sandwichs bien frais complètent notre excursion dans la douceur.

BRÛLERIE TATUM CAFÉ
1084, rue Saint-Jean
418-692-3900
Dim-jeu 8h-23h, ven-sam 8h-24h. V, MC, AE, DC et Interac. Prix du café : 6,45 $-7,56 $ les 250 g.
Cet immense comptoir vous donne une vue imprenable sur les cafés que vous aimez : moka, brésilien, africain. Autant de saveurs et de parfums à partager. Les tasses revêtent les figures des héros de votre enfance. On y trouve de beaux services à café, des théières, des cafetières, des moulins à café.

CHOCOLATS & CONFISERIES

ARNOLD CHOCOLATS GOURMANDS
1190-A, av. Cartier
418-522-6053
Été, 7j/7 10h-23h. Hiver, lun-mer 10h-17h30, jeu-ven 10h-21h, sam 10h-17h30, dim 11h-17h30. Toutes CC sauf AE.
C'est tout petit chez Arnold, mais c'est bien assez grand pour accueillir des quantités de chocolats gourmands. Parmi les fourrés d'Arnold, on en trouve avec du chocolat noir: cerise chérie, ganache amère au praliné noisette, avec du chocolat blanc : beurre d'érable, miel des champs. Fabriqués à Charlesbourg, ils se présentent sous la forme de petites bouchées allant de 79 ¢ ou de bouchées double à 1,58 $.

CHAMPAGNE LE MAITRE CONFISEUR
783, rue Saint-Joseph E.
418-652-0708
Lun-dim 8h-17h. Interac et comptant.

Services : cadeaux corporatifs, cours de fabrication de chocolat, dégustation pour groupe.
À l'intérieur des galeries, se trouve une boutique de chocolat différente, authentique. Le chocolat est frais et chaque jour, M. Champagne vous suggère une nouveauté. Le jour de notre passage, nous avons goûté à la brochette de fraises au chocolat, un pur délice. Mis à part le chocolat, la spécialité est la pâte d'amande. Un goût exquis qui prend la forme de personnages célèbres : le Petit Prince, Winnie l'Ourson, etc.

EL EDDY LAURENT
1276, av. Maguire, Sillery
418-682-3005
www.el-eddylaurent.ca
Lun-mer 9h30-17h30, jeu-ven 9h30-21h, sam-dim 10h-17h. Toutes CC.
Toute la délicatesse du chocolat présenté avec soin par ces maîtres chocolatiers belges. Pralinés ou truffés, de premier cru ou d'assemblage, plus de 35 sortes de chocolat nous conduiront à commettre un péché de gourmandise. L'accord se poursuit avec divers accessoires composant l'art de la table : vaisselles importées d'Europe, couteaux Laguioles, nappes Garnier Thiebaut, délicats verres de collection en cristal, théières, tasses et accessoires accompagnant le thé des quatre coins du monde.

ERICO
634, rue Saint-Jean
418-524-2122
www.chocomusee.com
Lun-ven et sam 10h-18h, jeu-ven 10h-21h, dim 11h-17h30. Été, horaire prolongé. AE, MC et Interac.
Un lieu de savoir et de gourmandise, hautement recommandé ! L'écono-musée, relatant l'histoire du chocolat et son processus de fabrication est conçu de façon très ludique. Devant les yeux des curieux, les artisans façonnent les précieuses gourmandises certifiées chocolat pur. La boutique, aux chocolats originaux et délicieux, sous forme solide ou liquide torturera ceux qui surveillent leur ligne. Heureusement, il reste la section avec des barres de chocolat contenant beaucoup de cacao et moins de sucre. Les brownies sont les meilleurs au Québec, du moins c'est ce que racontent les clients. Le gâteau au chocolat classique jouit du même prestige. En été, les glaces et les sorbets adoptent des

COURS DE CUISINE SUR MESURE

LES ARTISTES DE LA TABLE
105, rue Saint-Pierre
418-694-1056
www.lesartistesdelatable.com
DEPUIS LONGTEMPS VOUS RÊVEZ D'APPRENDRE À CONFECTIONNER UN PLAT SOPHISTIQUÉ, STYLE CASSOULET OU PAELLA ? LA NOUVELLE ÉCOLE DE CUISINE DANS LE VIEUX PORT VA TRANSFORMER CE SOUHAIT EN RÉALITÉ ! RÉUNIS ENTRE AMIS OU ENTRE COLLÈGUE, VOUS DÉCIDEZ À L'AVANCE QUELLE RECETTE VOUS SOUHAITEZ EXPLORER. LES CHEFS FONT L'ÉPICERIE ET PRÉPARENT LES USTENSILES. IL NE VOUS RESTE PLUS QU'À APPRENDRE EN VOUS AMUSANT DANS UNE MAGNIFIQUE CUISINE SITUÉE DANS UN BÂTIMENT PATRIMONIAL. L'ATELIER DURE DE 3 À 4 HEURES ET COÛTE AUTOUR DE 100 $ PAR PERSONNE, INGRÉDIENTS INCLUS.

Ouvert tous les jours de 9h-21h (par téléphone seulement). Service de livraison possible avec une facture de plus de 70 $. Pour de jolies assiettes décorées de fleurs comestibles, de fruits et de légumes sculptés, on passe au buffet. Ce traiteur vous prépare des buffets délicats pour épater les amis à la maison lors d'un cocktail dînatoire ou tout simplement pour de grandes occasions en salle de réception ou au travail. Cela dit, de mignonnes boîtes à lunch peuvent aussi être livrées au bureau.

saveurs aussi originales que la goyave, le fruit de l'arbousier, pomme et thé au jasmin. Comme l'indique la vitrine, il est possible d'acheter des figurines moulées en chocolat et dignes d'être appelées œuvres d'art.

TRAITEURS

AUX DÉLICES DE PICARDIE
1292, av. Maguire, Sillery
418-687-9420
Lun-mer 8h-18h, jeu 8h-19h, ven 8h-19h, ven 8h-21h, sam-dim 8h-17h. V et Interac. Service de traiteur.
Les gourmets seront heureux. Cette immense boutique est imbattable pour la variété et la qualité des produits proposés. Du pain frais tous les jours, des pâtisseries maison à foison si bien qu'il en devient difficile de faire un choix, de la charcuterie tellement appétissante que nous ne résistons pas, de la volaille élevée aux grains, et plus de 150 fromages….Ouf ! À cela s'ajoute un service très convivial, avec des employés n'hésitant pas à vous conseiller pour préparer un superbe repas ou un 5 à 7 mémorable.

BUFFET DU PASSANT
1698, côte de l'Église, Sillery
418-681-6583
www.buffetdupassant.com

NOURCY
1029, av. Cartier
418-523-4772
Lun-dim 8h30-19h, jeu-ven jusqu'à 21h. Toutes CC.
Ah ! Les finesses des desserts Nourcy ! Depuis plus de 25 ans, la propriétaire Danielle Dussault travaille à faire découvrir aux gens de la région une saveur différente, exotique. Le goût et la première qualité se retrouvent au cœur des plats prêts-à-manger, des sandwichs sur le pouce et des fins produits qu'on y sert. Une centaine de fromages vous jaugent du comptoir. Une quarantaine de pains et de viennoiseries accroche le regard. Les plats tout préparés sont variés et exquis : sous-marin libanais, tourtes aux chanterelles, spinacopita, torta au feta, étouffade de bœuf. Des produits Montignac et sans sucre sont aussi au programme. Une trentaine de places assises est aménagée. L'été, la terrasse attire sa part de clients. Autres adresses : Place Sainte-Foy 418-651-7021; 9173, Henri-Bourassa, Charlebourg 418-628-8907; 2661, boul. Versant-Nord; Sainte-Foy 418-653-4051.

PULCINELLA
1038, av. Cartier
418-529-3668
Lun 11h-18h, mar-mer 10h-18h, jeu-ven 10h-20h, sam 9h-18h, dim 11h-17h.
Un nouveau traiteur italien aux tons orangés et à la chaleur de la Méditerranée. La large variété de pâtes fraîches, surgelées ou sèches démarque Pulcinella des autres épiceries

fines de la ville. Le choix de sauces maisons, des plus classiques aux plus originales parfait le tout. N'oubliez pas de jeter un coup d'œil aux lasagnes aux légumes ou à la bolognaise. La qualité des sorbets et des huiles est aussi des plus intéressantes. Un seul bémol : les prix sont relativement élevés.

DEUX GOURMANDES UN FOURNEAU
1960, rue de Bergerville, Sillery
418-687-3389
Lun-mer 10h-17h, jeu-ven 10h-19h, sam 10h-17h, dim fermé. Toutes CC et Interac.
Des petits plats concoctés avec amour par deux mordues de cuisine : Monia Cortina, fille du propriétaire du restaurant Michelangelo et Marie-Josée Rousseau. Éloignées des sandwichs sans croûte, leurs créations s'inspirent de l'Italie, de la France et de l'Asie. Tout cela est généreusement assaisonné d'une touche de la cuisine de maman : lasagne à l'aubergine parmigiana, pot-au-feu actualisé. Et toute cette passion est contagieuse car les deux gourmandes viennent d'annexer une boutique traiteur à leur cuisine. On y retrouve, entre autres choses, les épices du chef Philippe de Vienne avec qui Monia a fait ses classes. Une adresse à conserver précieusement.

ÉPICERIES FINES

DE BLANCHET
435, rue Saint-Joseph E.
418-525-7337
www.deblanchet.com
Lun-mer 10h-17h30, jeu-ven 10h-21h, sam 9h30-17h, dim 12h-17h. V, MC et Interac.
Cette chic pâtisserie-épicerie fine au style européen est une réalisation du célèbre ouvrier de bouche au restaurant Saint-Amour, Roland-Alain Blanchet et de sa conjointe, Nathalie Déry. Les plaisirs gastronomiques ont ici leur vitrine. Le crémeux manjari (une orgie de chocolat) et la crème brûlée font saliver les passants. Minutieusement posés sur des étagères qui s'élèvent jusqu'au plafond, les produits fins et recherchés aguichent les curieux : pâte de truffes, biscuits apéritifs, gelée d'orchidée à saveur de vanille, chutneys et confitures portant l'étiquette de la maison. Des fromages québécois, des charcuteries, des pains artisanaux et des eaux embouteillées de tous les coins du monde contribuent à l'originalité de cet endroit unique. On mangera sur place si on n'arrive pas à attendre de rentrer chez soi pour goûter à ces merveilles.

ÉPICERIE EUROPÉENNE
560, rue Saint-Jean
418-529-4847
Lun-mer 9h-18h, jeu-ven 9h-21h, sam 9h-17h, dim fermé. V, MC et Interac.
Il suffit de pousser le loquet pour succomber au parfum européen. Sans contredit la note de tête est italienne. La plupart des produits fins porte l'étiquette toscane : confiserie, petits cakes, café en grains, huile très fine, pesto, pâte d'olives... Les fromages sont, à l'image de l'Europe, variés. Pour accompagner la chair fraîche, une sélection de couteaux Laguiole. La section de porcelaine est à découvrir. Les produits du terroir sont aussi délicats : pâté de l'Arctique aux saveurs très caribou ou vin de framboises en gelée. L'épicerie dispose d'un petit comptoir pour siroter son café.

J.-A. MOISAN
699, rue Saint-Jean
418-522-0685
Ouvert 7 jours 8h30-21h. V, MC et Interac.
Les étagères de bois rustique de cette grande épicerie sont les mêmes que celles de 1837, date où M. Moisan a ouvert boutique. Seule la devanture du magasin général a suivi la course du temps. Pas un grain de poussières sur les nombreuses conserves stratégiquement distribuées. Cela, sans compter les bouteilles et divers articles de collections exposés ici et là. Outres les multiples babioles, cadeaux, confiseries et produits fins importés, l'épicerie propose plusieurs produits frais. Fruits et légumes, fromages délicats, pains et mets cuisinés. On piochera dans la large sélection de bières de micro brasserie pour les accompagner. Quelques tables sont disposées pour casser la croûte.

ÉPICERIES ÉTRANGÈRES

DÉLICATESSE TONKINOISE
732, rue Saint-Jean
418-523-6211
Lun-sam 10h30-20h, sam 11h-20h, dim fermé. Prix compris entre 5 $-15 $. V, MC et Interac.
Une invitation à faire de la cuisine orientale son propre festin. Tout le nécessaire se trouve sur tablette : nouilles, sauces et

assaisonnements adéquats. Services de thé, ensembles à saké, divers bols et baguettes chinoises accompagneront le repas. Aussi, quelques articles insolites dont le Man Bao aux pouvoirs miraculeux pour le couple ! Les moins audacieux se contentent des plats à emporter : poulet à la thaïlandaise, au curry, tofu aux légumes etc. Il est possible de goûter sur place, grâce à la minuscule salle à manger. Les tables disposées dans la vitrine transforment les passants en clients. Nul ne résiste à la saveur tonkinoise.

MARCHÉ EXOTIQUE LA FIESTA
101, rue Saint-Joseph E.
418-522-4675
Lun-sam 10h-18h. Argent comptant et Interac.
Apporter chez soi le parfum de l'Amérique du Sud est chose possible. Les arômes et des épices de ce lieu exotique mettront du piquant dans vos assiettes mexicaines, brésiliennes, créoles ou africaines. Des fruits et légumes frais colorent les tablettes. Des breuvages exotiques et rares rafraîchiront les curieux : jus de goyave et de mangue. Les farines, les fèves et autres légumineuses se vendent en vrac. Les boîtes de conserve forment un rang serré. Le choix de sauces salsa et de piments jalapeños promet des repas enflammés. Afin de parfaire sa langue, on passe au service de location de vidéo VHF prendre un film en espagnol. Pour goûter à la culture latine à sa juste valeur.

PÂTAÇI ET PÂTAÇA
Halles du Petit Quartier, 1191, av. Cartier
418-641-0791
Lun-mer 9h-19h, jeu-ven 9h-21h, sam-dim 9h-18h. Prix variant 5 $-30 $. Toutes CC sauf AE.
Une petite boutique qui décline les pâtes et leur environnement traditionnel. Pâtes fraîches « maison », huile d'olive, parmesan, pesto frais, sauce carbonara, sauce alfredo. On ne magasine pas ici, on sait exactement ce qu'on veut : des pâtes, et tout pour aller avec.

- -

VIEUX-QUÉBEC – HAUTE VILLE
Manger vite fait
Les frères de la côte
Le pub Saint-Alexandre
Conti Caffe
Restaurant pub d'Orsay
Paillard
Café de Paris
Omelette
Savourer tranquillement

La Crémaillère
Parmesan
Pain Béni
Portofino
Parmesan
Aux Anciens Canadiens
Gambrinus
Continental
Saint-Amour
Patriarche

- -

GLACES

GLACIER ABERDEEN
90 A, rue Aberdeen
418-648-6366
Ouvert de mi-avril à la fin sept, tous les jours 10h-23h, jusqu'à minuit lorsqu'il fait beau. Glaces 1,75 $-6 $. Argent comptant.
On est tout d'abord attiré par l'énorme fraise bien pulpeuse et rouge qui orne l'enseigne du glacier. Et heureusement, car on passerait presque sans remarquer ce marchand de glaces. Le décor vaut déjà un petit détour car on se croirait dans un grand jouet en plastique rouge et blanc pour enfant. Il faut ensuite venir absolument rafraîchir son gosier avec ces bonnes crèmes glacées si bien nommées (« filon d'or », entre autres...). Alors bonne dégustation !

TUTTO GELATO
716, rue Saint-Jean
418-522-0896
Ouvert 1 avr-mi-oct 9h30-21h. Prolongation selon la température. 2,50 $-4,50 $. Argent comptant.
Ces glaces, confectionnées par un Italien fier de nous faire découvrir les méthodes de fabrication de son pays, excellentes et faites maison, se dégustent dans la boutique ou dans la rue. Leur onctuosité est vraiment unique. Des sorbets, des parfums très variés et délicieux, en bol ou en cornet. Petite sélection de glaces au lait de soja pour les adeptes.

MARCHÉS

MARCHÉ DU VIEUX-PORT DE QUÉBEC
160, quai Saint-André
418-692-2517
Ouvert tous les jours de 8h-19h et même plus tard selon l'achalandage.
Un marché très agréable ouvert toute

l'année. Il est vrai que l'été est la période la plus propice pour en profiter avec toutes les fleurs qui y sont exposées, les fruits et les légumes qui abondent sur les étals. A Noël, de très nombreux producteurs locaux se donnent rendez-vous pour présenter leur spécialité : foie gras, gibiers, etc. Parmi les spécialités disponibles quasiment tout au long de l'année, citons les canneberges, les alcools à base de pomme, les savons au lait de chèvre, les produits pour le corps à base d'huile d'émeu, le poisson, le miel. Un restaurant, une terrasse, un café, des toilettes publiques sont autant de petites haltes pour profiter pleinement de ce « party » d'épicerie. Avec notre panier gorgé de trésors, la vue sur la marina devient féerique.

MARCHÉ PUBLIC DE SAINTE-FOY
939, av. Roland-Beaudin
418-654-4394
Mai-oct tous les jours de 9h-19h.
Les producteurs et productrices de la grande région de Québec, qu'ils soient de Neuville, de Saint-Augustin, de Saint-Nicholas ou de l'Île d'Orléans, exposent le fruit de leurs récoltes, pendant que les commerçants, eux, proposent toutes sortes de produits pour les accompagner. Situé en face de l'anneau de glace Gaëtan Boucher, à la jonction des rues De l'Église et Rolland-Beaudin.

MARCHE JEAN TALON
1750, rue Périgord, Charlesbourg
418-623-3424
www.marchejeantalon.com
Ouvert tous les jours, mai-oct 9h-21h.
Un nouveau marché public rassemblant les producteurs agricoles de la grande région de Québec. Fruits, fleurs et légumes sont d'un bon rapport qualité prix.

POISSONNERIES

PECHEUR EN VILLE
110, rue Saint-Jean
418-523-9353
Ouvert tous les jours 9h-18, jusqu'à 21h jeu-ven.
Réal Dion nous accueille dans sa poissonnerie avec son chapeau et sa salopette en ciré jaune. Notre hôte s'intéresse au poisson depuis qu'il a 10 ans et n'a cessé d'exercer toutes sortes de professions dans le domaine, notamment

celle de pêcheur de homard, en Gaspésie. Sa spécialité aujourd'hui : les poissons de saison, et donc la garantie d'une pêche fraîche et de qualité. Il a aussi une large variété de poissons venus d'ailleurs. Hors des réfrigérateurs, des étagères réunissent tout le nécessaire pour faire des sushis, des boites de sardine, de hareng, des sels aromatisés. Le choix de poissons fumés va du maquereau à l'esturgeon en passant par le saumon et le hareng.

UNIMER
Halles du Petit-Quartier, 1191, av. Cartier
418-648-6212
Lun-mer 8h45-19h, jeu-ven 8h45-21h, sam 8h-18h, dim 9h-18h. Toutes CC sauf AE.
Ça, c'est de la poissonnerie, et ça, c'est de l'étalage ! Moules, crevettes, saumon sont minutieusement disposés sur la glace. Pour les amoureux des produits de la mer, Unimer offre des homards à l'année, des sushis faits sur place, une épicerie japonaise, du caviar et des produits cuisinés. Autre adresse aux Halles de Sainte-Foy, 418-654-1880.

SE SUCRER LE BEC

LA PETITE CABANE À SUCRE DE QUÉBEC
94, rue du Petit Champlain
418-692-5875
De 9h-17h en hiver. Fermeture plus tardive aux environs de 23h l'été.
Toutes CC et Interac.
Cette boutique aux allures de cabane à sucre vend les produits de son érablière située dans les Bois-Francs. Sirop d'érable, beurre d'érable et bleuet ou fraises ou canneberge et tous les produits de l'érable y sont en vente. L'hiver, sirop à la tire à déguster devant la boutique en plein quartier Champlain et l'été, on se régale d'une bonne glace molle à la vanille recouverte de coulis ou de sucre à l'érable. Compter de 2 à 3,50 $ la glace.

TERRASSE DUFFERIN
418-692-2955
Argent comptant.
Il est possible de déguster du sirop à la tire en hiver. Avec vue sur le fleuve et l'île d'Orléans, on se sucre le bec avec délectation.

CHEZ SOI

Que le frigo soit vide, que des amis arrivent à l'improviste ou tout simplement que vous ayez envie de manger autrement… Des restaurants à Québec livrent leurs plats, chez vous. Bons petits plats rassurants, cuisine simple ou exotique, la sélection ci-dessous vous donnera les informations nécessaires pour faire votre commande. À votre téléphone et bon appétit !

SUSHI TAXI
813, av. Cartier
418-529-0068
Lun-mer 11h-21h, jeu-ven 11h-22h, sam 14h-22h, dim 14h-21h. Menu découverte 13,25 $. Menu midi 12 $. Toutes CC et Interac.
Ce petit restaurant japonais a l'originalité et la gentillesse de proposer des sushis. Idéal lorsque vous êtes fatigués des pizzas ou que le frigo demeure vide. Des sushis de toutes les formes et saveurs sont proposés.

PIZZA STRATOS
1099, 3e Avenue
418-521-4040
Lun-mer 6h-3h, jeu-ven 6h-4h, sam 8h-4h, dim 8h-3h. 6 $-33 $. Toutes CC et Interac.
Plusieurs succursales dans la région. Ils se disent roi de la poutine mais honnêtement, c'est plutôt pour leur pizza qu'on fait appel à eux lorsque notre ventre crie famine et lorsque seule une pizza peut répondre à cette faim. Mais Stratos livre aussi des mets chinois (du riz frits au poulet, bœuf et champignons), des ailes de poulet, des frites, du poulet frit ou BBQ.

- -

RUE CARTIER
Boire un café
Café Krieghoff
Aux Mille Grains
Manger Vite fait
Daruma
Nourcy
Savourer tranquillement
Garam Massala
La Noce
Graffiti
Momento
Café Sirocco

- -

BRUNCH

LE PETIT COIN LATIN
8-1/2, rue Sainte-Ursule
418-692-2022
Ouvert tous les jours 7h30-23h30.
TH 15-23 $. Toutes CC.
L'attrait principal de ce coin de paradis réside dans ses petits-déjeuners, originaux, surprenants, copieux, succulents, et dans le calme de sa terrasse. Les petits déjeuners sont …parfaits ! Menus simples midi et soir mais pas chers. La longue carte permet de faire le tour de mets québécois, notamment avec la tourtière au caribou. En hiver, les raclettes seront appréciées.

CAFÉ DU CLOCHER PENCHÉ
203, rue Saint-Joseph E.
418-640-0597
Brunch les fins de semaine seulement, à partir de 6 $. V, MC, AE et Interac.
Des brunchs excellents et pour tous les goûts y sont servis. De la crêpe à l'omelette en passant par les pommes de terre, il y a toujours des fruits frais pour donner un petit air d'été. Le nez dans un bol de chocolat, on se réveille en refaisant le monde, tout en jetant un œil aux œuvres exposées.

CROISIERE AML-LOUIS JOLLIET
quai Chouinard
418-692-1159 / 1 800-563-4643
www.croisieresaml.com
info@croisiereaml.com
Buffet-déjeuner les dimanches matins mai-oct. Embarquement : 10h, départ : 11h, durée : 2h. Adulte 39.95 $, aîné et étudiant 37.95 $, enfant 19.95 $, famille (2A + 2E) 113.95 $.
Un brunch très original puisque le buffet est servi à bord d'un bateau voguant au large du Château Frontenac, du cap Diamant et de l'Île d'Orléans. Sur la terrasse extérieure, en plus de la vue on profite des commentaires d'un guide sur le fleuve et son histoire. Si à la descente de votre croisière l'appel du large se fait trop fort, embarquez gratuitement sur la croisière guidée suivante (Les Découvreurs, départ à 14h)

LE COCHON DINGUE
46, boul. Champlain
418-523-2013
www.cochondingue.com
Lun-jeu 7h-23h, ven 7h-0h, sam 8h-0h,
dim 8h-23h. Toutes CC. Terrasse verrière.
Le Cochon Dingue concocte des brunchs, à
la carte. Avec sa décoration aux nappes vichy
bleues et blanches, un petit air de campagne
plane sur le bistro. Plein de petits plats pour
le matin, du bon pain que l'on assortit avec
de la confiture maison et un bon café. Autre
adresse : 1326, av. Maguire 418-684-2013.

OEUFORIE
888, rue Saint-Jean
418-521-4044
Lun-ven 7h-22h, sam-dim 8h-22h. Carte 7-12 $.
L'endroit tout indiqué pour se remettre
d'aplomb et s'enfiler un petit-déjeuner à
toute heure du jour. Étudiants et gens
d'affaires se prélassent devant des assiettes
dignes des rois. Les possibilités sont
multiples et il faut compter un certain
temps pour faire son choix. Tant le
classique œuf bénédictin que les
spectaculaires assiettes montées font le
renom de ce lieu. Par exemple : la
chocolatine farcie à la pâte d'amande,
recouverte d'amandes grillées,
accompagnée de fruits, d'un coulis de
framboise et d'une crème anglaise. Le resto
prend l'appellation de bistro en soirée. Les
burgers, les grillades et le bar à pâtes où on
choisit ses condiments sont présentés par
des serveuses efficaces et énergiques. Une
bonne dynamique ! Autre adresse : 850,
boul. Pierre-Bertrand 418-681-4419.

LE PETIT COCHON DINGUE
24, boul. Champlain
418-694-0303
Ouvert en été, 7j/7 7h30-22h. En hiver, lun-
mer 7h30-18h, jeu-ven 7h30-21h, sam-dim
7h30-18h. Toutes CC sauf AE.
Bruncher dans le quartier du Petit
Champlain et avoir un choix de desserts et
de viennoiseries succulentes, c'est très facile.
Il vous suffit d'aller au Petit Cochon Dingue.
Tout aussi dingue que son grand frère, vous
vous régalerez de brioches aux raisins, de
muffin aux fruits, de croissants aux
amandes. Si vous désirez prolonger la
matinée, des sandwichs de toutes sortes sont
aussi proposés. Donner l'embarras du choix,
c'est vraiment une qualité.

TUTTI FRUTTI DÉJEUNER
47, boul. René-Lévesque E.
418-529-4747
Lun-sam 6h-15h, dim 7h-15h. Spécial lève-tôt
3,45-5 la semaine, spécial midi 6,95$-
11,95$.
Le repas est gratuit pour les fêtés lorsqu'ils sont
accompagnés. Toutes CC sauf AE.
Tutti ouvre ses portes au chant du coq. Le
déjeuner y est servi sous toutes ses formes,
avec une dominante de fruits frais, qui
accompagnent généreusement les assiettes.
Il est également possible de passer au
dîner à compter de 11h. On commande
alors un hamburger avec pommes de
terre, salade, soupe, café et dessert pour
partir de bon pied.

VITE FAIT

AROME ET TARTINE
395, boul. Charest E.
418-523-5686
www.aromeettartine.com
Ouvert lun-ven 6h30-17h, fermé les fins de
semaine. Tartine 7-11$. Supplément de 1,50$
pour une soupe ou un café.
Un petit café-resto bien pratique pour ceux
qui travaillent dans les bureaux de Saint-
Roch et qui veulent manger sainement sans
se ruiner. La spécialité, vous l'aurez deviné,
c'est la tartine. Comprendre : une tranche
de pain de campagne garnie d'une
combinaison d'ingrédients qui dépasse les
bornes de l'imagination. La coriandre de la
tartine de poulet thaï est venue doucement
chatouiller nos papilles. Le déjeuner est lui
aussi très inspirant : la tartine au beurre de
pomme et au vieux cheddar a retenu toute
notre attention. La musique du monde, qui
se fait parfois jazzy et la gentillesse du
personnel font de ce petit endroit un lieu
fort sympathique.

BUFFET DE L'ANTIQUAIRE
95, rue Saint-Paul
418-692-2661
Ouvert tous les jours 6h-22h. En été, la
fermeture peut être plus tardive. TH midi 7,95
$-13,95 $. TH soir 8,95 $- 14,95 $.Toutes CC.
Un resto comme on n'en fait plus. Repère
des résidents du quartier, il fait partie
intégrante du décor de la rue des antiquaires.
On y sert une cuisine québécoise familiale :
fèves au lard, confitures maison et plats

traditionnels. L'ambiance y est très décontractée, le service amical et la décoration mêle allègrement les photos familiales et les œuvres des peintres de la région. Par rapport aux restos branchés des environs, les tabourets de bar aux couleurs pastel détonnent. Dans les environs du Vieux-Québec, c'est sans doute une des meilleures adresses pour combler une grosse faim avec un petit budget. Pour prendre le pouls et se fondre dans la vie quotidienne de la rue Saint-Paul.

CAFÉ MYRTINA
1363, av. Maguire, Sillery
418-688-2062
Lun-mar 7h30-19h, mer-ven 7h30-21h, sam-dim 9h-21h. Spécial du jour 7,95 $-12,95 $ avec potage, dessert et café. V, MC et Interac.
Un petit café tout beau pour se faire plaisir dès le matin. Des petits-déjeuners savoureux y sont servis avec des viennoiseries (croissants aux amandes, chaussons aux pommes, chocolatines), des omelettes (suisse ou espagnole) ou des crêpes à petits prix. Pour le midi, les spéciaux du jour prennent les saveurs du pourtour méditerranéen : du shish taouk en passant par le couscous, les linguine ou les salades grecques. À l'image du menu, le décor de ce charmant café est coloré dans les tons orangés et bleus. Service dynamique et convivial.

CAFE TAM TAM
412, boul. Langelier
418-523-4810
www.tamtamcafe.blogspot.com
Lun 10h-15h, mar-ven 10h-22h, fermé sam-dim.
Dans ce café-école du centre communautaire résidentiel Jacques Cartier, des jeunes sont formés au service en salle et à la cuisine. D'après notre expérience, on leur mettrait une très bonne note. On vient boire un café, goûter au menu du jour ou encore à des plats simples comme des sandwichs, des bagels ou des bricks, accompagnés de bière de la microbrasserie la Barberie. Les murs orangés, les nombreuses plantes vertes, l'application des serveurs confèrent au café une ambiance chaleureuse et sympathique. Tam tam, c'est en plus un lieu de diffusion artistique, comme en témoignent la rotation fréquente des toiles aux murs, les concerts, les conférences.

☂ LES COLOCS
400, 3e Avenue
418-648-8614
Fermé le dimanche, sauf l'été. Lun-ven 6h30-21h, sam 8h-19h. Carte 3,99 $-7 $. Argent comptant et Interac. 35 places (intérieur), 25 places (extérieur). Permis d'alcool.
Des petits restos de quartier comme ça, pas cher, bon, sympa, on en voudrait plus. Les colocs sentent bon le café du matin, celui qu'on nous porte au lit et qui nous met de bonne humeur. Les sandwichs, avec pain cuit sur place, débordent de salade, de carotte, de viande ou de thon. Ils font des petits plats à emporter. C'est chaleureux, mignon et rassurant comme le meilleur des colocs. Et puis, à l'achat de 10 sous-marins, on en obtient un gratuit. On y amène nos colocs et nos voisins.

LE COMMENSAL
418-47-3733
860, rue Saint-Jean
www.commensal.com
Dim-mer 11h-21h30, jeu-sam 11h-22h. Buffet chaud ou froid : 1,69 $/100 g, buffet desserts :

1,29 $/100 g, soupe : 2,59 $. Apportez votre vin. Plats pour emporter.
Calmer une faim de loup ou un appétit d'oiseau sans remord et sans gaspillage, voilà ce que ce restaurant végétarien suggère avec son buffet au poids. Plus de quarante mets froids et chauds sans OGM et sans huiles hydrogénées sont disposés sous les yeux des clients. Les plats sont préparés avec saveur : gratin de légumes dans une béchamel au lait de soya, seitan chinois, chili sin carne au cumin, fournée de tomates à la provençale. Et dire qu'il reste encore un peu de place pour le dessert sans sucre raffiné ! Un buffet qui se visite les yeux fermés !

COSMOS CAFÉ
575, Grande-Allée E.
418-640-0606
Lun-jeu 7h-24h, ven 7h- 1h, sam 8h-1h, dim 8h-24h. Nouveau : bar ouvert jusqu'à 3h. Carte 8-25 $. Toutes CC.
Fidèle à lui-même et à son slogan « en chouclaques, en cravate, en toute simplicité », le Cosmos, c'est bon, pas cher et décontracté avec une nouvelle décoration pour le moins originale. On adore les chaises toutes rondes, ressemblant à un cocon. L'aquarium sous nos pieds est résolument design. Le personnel nous sert avec dynamisme des énormes salades vraiment délicieuses, des grillades, des burgers, des pizzas etc. Des plats simples pour combler une fringale rugissante ou tout simplement pour faire une pause accompagnée d'une bière. Belle ambiance branchée du tout Québec mais sans chichi. À noter une carte de petits-déjeuners variée. Donc nul besoin de se déplacer pour prendre un petit-déj' après une folle soirée sur la Grande Allée. Le Cosmos café vous concocte des brunchs, alors pourquoi s'en priver. En plus, on retrouve souvent les personnes de la veille… Alors, on peut poursuivre les conversations. Autre adresse : 2813, boul. Laurier, 418-652-2001. Ouvert récemment, ce « deuxième » cosmos vous réserve un accueil chaleureux dans un cadre des plus recherchés.

LA FRITERIE DU QUARTIER
Halles du Petit Quartier, 1191, av. Cartier
418-523-4444
Dim-jeu 7h30-21h30, ven-sam 7h30-21h30. Club-sandwich et breuvage 8,25 $. Carte environ 5 $. Argent comptant et Interac seulement.

Avant ou après une sortie, un détour s'impose à la Friterie. Située parmi plusieurs restaurant, la Friterie se repère à son simple comptoir donnant accès aux poutines, guédilles et hot-dogs. On y mange vite et bien. Tout le monde y trouvera son compte. Il y a cinq sorte de saucisses : veau, italienne, alsacienne, douce et forte. Pour accompagner cette petite bouffe et notre cornet de frites, cinq choix de mayonnaise : dijonnaise, régulière, cari, à l'ail et au raifort.

LE GRAND MÉCHANT LOUP
585, rue Saint-Jean
418-524-7832
Lun fermé, mar-dim 11h-22h. V, MC et Interac. 26 places. TH midi : 7,95 $-8,25 $. TH soir à partir de 13,95 $.
Fringale ou faim de loup ? Toutes les excuses se valent quand il s'agit de venir chercher ici un peu de réconfort. Une louche du potage de « ma mer » ou du « bol à Franco » ranime dès la première lampée tous les espoirs. Au gré du jour ou des saisons, le chef-proprio François Richard se met à la soupière et réalise des potages chauds ou froids. Les loups affamés peuvent s'attaquer aux combinaisons soupe-sandwich. Par exemple, le duo pomme et brie dans un pain frais du jour accompagné d'un potage aux lentilles, saucisses et pommes de terre. L'été, toute la fraîcheur du concombre en soupe ou du gazpacho fait frétiller les papilles. Il faut garder au dessert une petite place et préférer la tarte maison. C'est promis, nous n'irons plus au bois, mais ici.

MARCHÉ DU VIEUX-PORT DE QUÉBEC
160, quai Saint-André
418-692-2517
Des produits frais, du fromage québécois, du bon pain et des bancs au soleil. Que demander de plus pour réussir son pique-nique ? Une belle vue, diriez-vous ? Depuis le marché vous verrez d'un côté la marina et de l'autre la vieille ville. En hiver, on se replie sur le stand permanent qui vend des saucisses. Bon rapport qualité/prix et ambiance garantie.

L'OMELETTE
66, rue Saint-Louis
418-694-9629
Ouvert tous les jours de 7-22h.
Idéal pour une petite halte en descendant la rue Saint-Louis. On y sert des repas légers

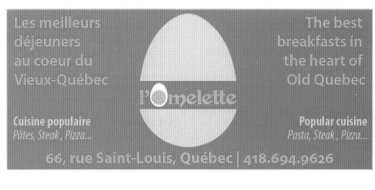

Les meilleurs déjeuners au coeur du Vieux-Québec

l'Omelette

Cuisine populaire
Pâtes, Steak, Pizza...

The best breakfasts in the heart of Old Quebec

Popular cuisine
Pasta, Steak, Pizza...

66, rue Saint-Louis, Québec | 418.694.9626

tout au long de la journée. Au programme, crêpes bretonnes, soupes, quiches et sandwichs, ainsi qu'une variété d'omelettes, de pizzas et de pâtes. Avec un bon café, on s'y attable avec plaisir, avant de continuer la balade.

LA PIZZE

299, rue Saint-Paul
418-692-5005
15 oct-15 juin ouvert lun-mer 11h15h jeu-ven 11h-22h, sam-dim fermé. 15 juin-15 oct : ouvert tous les jours 11h-minuit. Pizza de 7 à 15 $ selon la taille et les ingrédients, salades 8-9 $. Pour 3$ de plus, salade ou soupe avec dessert et café.

Un concept très intéressant : une carte ne contenant que des pizzas et des salades. Et, c'est tout ! (Enfin presque, certains jours une lasagne ou une tartiflette s'ajouteront au menu). Le secret de ce petit resto c'est la confection de la pâte à pizza, fine et croustillante ! Un régal. Le propriétaire, un Français, a expérimenté cette recette gagnante à Lille avant de s'installer à Québec. Le tiramisu en dessert est l'un des meilleurs de la ville. Le restaurant est surtout fréquenté par les employés des bureaux environnants, qui reviennent souvent, avec raison !

LA POINTE DES AMÉRIQUES

964, rue Saint-Jean
418-694-1199
Lun-ven 11h30-23h, sam-dim 11h30-24h. Menu midi 8 $-11 $, TH soir 15 $-24 $. Toutes CC.

Exotique et à la limite de l'insolite, ce restaurant propose des pointes de pizzas multicolores aux saveurs d'ailleurs : pizza Général Tao, L'alligator, Serpent à sonnette,

la Lombardie. L'imagination et la fantaisie n'ont aucune limite si ce n'est celle de l'approbation des clients. Les pizzas appréciées reviennent sur la carte. Des pâtes multiethniques prennent place sur la carte, pour le plus grand plaisir des aventuriers de l'expérience culinaire.

SMOKED MEAT JOE

275, rue Saint-Vallier E.
418-523-4545
Situé dans la basse ville, ce petit restaurant nous attire par son enseigne. Une fois à l'intérieur nous sommes surpris par la qualité du décor de ce Smoked meat, les murs de brique et les tables en bois clair créant une ambiance jeune et joyeuse. Les sandwichs sont délicieux, et la qualité de la viande exquise. Les portions sont gargantuesques. Tout simplement : on adore.

LE SULTAN

467, rue Saint-Jean
418-525-9449
Lun-ven 12h-24h, ven 11h30-1h, sam 15h30-3h30, dim fermé. Sous-marins 3,99 $. Menu du jour 7,25 $. Argent comptant seulement.

Nos yeux sont d'emblée attirés par les narguilés et les théières qui trônent dans la vitrine. En entrant, tout respire le Maghreb et le Proche-Orient. Le jaune-orange des murs évoque le soleil de ces pays légendaires, le petit salon caché à l'arrière avec ses poufs marocains, ses tables et ses miroirs nous appellent. Sans parler de la cuisine qui met l'eau à la bouche : tous les mets prennent leur source dans le pourtour méditerranéen. Monde arabe, monde chaleureux : ce lieu n'y fait pas défaut.

CHEZ VICTOR

145, rue Saint-Jean
418-529-7702
Lun-dim 11h30-21h30, jusqu'à 22h jeu-sam.
Hamburgers 9,75 $, salades 4,50 $-10,75$,
sandwichs 7,25 $-11,25 $. Spécial du midi
8,50 $-10,50 $. TH 17,95 $. V, MC et Interac.
80 places.
Ils sont certes réputés pour leurs hamburgers
et leurs frites mais n'hésitez pas à laisser de la
place pour le dessert car leurs gâteaux sont
divins (et faits maison). Le cadre est superbe :
avec ses murs de pierres brunes, ses miroirs, sa
musique zen, son ambiance tamisée, plein à
craquer… victime de sa célébrité ? Il y a
même des journaux et des magazines à
disposition des clients. D'ailleurs, ce sont de
habitués, et sinon ils le deviendront vite. Bref,
on adore cette ambiance jeune et super
sympa. Autre adresse : 2778, ch. Sainte-Foy,
Sainte-foy. 418-651-8187.

BISTROS

L'ARDOISE

71, rue Saint-Paul
418- 694-0213 / 1 888-694-0213
Lun-jeu 11h-22h, ven 11h-22h30, sam 11h-
22h30, dim 9h-22h. Fermeture plus tardive en
été. Carte 13 $-30 $. Menu midi 8 -13, TH
soir 22-33$. Toutes CC et Interac. Non-Fumeurs.
Environ 60 places et 28 places à la terrasse.
Une décoration bien particulière nous attend
dans cette maison du XIXe siècle. Des fleurs,
des plantes rampantes couvrent les murs de
brique ainsi que des œuvres des artistes de la
galerie d'art voisine. Pour le menu, les plats
simples des côtoient les omelettes, filet
de bœuf, gratin de fruits de mer, salades,
moules à volonté (en semaine) et des plats
assez élaborés comme des croustillants de
saumon et de langoustines, des médaillons
de veau glacé au brie, du caribou aux
pleurotes. En été, ce restaurant très bien
situé est pris d'assaut, il vaut mieux réserver.

AU BONNET D'ÂNE

298, rue Saint-Jean
418-647-3031
Ouvert tous les jours de 8h-23h. Petit-déjeuner
de 8h-11h et 9h-14h la fin de semaine. Menu
midi 8 $-11,50 $. TH soir 17 $-21 $. Carte 8
$-18 $ V, MC et Interac. Plats à emporter.
Ce bistro est tout simplement adorable. Pour
les écoliers en herbe ou permanents, le menu
permet de faire quelques révisions de ses
connaissances. Pour parfaire sa géographie,
des burgers et des frites du monde, l'écologie
propose des salades repas, mais on trouve
aussi du magret et du veau saveur de
Charlevoix. L'histoire et la rentrée sont bien
abordées. Pour passer un bon moment de
plaisir et ne pas devenir un cancre !

CAFÉ BUADE

31, rue de Buade
418-692-3909
Ouvert dim-jeu 7h-23h, ven-sam 7h-24h.
TH 20-25 $. Toutes CC. 250 places sur 2
étages, repas de groupe, TH et menu du jour.
La côte de bœuf au jus est excellente et
copieuse, c'est la spécialité de la maison.
Bien situé et bon rapport qualité prix, le café
Buade est incontournable. La carte répond à
toutes les attentes, y compris à celles des
enfants. Pizzas, poulet, poissons, sandwich,
petit-déjeuner et plats végétariens.

CAFÉ D'EUROPE

27, rue Sainte-Angèle
418-692-3835
Lun-ven 11h30-14h et 17h-22h30, sam-dim
17h à 22h30. 80 places. Th midi 13,95 $-
15,95 $. TH soir 29,95 $. Toutes CC et
Interac. Salons privés, service de valet.
Le charme des vieux restaurants, avec un
service au guéridon comme on en fait de
moins en moins souvent. Depuis plus de 30
ans, on trouve la même qualité dans les plats
et le service. La cuisine combine les
gastronomies françaises et italiennes, ris de
veau braisés à blanc, tartare de saumon ou
scampi flambés au whiskey mais aussi gibiers
en saison apprêtés avec soin.

CAFÉ DE LA PAIX

44, rue Des Jardins
418-692-1430
Lun-sam 11h30-14h30 et 17h30-23h, dim
17h-23h. Menu du jour 10,75$-16,95$. TH
23-30. V, AE, MC et Interac. Salons privés.
Service de valet.
Il paraît tout petit et pourtant la capacité de
ce bistro où le gibier est à l'honneur est de
180 places. Une belle spécialité de fruits de
mer, relevés avec talent, dont la bouillabaisse
de fruits de mer, ou le saumon au vinaigre
de framboise. Des repas d'affaires à un très
bon rapport qualité/prix ou des tables
d'hôtes plus exceptionnelles pour grandes
occasions, pâtisseries maison, toutes les

RESTAURANT

CAFÉ DE PARIS

Spécialités
Chateaubriand
Carré d'agneau
Boeuf Wellington
Surf & turf
Fruits de mer
Veau
Table d'hôte

· Chansonnier
· Menus pour gens d'affaires
· Cuisine française et italienne
· Salle à manger
· Salons privés
· Salle de réception pouvant
  accommoder jusqu'à 150 personnes
· Prix spéciaux pour groupes
· Table d'hôte à partir de 19.95 $
· Ouvert de 11 à 23 heures

Café de Paris
66, rue Saint-Louis,
Vieux-Québec (Qc) Canada, G1R 3Z3
Tél.: 418.694.9626
Fax: 418.694.2260

La cuisine
française
au coeur du
Vieux-Québec,
à deux pas du
Château Frontenac

excuses sont bonnes pour profiter de l'ambiance chaleureuse de ce café.

CAFÉ DE PARIS
66, rue Saint-Louis
418-694-9626
Ouvert tous les jours 11h-23h. Menu midi 15$-20 $. Soir à la carte. Plats de 19,95 $-38,95 $. Toutes CC. Chansonnier à l'année, 200 places, repas de groupes, salons privés et salle de réception. Réservation recommandée.
Cet établissement très fréquenté en tout temps offre, comme son nom l'indique, une cuisine d'inspiration française et italienne avec des spécialités locales et des fruits de mer : bœuf Wellington, moules au champagne sur demande. Des desserts maison complètent parfaitement le repas. Tout cela est préparé avec soin et servi par un personnel bienveillant. Chansonnier tous les soirs.

CAFÉ DU CLOCHER PENCHÉ
203, rue Saint-Joseph E.
418-640-0597
Lun-ven 11h30-22h, sam-dim 9h-22h. Brunch à partir de 6 $, midi 24 $-30 $, soir 23 $-29 $. V, MC et Interac.

Est-il le restaurant avec le meilleur rapport qualité prix de la ville ? C'est l'avis de beaucoup ! Un conseil : faites-y un tour pour vous faire votre propre avis sur la question. Le restaurant, dans le quartier Saint-Roch, bénéficie du superbe espace d'une ancienne banque. Les toilettes sont d'ailleurs à l'emplacement du coffre-fort. Boiseries et vue sur le clocher penché de l'église à côté, tout est parfait pour prendre un excellent brunch. Le chef est un amoureux des produits du terroir et il transforme rapidement tout client en disciple. Boudin noir, salade de cuisses de canard confites, bavette de veau, saumon mariné, tartare de saumon… Ça vous laisse songeur, n'est-ce pas ?

LE CAFÉ DU MONDE
84, rue Dalhousie
418-692-4455
www.lecafedumonde.com
Lun-ven 11h30-23h, sam-dim 9h30-23h. Brunch sam-dim. Menu midi 10,95 $-19,50 $. TH abrégée plat et 7,50 $ comprenant une entrée/dessert et un breuvage, TH complète : entrée, plats de 23,95 $-29,95 $, desserts et breuvages. Toutes CC.

Un beau menu qui se renouvelle constamment à l'image de la vue magnifique du Saint-Laurent qu'on aperçoit de la terrasse en bordure du fleuve. Les plats, tout en étant proches de la formule bistro, sont relevés de trouvailles succulentes agrémentées d'une carte des vins très honorable : confit de canard, ris de veau, asperges et fromage de chèvre en pâte filo (brick). Le cadre est, à l'image de la cuisine, raffiné et convivial.

CHEZ TEMPOREL
25, rue Couillard
418-694-1813
Dim-jeu 7h-1h30, ven-sam 7h-2h30. Carte 2$-10 $, TH 8,95 $ (pas été). V et Interac.
Rue calme, coin tranquille, où même quand on vient pour la première fois, on se sent chez soi. À s'y méprendre, la clientèle semble être constituée d'habitués et pourtant il y a des touristes, échoués là on ne sait comment. On est attirés par ce bistro de bois intemporel, (si, si), où l'on peut méditer, bouquiner, observer notre petit monde. Et on savoure la carte et ses breuvages : chocolat ou café à l'ancienne, chocolat à la guimauve...

LE COCHON DINGUE
46, boul. René-Lévesque O.
418-23-2013
www.cochondingue.com
Lun-jeu 7h-23h, ven 7h-24h, sam 8h-24h, dim 8h-23h. Terrasse verrière.
Une formule bistro gagnante et assez dingue, il faut le dire. Le décor est toujours très soigné, convivialité et bonne franquette s'y lisent. Au programme, une cuisine variée qui part du brunch au steak frites (avec choix de sauce, essayez la Dingue) en passant par un trio de moules. Les côtes levées sont renommées pour leur qualité. Les desserts sont carrément cochons, sucrés à souhait. On en redemande ! Autres adresses : 46, boul. Champlain : 418-692-2013 et 1326, av. Maguire 684-2013.

CONTI CAFFE
32, rue Saint-Louis
418-692-4191
Ouvert tous les jours 12h-23h. TH midi : 9,75-12,75$, TH soir : 21-27,50 $.
Bienvenue au petit frère du Continental, une des bonnes tables du Vieux-Québec ! Les habitants du quartier et les voyageurs

apprécient cette nouvelle adresse, résolument branchée et urbaine, à deux pas du Château Frontenac. La touche italienne commence dans le nom de l'établissement et continue sur la carte, rédigée en italien. Pas de souci, elle est évidemment traduite en français ! Le Conti revisite les grands classiques : farfalle, tagliatelle, linguine arrosés de sauces goûteuses. Pour un repas plus sophistiqué, on opte pour le veau, le filet de saumon ou le filet mignon. Le plat d'antipasti accompagnera parfaitement un bon verre de vin lors d'un 5 à 7.

FAKS CAFÉ
1308, av. Maguire, Sillery
418-686-0808
Dim-mar 11h-21h, mer-jeu 11h-22h, ven 11h-22h30, sam 11h-22. Toutes CC. Carte 7 $-11 $. Lun-ven 5 à 7.
Que vous soyez pressé ou simple flâneur, ce bistro sympathique est l'endroit pour être vu. La terrasse branchée accueille nombre d'amateurs de 5 à 7. Les grillades, pâtes, pizzas à pâte fine, les burgers et les salades sont servis de manière efficace et dynamique. Le cuistot met une énergie toute particulière dans la préparation des pizzas et du spaghetti, très populaire auprès de la clientèle. Au comptoir ou confortablement installé sur les banquettes cosy, c'est la dolce vita !

GRAFFITI
1191, av. Cartier
418-529-4949
Lun-ven 11h30-14h30, 17h-23h30, sam 17h-23h30, dim 10h-15h, 17h-23h. Menu midi 12$-21 $, soir TH 26-39 $. Toutes CC. 100 places. Salons privés, verrière.
Plus franco-italien et inventif que le Graffiti, on meurt ! La critique est unanime et nos petites papilles le confirment, choisissez les yeux fermés, c'est excellent à tous les coups : en entrée, les raviolis de homard au beurre d'estragon et en plat l'escalope de veau graffiti (sauce crème aux champignons et cheveux d'ange au pesto). Une cuisine de marché originale et en constante évolution, accompagnée de l'une des meilleures caves de la région. La décoration assez branchée et chaleureuse nous invite régulièrement à pousser les portes d'une des très bonnes tables de la ville.

UNE BOUTEILLE DE VIN, EN SOIRÉE ?

LES SAQ EXPRESS RESTENT OUVERTES JUS-QU'À 22H. DANS LE CENTRE-VILLE, ON EN TROUVE UNE AU 707, BOUL. CHAREST O.

LE LAPIN SAUTÉ

52, rue du Petit Champlain
418-692-5325
www.lapinsauté.com
Lun-jeu 11h-22h, ven 11h-23h, sam 9h-23h, dim 9h-22h. Petit-déjeuner en fin de semaine et jours fériés. TH midi 9,50 $-13,95 $. TH soir 25,95 $-30,95 $. Toutes CC.
On sautille de plaisir pour ce resto champêtre dont la décoration campagnarde fait chaud au cœur. Des plats généreux et réconfortants animent nos assiettes : du gratin savoyard, des tourtes, des plats mijotés comme ceux que maman nous concocterait avec amour. Avec un nom comme ça, le chef ne pourrait passer à côté de la cuisson du lapin, à toutes les sauces, même à l'érable. Ce resto, c'est de la douceur chaleureuse pour l'hiver et la fraîcheur des prés pour l'été. Amoureux du bucolique, c'est votre lieu de rendez-vous.

LA NOCE

102, boul. René Lévesque O.
418-529-6646
Mar-ven : 11h30-14h, mar-sam : 17h30-22h. TH midi : 10-15$, soir entrée : 8-13$, plat : 15-25$.
Le midi, on vient à la Noce pour profiter d'une table d'hôte attrayante aux prix raisonnables. Le soir, le concept concocté est fort original. Sur une courte carte, on pioche entre différentes préparations qu'on prend version entrée ou plat. Résultat : les curieux goûteront à une belle variété de plats. Niveau cuisine, midi comme soir, les saveurs salées s'allient avec discernement au sucré. Exemple? Pour le midi, un pain de viande caramélisé aux fruits du ketchup maison et le soir un ris de veau en croustillant de café accompagné d'un ragoût de

champignon. Les plats changent toutes les semaines, ceci ne fait que vous donnez une idée. Une chose reste par contre : tout est fait maison, même le pain et les desserts. On applaudit la suggestion d'alcools originaux comme le Maury ou le Xeres pour accompagner les plats du soir. La présentation soignée ainsi que le sourire et l'efficacité du service font de la Noce un lieu appréciable.

OH PINO !

1091, av. Cartier
418-525-3535
Été, lun-dim 11h30-23h. Hiver, lun-sam 11h30-23h, dim fermé. Menu midi 8,95$-14,95$. TH soir 15 $-25 $.Toutes CC. 80 places intérieur.
60 places terrasse.
Comment ne pas s'émerveiller devant cette table qui renouvelle le terroir d'ici ? Un rapide coup d'œil à la carte permet de survoler les différentes tables du Québec. Le gibier s'apprête au gré des saisons. Le bœuf, la volaille et les poissons s'offrent en grillade. Afin d'accompagner ce plaisir festif, la carte des vins porte un toast tout particulier au pinot, agrémentant la saveur de plusieurs plats. Au bar, tout comme sur la terrasse festive, le plaisir des sens est à l'honneur.

LE PÉCHÉ VÉNIEL

233, rue Saint-Paul
418-692-5642
Ouvert 7 jours, 7h-23h. Petit-déjeuner tous les jours. Menu midi 11 $-17 $, soir 38 -45. Toutes CC et Interac.
Bizarre cette gourmandise ! Elle a une fâcheuse tendance à se réveiller lorsque le cadre l'encourage. Le Péché Véniel est un de ces restaurants de quartier au charme irréprochable et à l'assiette tentatrice. Ne luttez pas, c'est perdu d'avance. Au programme : des fruits de mer, des grillades d'enfer, des moules-frites et beaucoup d'autres plats. Un exemple de plat servi le soir, pour séduire les plus gourmands ? Le pavé de flétan rôti à la fleur de sel, demi glace de gibier, brandade de Yukon Gold à l'effilochée de canard confit et vinaigre balsamique, ça vous fait quoi ? Les desserts vous laisseront l'âme en paix.

AU PAIN BENI

24, rue Sainte-Anne
418-694-9485
www.aubergeplacedarmes.com
*TH du midi 11,95$ à 16,95 $, le soir on rajoute
10 $ au plat pour obtenir la table d'hôte.*
Ce n'est pas souvent que les 5 suggestions
de plats inscrits sur la table d'hôte du midi
nous inspirent et nous intriguent autant.
Nous avons goûté au risotto accompagné
d'aiguillettes de poulet et agréablement
parfumé à la coriandre. La taille de la
portion était idéale, la présentation soignée
et le service fort sympathique. A la carte,
l'imagination du chef est évidente. Un
exemple : le poulet grillé, poire pochée,
camembert et sirop de porto promet une
alliance de saveurs et de sucré-salé des plus
intéressantes. Suivant la saison on choisira
la terrasse avec vue sur le Château
Frontenac ou le salon intérieur baigné
de lumière naturelle.

LE PARIS GRILL

3121, boul. Hochelaga, Sainte-Foy
418-658-4415
www.parisgrill.com
Midi : TH 12-18 $, plats 10,95-20,95$.
Un nouveau restaurant, à l'ambiance très
familiale, situé à Sainte Foy, près de l'hôtel
Clarion. Dans un décor similaire à celui
des brasseries parisiennes, on déguste des
côtes levées délicieuses ou un steak
accompagné d'un choix de 5 sauces. Les
plus curieux goûteront aux tartes «
flambées » caractéristiques de la
gastronomie alsacienne. Les saucisses de
Toulouse et le boudin noir confirment que
les plats de bistro parisien inspirent
beaucoup le chef !

LE REFECTOIRE

373, rue Saint-Paul
418-692-4688
Ouvert tous les jours de 8h à 22h.
Un nouvel établissement avec beaucoup de
points forts originaux. Première raison
pour laquelle on va au Réfectoire : la déco,
ultra-tendance, une alliance de noir et
blanc crème très sobre à laquelle viennent
s'ajouter des lustres néo-baroques. Une
allure éclatée et assez délirante. Deuxième
raison pour pousser la porte : la cuisine !
Pour le lunch, on goûtera au « crispel »
une sorte de sandwich situé entre le pain
et la pizza. Il sera farci, par exemple

d'agneau mariné, de fromage de chèvre et
de poivron, ou de rôti de bœuf, cheddar,
sauce barbecue et oignons confits (7,95 $
le crispel). Entre 13h30 et 18h30 on
viendra pour les « ankas », des sortes de
tapas (soupe, assiette de charcuterie,
calamars frits maison, etc.) accompagnant
une sélection de vins servis au verre, fort
intéressante. Midis et soirs les plats
revisitent savamment les saveurs du
Québec. Les alliances sont très originales.
On pense notamment au jarret d'agneau
confit accompagné d'une fricassée de maïs
de Neuville à la crème. L'aventure ne
s'arrête pas à se qu'on consomme sur place :
on rapportera chez soi des olives, de
l'huile, des pâtés.

RESTAURANT PUB D'ORSAY

65, rue de Buade
418-694-1582
www.restaurantpubdorsay.com
*Ouvert tous les jours de 11h30-3h du matin.
110 places, terrasse, chansonniers tous les jours
en été, forfaits pour les groupes. Carte 10 $-23
$. TH 22 $-35 $.*
Bistro ou pause-café, drôlement bien situé
en plein Vieux-Québec, c'est la halte idéale
avec un bon rapport qualité prix, et ceci
depuis de nombreuses années. La carte
répond à toutes les attentes : salades, pâtes,
burgers, grillades, moules. Le service est
impeccable et toute l'équipe est aux petits
soins… Que demander de plus?

RESTO BAR DOWNTOWN

299, rue Saint-Joseph E.
418-521-3363
*Lun 11h30-22h, mar-sam 11h30-22h30, sam
17h-22h30, dim 17h-22h. TH midi 10,95$-
16,95 $, TH soir 20,95 $. Toutes CC.*
Situé dans la basse-ville, ce bistro
d'influence culinaire française nous
propose une variété de plats intéressants
comme l'entrecôte de bœuf sauce aux deux
moutardes ou le saumon grillé sauce cari.
Les salades et les jus de légumes sont
délicieux. Le cadre est soigné. Les murs en
brique et la lumière tamisée créent une
ambiance intime malgré la grande capacité
d'accueil de ce restaurant qui s'étend sur
deux étages. Au deuxième niveau, on
apprécie les peintures sur les murs
représentant des scènes d'antan de la vie à
Québec. Le service est sympathique. Une
adresse pratique pour les dîners d'affaires.

RESTO BISTRO SOUS LE FORT
48, rue Sous-le-Fort
418-694-0852

Tous les jours 11h-22h. TH midi 8,95 $-13,95 $, TH soir 18 $-28 $. Carte 13 $-21 $. Toutes CC, Interac et chèques de voyage.

Ce petit bistro de quartier apporte bien des surprises. La première est la chaleur du service et du décor. Ensuite, l'histoire fascinante de cette maison construite en 1682 qui a abrité des personnages célèbres et des commerces différents. Quant à la cuisine, tout en simplicité, elle reste sans chichi mais bonne et conviviale. Les spécialités : saucisse de caribou et médaillon de cerf rouge.

CRÊPERIE

AU PETIT COIN BRETON
2600, boul. Laurier, Sainte-Foy
418-653-6051

Dim-mer 7h-22h30, jeu 7h-23h30, ven-sam 7h-0h. Menu midi 6,95 $-15,25 $. TH soir 14,75 $-22,50 $. Toutes CC.

Dans un décor assez traditionnel, les serveuses en costumes bretons vous accueillent pour manger… des crêpes ! Vous avez le choix : crêpes bretonnes au froment ou au sarrasin, crêpe sucrée comme la traditionnelle Suzette ou la crêpe avec de la crème glacée, le tout accompagné selon vos goûts : jambon, fromage, œufs etc. Donc si vous avez envie d'une crêpe, vous avez l'embarras du choix. Autre adresse : 1029, rue Saint-Jean, 418-694-0758 et 655, Grande-Allée E. 418-525-6904.

CAFÉ BISTROT DU CAP
67, rue Sault-au-Matelot
418-692-1326

Fermé le lundi. Mar-dim 11h30-15h et 17h30-22h30. Crêpes salées 6 $-11,50 $, crêpes sucrées 3 $-7 $. Le soir, plats 18 $-29 $. Toutes CC.

Un décor de bois clair, un mur de pierres, des tableaux de voiliers ou de coquillages… Il ne manque plus que l'air marin pour parfaire ce lieu qui sent déjà si bon les vacances. Ici on vient et on revient. Si ce n'est pas pour les copieuses et délicieuses crêpes, ni pour ce parfum américano-anglais qui flotte dans l'air, c'est au moins pour l'ambiance. Pour entendre un client complimenter le chef sur ses « crevettes » et pour en voir d'autres zyeuter avec envie les plats des voisins en se demandant bien s'il n'y a pas un moyen de tout essayer. Bref, on espère que vous apprécierez autant que nous.

LE PETIT CHÂTEAU
5, rue Saint-Louis
418-694-1616
Dim-jeu 7h30-22h30, ven-sam 7h30-22h30. Menu midi 6,95$-27,95$. TH soir 17,95$-25,95$. Carte 5-20. Argent comptant, V et MC.
Chansonniers, variété de 60 crêpes. Sucrées ou salées, des crêpes sont toujours les bienvenues à n'importe quel moment de la journée dans ce petit local accolé au Château Frontenac. Attablé autour de mignonnes petites tables, vous pourriez prendre une pause bien méritée, surtout après avoir marché toute la journée dans le Vieux-Québec. Notre suggestion, vers 16h, la crêpe au chocolat, un délice.

PÂTES ET PIZZAS

LES FRÈRES DE LA CÔTE
1190, rue Saint-Jean
418-692-5445
Lun-ven 11h30-23h, sam-dim 10h30-23. Menu midi 8,95 $-14,50 $, TH soir 21,50 $. Toutes CC.
Chapeau de paille, pizzas, grillades et bonne humeur résument l'atmosphère des Frères de la côte. Une décoration de plage fait régner une ambiance de vacances. Des bons plats simples et copieux : grillades, osso bucco, bouillabaisse, jarret d'agneau, le tout accompagné de bières importées et de musique du monde, font le bonheur des habitués. Sous les pavés de Québec, la plage.

PORTOFINO
54, rue Couillard
418-692-8888
www.portofino.qc.ca
Ouvert de 11h30 à 24h. TH midi 9 $-15 $. TH soir 19,95 $-29,95 $. Carte 8 $-26 $. Toutes CC.
Un petit coin d'Italie où l'on vient butiner les saveurs festives de la cuisine de mama mia. Les couleurs soufre nappent les tables et les costumes des serveurs. On se presse devant le four de bois traditionnel pour y

voir dorer ces pizzas préparées à l'européenne. La pâte est fine et l'assaisonnement a le ton juste. Le choix des pâtes est impressionnant et incite à l'apprentissage de l'Italien. Mais on peut s'en tenir aux poissons, aux moules à volonté et aux homards en saison. Les soirs, le festin s'accompagne des airs latino cuisinés par des musiciens qui enivrent l'endroit. Le service suit le rythme endiablé. Un bastion de fraîcheur italienne en pleine Nouvelle-France.

LE RIVOLI
601, Grande Allée E.
418-529-3071
En été, lun-ven 11h30-14h30, 17h-22h, sam-dim 17h-22h. En hiver, fermé le dimanche. Menu midi 10,50 $-15,95 $. TH soir : 21,50 $-31,50 $. Salons privés, 120 places dont 80 sur la terrasse.
Juste à côté du Loews le Concorde, ce restaurant italien au charme douillet avec son foyer et ses murs de pierre, propose des pizzas cuites au feu de bois, des pâtes, du veau. Il fait bon vivre dans ce restaurant qui propose aussi des plats français. On prend son temps, on se relaxe et on déguste.

TRATTORIA SANT'ANGELO
10, rue du Cul-de-Sac
418-692-4862
En été, 11h30-23h30. En hiver, dim-jeu 11h30-20h, ven 11h30-14h30 et 17h-23h, sam 17h-23h, dim 17h-22h. Menu midi : 7,95-15,95 $. TH soir: 20 $-28 $. Toutes CC.
Pizzas cuites au feu de bois et chants de l'Italie sous le ciel merveilleux du quartier Petit Champlain, il n'y a aucun paradoxe ici, que du bonheur. Le menu est certes classique mais excellent : une escalope parmigiana, des pizzas. Et puis on a adoré manger sur la terrasse. Le service est dynamique, enjoué surtout lorsque Franco et son accordéoniste chantent les vendredis et samedis soirs. Pittoresque à souhait !

INSOLITE

CROISIÈRE AML-LOUIS JOLLIET
quai Chouinard
418-692-1159 / 1 800-563-4643
www.croisieresaml.com
info@croisiereaml.com

Souper-croisière Paquebot d'un soir, tous les soirs de mai à octobre, plusieurs thématiques durant l'été comme Feux d'artifice, Queen Mary 2...Embarquement : 18h, départ : 19h, durée : 4h. Adulte : 31,95$, aîné et étudiant 30,95 $, enfants 15 $, famille (2A + 2E) 75 $, ce à quoi se rajoute le prix du repas, qui varie entre 28 $ et 49 $ + taxes et service.

Quoi de plus romantique qu'un souper sur l'eau, au cours duquel passent les lumières de la Capitale ? Pour commencer la soirée, nous vous suggérons de siroter un cocktail sur le pont, en voyant la ville s'éloigner. On passe ensuite à table pour goûter à une cuisine fine : pavé de saumon frais, homard et beurre à l'ail, filet mignon de bœuf, volaille, casserole de fruits de mer accompagnée d'une bonne bouteille de vin. Des musiciens installés sur les ponts rythment la soirée.

LE PARLEMENTAIRE
Hôtel du Parlement
418-643-6640
Dans l'édifice de l'Assemblée Nationale. Entrée porte n° 3. Lun-ven 8h-14h30. TH midi 13,95 $-24,95 $. V, MC, AE.
Pour le plaisir de manger aux mêmes tables que les hommes politiques, dans un décor raffiné de style Beaux-Arts. Les serveurs ne colportent pas de ragots, mais on a parfois droit à des anecdotes. Mets régionaux du Québec. Spécialités de bœuf, de porc et de caribou. On peut également y déguster saumon, truite boucanée, crustacés et coquillages. Desserts à la sève d'érable. Le tout pour un prix tout à fait abordable. Un petit déjeuner est servi de 8h à 11h.

DE LA TERRE ET DE LA MER

GRILLADES DE LA TERRE

L'ENTRECÔTE ST-JEAN
1080, rue Saint-Jean
418 694-0234
www.entrecotesaintjean.com
Sept-avr, lun-mer 11h30-22h30, jeu-ven 11h30-23h, sam-dim 17h-23h. Mai-août, lun-dim 11h30-23h. TH de 22,50 à 28,50 $ selon le poids de l'entrecôte. Toutes CC.
Pour déguster une belle entrecôte dans un décor bistro, grandes glaces à l'appui, rendez-vous à l'Entrecôte. Le menu est on ne peut plus simple, entrecôte et pommes allumettes à la française avec salade aux noix et toujours cette sauce secrète qui fait le succès de la maison. Pour partir en pleine gloire, les profiteroles au chocolat sont un dessert de choix. Pour tout dire, on en redemande.

CHARBON STEAKHOUSE
450, de la Gare du Palais
418-522-0133
www.charbonsteakhouse.com
Lun-ven 12h-15h30 et 17h-23h30, sam-dim 17h-23h30. TH 32-47. Stationnement gratuit.
Une atmosphère qui frise le lounge, version steakhouse raffinée. Les viandes sont attendries selon un procédé naturel et grillées sur charbon d'érable s'il vous plaît ! Steak coupe New-York, steak de côtes, steak Boston, T-Bone, côte de bœuf et steak de côte vieilli à sec, en résumé des

grillades vraiment bonnes.
L'environnement de la Gare du Palais a un
« je ne sais quoi » de bucolique qui
participe à la séduction. Plan futé : le
boucher propose des pièces de viande à
emporter et à se griller sur le barbecue,
entre amis !

DE LA MER

GAMBRINUS
15, rue du Fort
418-692-5144
En hiver, lun-ven 11h30-14h30 et 17h-22h30,
fin de semaine 17h-22h30. En été, 7j/7 11h30-
22h30. Menu midi 9,75 $-15,95 $. TH soir
23,95 $-34,50 $. Toutes CC. 82 places.
Musiciens le soir de fin de semaine.
Entre mer et terre, le Gambrinus offre une
vue imprenable sur le Château Frontenac,
un cadre raffiné et une cuisine
d'inspiration italienne et provençale. Les
fruits de mer sont la spécialité de la maison
avec une bisque de homard et l'assiette de
fruits de mer. Mais quelques viandes se
détachent par leur originalité comme la
noisette de caribou aux fruits des champs
ou le filet mignon au fromage bleu.
Question service, l'accent de Giovanni
Venturino et la compétence de son équipe
nous transportent dans une baignade
mémorable.

LE MARIE CLARISSE
12, rue du Petit Champlain
418-692-0857
Ouvert 7 jours 11h30-14h30 et 18h-22h.
Menu midi à partir de 20 $. TH soir : menu
gastronomique : 50$. Menu à la terrasse : 5$-
30 $. Toutes CC.
Nous sommes en amour ! Seulement 12
tables et un des meilleurs restaurants de
fruits de mer et de poisson de la vieille
capitale se concentrant sur une belle
cuisine de marché et des arrivages
réguliers. Les poissons sont cuisinés avec
talent et créativité. L'entrée de poissons
fumés (hareng, saumon) est extraordinaire
tout comme la soupe de crabe. Les
poissons sont relevés de sauces incroyables
et de décorations vraiment recherchées.
Les murs de cette bâtisse de plus de 200
ans à l'atmosphère intimiste participent
aux charmes de ce restaurant tout comme
le service vraiment adorable. Le Marie-

Clarisse persiste sur la même lignée pour
les viandes apprêtées avec succès et les
desserts succulents, notamment le gâteau
au chocolat avec coulis de framboise. Un
souvenir plus qu'impérissable pour vos
papilles. Vous y reviendrez.

POISSON D'AVRIL
115, quai Saint-André
418- 692-1010
www.poissondavril.net
Ouvert du lundi au dimanche dès 17h. Fermé
tout le mois de janvier. TH à partir de 29 $.
Toutes CC. 70 places.
Installé dans le Vieux-Port, ce resto ne se
moque pas de vous. Le propriétaire a tout
du loup de mer, gentil comme tout. Et la
chef est d'une créativité intarissable. En ce
qui concerne le cadre, du bois, des briques,
des poissons, on se croirait dans la cale
d'un navire. La cuisine nous emmène vers
des havres culinaires : bouillabaisses,
moules à volonté, homard grillé ou au
court-bouillon, calmars frits, grillades de
poisson entier ou côtes de bœuf et d'agneau
aux herbes. La sélection de pâtes permet à
la carte de répondre à tous les désirs. Assis à
la terrasse, le vent dans les mâts des bateaux
de la marina, on prend une bouillabaisse.
Pour les plus audacieux, l'assiette du
commodore restera dans les annales : au
programme, homard, crabe des neiges,
moules, pétoncles sans oublier le poisson
du jour ! Le resto de la mer à un prix terre-
à-terre. Belle carte de vins.

RIVIERA CAFÉ-TERRASSE
155, rue Abraham-Martin
418-694-4449
Ouvert tous les jours, 7h-21h. Carte 4 $-8 $,
TH midi 8 $-12 $, TH soir 15 $-20 $. Petit-
déjeuner 7h-11h lun-ven, sam-dim 7h-14h.
125 places sur la terrasse et 70 à l'intérieur.
Toutes CC.
Un nouveau restaurant dans lequel on
vient avant tout et surtout pour
l'originalité du lieu : situé près du bassin
Louise et des silos de la Bunge, la terrasse
offre une très belle vue sur la vieille ville.
Niveau gastronomie, ce café-terrasse
navigue entre un menu de casse-croûte de
qualité et des plats plus sophistiqués:
sandwichs gourmets au homard, pizzas,
salades, poulets et poissons et…
bouillabaisse ! La vue sur la ville est à
couper le souffle, sans parler de l'ambiance

sympa imprégnée du clapotis des vagues de
la marina où est juché ce bistro. À la barre
de cette initiative, le capitaine Christian
Bernier du célèbre restaurant Le Poisson
d'Avril. Dans un décor portuaire illuminé
par des lanternes, agrémenté de nappes en
tissu bleu nautique et de couverts où trône
le homard, on ne s'y trompe pas, la soirée
coule doucement, chaudement.

CUISINES DU MONDE

AFRIQUE

LE CARTHAGE
399, rue Saint-Jean
418-529-0576
Lun-ven 11h30-14h30 et 17h-22h30, sam-dim
17h-22h30. Menu midi 7,95 $-11 $. TH soir :
ven-sam 19,95 $-24,95 $, dim-jeu : 24,95 $
pour 2 pers. Toutes CC. Danseuse Baladi à
partir de 20h30.
Dans un décor vraiment réussi, les
spécialités de la cuisine tunisienne se
déclinent sous vos yeux émerveillés. Vous
ne la confondrez plus avec ses voisines
marocaines et algériennes. Tajine de poulet
aux olives, couscous royal, chorba, en
entrée, aumônières d'escargots ou feuilles
de vigne sont autant d'invitation aux
charmes de l'Orient et à sa langueur.
Parsemée de coussins, de miroirs et de
divers objets tunisiens, la salle vous
entraîne ailleurs.

LE RAMEAU D'OLIVIER
1282, av. Maguire, Sillery
418-687-9725
Fermé lun. Ouvert 11h30-14h et 18h-22h,
sam-dim 18h- 22h. Midi 10 $-15 $. TH 20 $-
30 $. MC, V et Interac.
Alger la Blanche et ses mets savoureux et
parfumés aux épices envoûtantes apparaît.
Le cadre fourmille d'objets : tableaux,
théière, assiettes, tous aussi dépaysants les
uns que les autres. Le service extrêmement
chaleureux accompagne les plats d'un
sourire contagieux : chorba (la soupe aux
légumes avec de la menthe et de la
coriandre), aubergines farcies, citrons
confits fabuleux, couscous royal et tajines
qui marient une viande délicate et des
fruits secs (pruneaux, amandes, abricots).
Le thé et les loukoums achèvent ce tendre
moment de douceur sucrée-salée.

LA ROSE DES SABLES
24, boul. René-Lévesque O.
418-522-6682
Fermé le lundi, mar-ven 11h-22h, sam-dim
16h-22h. Menu midi 8,50 $-15,95 $. TH soir
17,99 $-21,99 $. Service de traiteur. Toutes CC.
Nouvel emplacement pour ce petit resto et le
succès grandit encore et encore... Même s'ils
servent un des meilleurs couscous de la ville,
la rose des Sables est un restaurant libanais.
Convivial, il attire une clientèle de tous
bords avec des sandwichs (pain pita ou
baguette) extraordinaires. Il faut dire qu'ils
sont garnis de fraîcheur, d'épices, d'olives,
d'oignon, de bœuf ou d'agneau.
Décidément, ce coin de Québec a des petits
airs de Méditerranée.

UN THE AU SAHARA
7, rue Sainte-Ursule
418-692-5315
Ouvert tous les soirs 17h-23h, et le midi jeu et
ven seulement. Compter 13,95 $-17,95 $ pour
un couscous et 13,95 $-17,95 $ pour un tajine.
On ressort de ce petit restaurant avec une
grande envie d'apprendre à jouer avec les
épices avec un tel sens des proportions ! Le
chef est vraiment passé maître dans cet art.
Que ce soit pour le couscous ou pour les
tajines (comme le tajine kefta, aux boulettes
de veau, une spécialité maison), un savant
mélange d'épices, nous transporte en moins
de deux dans un souk marocain. Bref, on a
beaucoup aimé. L'ambiance est agréable :
petite salle, nappes aux rayures rouges et
blanches, musique traditionnelle. Un seul
bémol : le service peut être assez lent.

AMÉRIQUE

AMÉRIQUE LATINE

LA SALSA
1063, 3e Avenue
418-522-0032
Mar-sam 11h-22h. Menu spécial à 8,99 $.
Interac seulement.
La cuisine étant excellente, l'accueil
chaleureux et charmant, le bouche à oreille a
fait le reste. Un beau succès pour ce
restaurant de Limoilou dont la terrasse
jouxte celle du Bal du Lézard. Du coup, l'été,
on effectue le trajet entre le bar et la Salsa.
Au programme, des mets du Salvador et du

Mexique, des enchiladas, bien entendu, mais
aussi des pupusas (pâte de maïs fourrée au
porc), et l'enfrijolada (pâté de fèves, viandes
et fromage). La Salsa propose des bières et
du vin, mais on vous conseille de la Tequila
ou une Margarita pour accompagner votre
repas. Le bonheur, sous le soleil exactement !

SOL LATINO
184, rue Saint-Vallier O.
418-649-9333
Lun-sam 11h30-14h, 16h30-22h, jeu-sam
16h30-23h, dim fermé. Soirée combo 8,99 $-
9,99 $. Menu midi 5,99 $. Carte 2,50 $-3,99 $.
Argent comptant. 20 places environ. Soirée
espagnole entre 18h-20h le mardi. Il faut un
petit peu le chercher, comme toutes perles
rares. Mais une fois qu'on est sous le sol
latino, on y reste ! Le menu aux couleurs du
Mexique est assez simple : enchiladas, tacos,
fajitas etc. C'est bon, très bon. Tout de
couleur vêtu, le restaurant propose des
soirées espagnoles endiablées... où vous
pourrez parfaire vos connaissances de la
langue de Cervantes.

QUÉBEC

AUX ANCIENS CANADIENS
34, rue Saint-Louis
418-692-1627
Ouvert de 12h à 21h en continu. Menu midi
14,95 $. TH soir 38,50 $-62,50 $. Toutes CC
et chèques de voyage.
Cette jolie maison toute rouge et blanche,
appelée la Maison Jacquet, semble sortie tout
droit du XVIIe siècle ou d'un conte de
Grimm. Le nom du restaurant vient du titre
d'un roman du célèbre auteur Philippe
Aubert qui habita dans cette maison. C'est
un excellent restaurant de spécialités
régionales où vous pourrez goûter aux plats
traditionnels québécois que l'on trouve
rarement ailleurs : soupe aux pois, marmite
de fèves au lard, magret de canard au sirop
d'érable, tourtière du lac Saint-Jean, caribou
braisé, tarte au sirop d'érable et au fudge. LA
spécialité du chef : les trois mignons, un
assortiment de caribou, bison et cerf grillés
nappés de sauce cognac et poivre rose.
Agréable décor de style Nouvelle-France,
avec assiettes anciennes, estampes, dans une
ambiance intime. Service impeccable en
costume d'époque.
Bon plan : le menu du midi à 14,95 $,

incluant un verre de vin, est
particulièrement intéressant.

L'INTIMISTE
35, av. Bégin, Lévis
418-838-2711
Lun-ven 11h-14h, mar-dim 17h-22h. TH
midi à partir de 9,95 $. TH soir 23 $-38 $.
Menu découverte (7 services) 49 $, avec
agencement de vin 69 $. Toutes CC.
Serait-ce l'atmosphère de Lévis qui lui donne
ce caractère si secret ou cette vue imprenable
sur Québec ? Dîner à l'Intimiste, c'est faire la
découverte de Lévis d'où l'on a, à notre avis,
la plus belle vue sur Québec. Dîner à
l'Intimiste, c'est aussi passer un bon moment
en se délectant de gibier, d'émeu ou d'un
choix de fruits de mer. Les pétoncles ou
l'agneau se marient tellement bien avec la
carte des vins. Un détour s'impose sur cette
autre rive pour le midi, entre amis et en
toute sérénité.

LA TANIÈRE
2115, rang Saint-Ange, Sainte-Foy
418-872-4386
Mer-dim à partir de 18h. TH 35 $-50 $.
MC, V, DC, AE et Interac. Salons privés.
Oui, c'est une grande table, car elle marie
avec succès la gastronomie au gibier et ce,
toute l'année. Le dépaysement est parfait
puisque trophées de chasse et calme animent
cette tanière, nichée entre Québec et Sainte-
Foy. Au menu, du gibier bien sûr :
consommé de caribou, côtes de sanglier rôti,
mignon de bison, assiette du chasseur. Mais
du loup marin grillé est aussi tout indiqué.
Cependant, notre préférence va vers l'assiette
du chasseur servie avec une cuisse de canard
à la gelée de cormier, du caribou aux
chanterelles et du tournedos de lièvre à la
gelée de cèdre.

LES VOÛTES DU CAVOUR
38, rue Saint-Pierre
418-694-1294
www.voutescavour.qc.ca
Réservation par téléphone entre 8h30-17h.
Ouvert seulement aux groupes et sur
réservation quatre jours à l'avance pour
pouvoir y déjeuner ou dîner. Salons privés et
salles de réception.
550 places. Service de traiteur.
Prix pour tours organisés.
Dans le cœur historique de la ville, non loin
de la Place Royale, quatre superbes salles

voûtées peuvent accueillir des groupes, des
réceptions ou encore un dîner en amoureux.
Du homard, des escalopes de saumon, des
assiettes de fruits de mer mais aussi des
menus typiquement québécois sont proposés.

ASIE

INDE

GARAM MASSALA
1114, av. Cartier
418-522-4979
Lun-sam 11h30-14h, 17h-22h, dim 17h-22h.
Menu midi 6 $-9 $. TH soir et sam 15 $-
19,95 $. Plats à emporter.
La descente qui nous mène à ce restaurant,
situé au sous-sol, est sans équivoque. Un bar
à l'entrée, des tables disposées tout autour,
de la musique indienne, le décor est jeté.
Nous sommes en Inde…Toute l'Inde car le
menu reflète la richesse de cette
gastronomie. Les plats préparés au tandoor
ont mariné dans un mélange de yaourt épicé
pendant 24 heures, ce qui leur confère une
tendreté délicate. Quant aux biryanis, ces
plats à base de riz frits et de viande, le cari
s'y marient à merveille avec les viandes ou
les légumes. Vous pourrez y goûter un poulet
au beurre, des bhaji à l'oignon et un
excellent cari de poulet Cachemire servi avec
des raisins secs et des amandes.

CHINE

ELYSÉE MANDARIN
65, rue d'Auteuil
418-692-0909
Lun-jeu 11h30-14h et 18h-22h30, ven 11h30-
14h et 18h-23h30, sam 17h30-23h30, dim
17h30-22h30. TH midi 9 $-14 $. Menu
gastronomique le soir 21,80 $. Menu
végétarien : entrées 3 $-4,50 $, plats 9 $-13 $.
Spécial dim sum :
7 variétés pour 2 personnes : 14 $. Toutes CC.
Petite perle dans la gastronomie chinoise, ce
restaurant l'est à coup sûr : les plats sont
copieux, originaux et délicieux. Et le cadre
nous invite au voyage. Petite musique douce,
statuettes chinoises, jardin intérieur avec un
bruit d'eau qui coule et qui apaise. On craint
presque l'arrivée du sifu et de ses élèves de
kung fu qui viendrait chambouler le calme et

la quiétude de ce lieu. Beau voyage dans le Szechuan. Et pour les néophytes, il faut savoir que cette province est réputée pour sa cuisine exquise et épicée. Vous n'êtes pas encore convaincu ! Venez le vérifier par vous-mêmes. Vous serez vous aussi sous le charme.

Petit restaurant cambodgien où on nous invite à faire un « voyage culinaire ». Ce petit lieu ne paye pas de mine mais on y mange bien et copieusement et le service est super. Il y a aussi possibilité de commander des mets à emporter. Resto bien pratique et rapide.

JAPON

KIMONO SUSHI BAR
1034, av. Cartier
418-648-8821
Lun-ven 11h30-14h, lun-dim 17h-23h. Toutes CC et Interac. Combinaison entre 20 $-26 $.
Situé sur l'avenue Cartier, ce restaurant au décor typiquement asiatique nous offre une belle variété de sushi, sashimi et maki. Les mélanges sont harmonieux, le tempura du Kimono très différent de celui des concurrents fait du Maki Surprise le roi de la carte ! Les rouleaux sont consistants, les sashimis une pure réussite. Quant aux conseils, toute la carte est délicieuse. Le service est personnalisé et très professionnel. À notre avis, le Kimono est le meilleur sushi bar de Québec.

YUZU SUSHI BAR
438, rue de l'Église
418-521-7253
Lun-ven 11h30-14h30, lun-mer 17h-22h, jeu-sam 17h-23h, sam 17-23h, dim 17h-22h. TH midi 10$-15 $, carte 4 $-47 $. Toutes CC.
Situé au coin de Charest, ce nouveau restaurant japonais offre un éventail de sushi d'une grande originalité. Le mélange des saveurs rehaussent le goût du poisson qui fond dans la bouche. Les sashimis sont d'une fraîcheur inouïe. Vous dégustez le tout dans une ambiance zen et relaxante. Le décor est très soigné. On aime les couleurs ocres et le confort des chaises. Le service bien que sympathique, est un peu long. On termine le repas par une facture légèrement salée, mais le bonheur n'a pas de prix !

CAMBODGE

RESTAURANT BATI BASSAK
125, rue Saint-Joseph E.
418-522-4865
Dim fermé. Lun-sam 11h-14h et 17h-23h. TH 14,95 $-19,95 $. Spécial 2 personnes 32,95 $. Interac.

THAÏLANDE

ERAWAN
1432, rue Maguire, Sillery
418-688-6038
Lun-ven 11h-14h, tous les jours de 17h-23h. Menu midi 7 $-9 $, TH soir : 14 $-20 $. AE, V, MC et Interac. Apportez votre vin. 124 places.
Un cadre sobre, ce qui est assez rare dans un restaurant asiatique. Si vous ne connaissez pas la gastronomie thaïlandaise, Erawan vous en donnera un très bon aperçu, que ce soit à midi ou en soirée. Car cette cuisine n'a décidément rien à voir avec ses voisines du sud asiatique. Poulet au curry thaï et au lait de coco, bœuf sauté au gingembre sont quelques-unes des spécialités à découvrir de toute urgence.

EXOTHAÏ
2690, ch. Sainte-Foy, Sainte-Foy
418-652-8188
www.exothai.qc.ca
Lun-ven 11h-14h, tous les jours 17h-22h. Menu midi 9,95 $-10,95 $. TH pour 2 : 29,95 $-49,95 $. 68 places à l'intérieur, 20 places terrasse.
Pour manger de vrais plats thaï, relevés et savoureux à souhait, dans un décor sans prétention mais agréable. Un vaste choix s'offre aux clients, des plats au cari ou au lait de coco aux nouilles sautées relevées de tamarin. Le service est courtois, et les plats adaptés à tous les appétits. Une réussite!

VIETNAM

THANG LONG
869, côte d'Abraham
418-524-0572
Lun-ven 11h-14h, 17h-24h, sam-dim 16h30-24h. Menu midi 7,50 $-8,95 $. TH soir 13,75 $-18,95 $. V, MC et Interac.
Ce resto vietnamien peut sembler un peu perdu dans le quartier Saint-Jean-Baptiste. Pourtant dès que vous aurez goûté aux

rouleaux impériaux, vous n'en démordrez plus, c'est LE restaurant vietnamien de Québec. Parce que Thang Long est petit et possède l'atmosphère conviviale et animée du Vietnam, parce que les soupes sont bonnes et que tout est parfaitement frit, il respire l'authentique. Vous aurez l'impression de rendre visite aux hôtes les plus attentionnés qui soient.

LES INCLASSABLES

 RESTAURANT ASIA
89, rue du Sault-au-Matelot
418-692-3799
www.resto-asia.com
Été, lun-ven 11h-15h, 16h30-23h, sam-dim 12h-23h. Hiver, 17h-23h le sam-dim. Midi 6,95 $-10,95 $. TH soir 14,95 $. Toutes CC.
Thuong Vo Pham met un point d'honneur à ce que ses restaurants soient beaux et bons. Des spécialités vietnamiennes, thaïlandaises et cambodgiennes sont offertes en menu express ou gastronomique. Une carte de sushi vient d'être ajoutée. Le choix est certes vaste, mais vous aurez vite fait de trouver vos plats préférés et n'importe quelle raison vous ramènera chez Asia. Autre adresse : 585, Grande-Allée E. 418-522-0818 et 93, rue Sault-au-Matelot 418-694-1289

DARUMA
805 av Cartier
418 529 6666
TH du midi, 10 $. Le soir, compter 20 $-22 $ pour une entrée et un plat. Aucune licence.
Un nouveau restaurant asiatique résolument sous le signe du design. Le moindre détail est pensé et doit être en harmonie avec le reste du lieu, marqué du sceau de motifs rouges arrondis. Les hôtes sont invités à partager une grande table conviviale. Au bout, un robinet d'eau chaude est à la disposition de ceux qui veulent plus d'eau dans leur thé vert aux… grains de riz. Un délice. Côté assiette, on vous conseille surtout les entrées, la soupe coco thaï et les rouleaux impériaux (fromage de chèvre, épinard, champignons, coriandre, à tremper dans du ketchup d'ananas). Pour la petite histoire, le nom Daruma vient de la poupée représentant Boddhidharma ; considéré comme le chef du bouddhisme antique. Vous en saurez plus en lisant une sympathique légende inscrite sur le menu !

LE GRAIN DE RIZ
410, rue Saint-Anselme
418-525-2227
Fermé dim-lun. Service de traiteur mar-dim 10h-21h, restaurant fermé mar soir.
Un service de traiteur, une jolie boutique, des cours de cuisine, un bon restaurant, dans un seul et même lieu ! Les plats asiatiques du traiteur sont simples et bons. La boutique aux mille théières et au large choix de thés est un repère à connaître pour dénicher des cadeaux originaux. Pour le restaurant, on vous conseille la salle du fond, décorée avec goût et sobriété. Le midi, la table d'hôte (12 $-15 $) est vraiment bon marché au vu de sa qualité. Le soir, la créativité mise au service de la cuisine asiatique débouche sur les plats aussi originaux que le filet de panga en croûte de tomates séchées et noix de coco, sauce au lait de coco et feuilles de Keffir, riz blanc parfumé au jasmin. Le maki de homard en tempura, avec un sauté de légumes du jour, accompagné d'une mayonnaise douce au wasabi fait partie des plats réputés de ce restaurant qu'on conseille vivement.

EUROPE

BELGIQUE

MÔSS BISTRO BELGE
255, rue Saint-Paul
418-692-0233
www.moss-bistro-belge.com
Lun-sam 11hh-23h, dim 9h-23h. Menu midi 13,95 $-16,95 $. TH soir 25 $-33,95 $. Toutes CC.
En bistro belge qui se respecte, le mollusque orangé est la star ! Bien que copieux et parfaitement préparés, les 14 plats de moules se font parfois voler la vedette par les autres mets de la table d'hôte. Pourtant, les moules aux deux moutardes servies avec l'une des bières belges en fût sont un véritable délice. Les plus gourmands opteront pour les moules à volonté. Le tout avec vue sur le port et la Gare du Palais, on ne demande pas mieux.

AUBERGE DOUCEURS BELGES
4335, rue Michelet
418-871-1126 / 1800-363-7480
www.douceursbelges.ca
Lun-sam 11h-22h. TH soir pour 2, alcool compris : 72 $. V, MC et Interac. Téléphonez pour réserver.
Une jolie maison comprenant une auberge où il fait bon s'arrêter. Spécialistes des moules et des bières belges, les propriétaires vous accueillent eux-mêmes et vous font découvrir de merveilleuses bières importées de Belgique, mais aussi leurs différentes variétés de moules (dont on vous apprendra les secrets, ainsi que l'art et la manière de les déguster) plus délicieuses les unes que les autres. On finit sur une touche sucrée avec le dessert maison et le bonheur est complet. Une adresse pleine de charme et un accueil des plus agréables. Au final, une escale que l'on vous recommande chaleureusement.

FRANCE

AUBERGE LE LOUIS HÉBERT
668, Grande Allée E.
418-525-7812
Tous les jours en été, 7h-23h. Hiver, 11h30-14h30 et 17h-23h. Menu midi 11,95 $-17,50 $. Soir, plats 18 $-28 $. AE, DC, IMC, V, MC et Interac.
Le Louis-Hébert permet de cumuler deux

superbes expériences. La première est d'ordre gastronomique. L'auberge se taille une superbe réputation de très bonne table en servant une fine cuisine française où gibier et fruits de mer sont à l'honneur. Le tout est accompagné d'un cadre superbe, celui d'une maison de près de trois siècles au charme incontestable. Quant à la seconde expérience, elle concerne l'auberge elle-même qui propose neuf chambres charmantes au décor enchanteur et douillet.

LA CRÉMAILLÈRE
73, rue Sainte-Anne
418-692-2216
www.cremaillere.qc.ca
Tous les jours 11h30-14h30, 17h-23h, fermé le dim nov-fin avril. Menu midi 15 $-20 $. TH soir 35-48 $. Menu gastronomique le soir. Menu de groupe. 4 salons privés. Toutes CC.
Service de valet. Dans un cadre soigné, orné d'assiettes superbes, une cuisine toujours irréprochable se développe sous vos yeux. Les mets sont d'inspirations italienne et française mais avec une préférence nette pour la première. Pourtant, la carte n'hésite pas à jouer avec des classiques interprétés avec douceur et raffinement : escalope de veau aux morilles ou au Calvados, steak tartare, un carré d'agneau. La cave à vins procurera, sans l'ombre d'un doute, la bouteille pour le mariage idéal.

LA FENOUILLÈRE
3100, ch. Saint-Louis, Sainte-Foy
418-653-3886
Ouvert de 7h-11h pour le petit-déj. 11h30-14h et 17h30-22h. TH midi 15,50 $-19 $. TH soir 40 $-50 $. Toutes CC.
Douceur et saveur, beauté et bonne chère parsemée de parfums et d'épices se mêlent à la Fenouillère. Chaque plat est présenté avec merveille et relevé d'aromates sublimant la moindre bouchée. On ferme les yeux, on déguste les rillettes de sanglier au poivre vert et marmelade de carotte au Sauternes. Les pétoncles frais et fruits de mer fumés ou les médaillons de veau rosé aux pleurotes et shiitakes créent des mariages multicolores et doux pour les papilles. Quant aux desserts, le sucré du chocolat côtoie le beurre des noisettes ou les Granny Smith s'arrosent d'érable. On s'en souvient longtemps… La maison fait aussi un bel effort de créativité en changeant les menus toutes les huit semaines, ceci afin de faire tester à ses clients une multitude d'autres saveurs.

MISTRAL GAGNANT
160, rue Saint-Paul
418-692-4260
www.mistralgagnant.ca
Été, lun-sam 11h30-14h30, 17h30-21h, dim fermé. Mi-nov-mi-avr : fermé dim-lun. Menu midi 10,95 $-14,95 $. TH du soir 20,95$-30,95$. Toutes CC.
Les cigales chantent, on entend l'accent du midi de la France et des odeurs merveilleuses nous enveloppent. Les murs jaunes, les tables aux motifs provençaux, des cigales sur les murs, la célèbre photo réunissant Brassens, Brel et Ferré trônent dans ce restaurant aux spécialités méditerranéennes et du Sud-Ouest. Le chef met toute sa bonne humeur, sa franchise dans ses plats : feuilleté d'escargots au pastis, linguine au pistou, soupe de poisson et sa rouille, ris de veau au coulis de poivrons doux, magret de canard aux pêches, et de la tapenade, la vraie, l'unique tapenade. Les desserts sont de la même veine, franchement bons : tiramisu,

Restaurant
la Crémaillère
(418) 692-2216
73, rue Sainte-Anne,
Québec (Québec)
www.cremaillere.qc.ca

sorbets. Que dire du service et de l'accueil ?
Les employés sont tellement gentils et
prévenants que l'on dirait que le pôle
de la chaleur humaine s'est installé
au Mistral Gagnant.

QUARTIER SAINT-ROCH

Boire un café
Abraham Martin
Camelia Sinensis
Café Tam Tam

Manger Vite fait
Smoked meat Joe
De Blanchet
Arôme et tartine

Savourer tranquillement
Le grain de riz
Yuzu
Café du clocher penché
L'Utopie

LE PARIS-BREST
590, Grande Allée E.
418-529-2243
Tous les jours, 11h30-14h30, 17h30-tard.
Menu midi 11 $-17 $. TH soir 23,50 $-35 $.
Toutes CC. 130 places.
Portant le nom d'une pâtisserie
absolument délicieuse, le Paris-Brest
maintient une carte de spécialités
françaises avec quelques nouvelles
tendances. Le décor du restaurant est à
noter. Fait de boiseries, de verre et parsemé
de nombreux celliers, il contribue au succès
du Paris-Brest. Très bien présentées, les
assiettes se remplissent de feuilleté de ris
de veau aux chanterelles, de fricassée de
langoustines et ris de veau au Sauternes
ou de carré d'agneau.

LE VENDOME
36, côte de la Montagne
418-692-0557
Hiver, 17h-23h. Eté, 11h-23h. TH soir. 22,50

$-86 $, carte (moy.) 35 $. Service de voiturier.
Spécial pour 2 : 55 $. Toutes CC.
La nostalgie de la cuisine française
traditionnelle s'empare des fourneaux,
parfume la salle à manger et les assiettes
ornementées de ce restaurant
confortablement établi sur la côte de la
Montagne depuis 1951. Le service
rigoureux permet un défilé efficace et
spectaculaire des assiettes. La carte des
vins garde le ton avec ses 120 variétés de
cépages, classés par régions et
précieusement conservés au caveau.
L'escalope de veau savoyarde succombe
avec tendresse à la fourchette. La saveur
est savamment emprisonnée dans ses
chairs. Les légumes ne sont pas en reste et
arborent les fines herbes de façon aussi
esthétique qu'utilitaire. Les desserts ont la
grâce d'être présentés sur un chariot au
choix de l'invité. C'est la France avec
toutes ses grandes manières qui est
montée sur un plateau d'argent.

SUISSE

LA TYROLIENNE
2846, ch. Gomin, Sainte-Foy
418-651-6905
www.restaurantlatyrolienne.com
Lun-ven 11h-22h, sam-dim 17h-22h, menu
midi 8,95 $-14,95 $. TH soir 17,95 $-23,95 $.
Toutes CC.
C'est simple, c 'est comme un chalet
suisse, mais grand comme cinq chalets !
De la place en masse dans les différentes
salles de la bâtisse, comme la Saint-Moritz
ou les Grisons. Une armée de serveurs et
serveuses à l'écoute du client et une
ambiance toujours bon enfant y règnent.
Si la fondue est l'une des spécialités de la
maison, on n'en oublie pas pour autant les
allergiques au fromage, en proposant de
nombreux plats traditionnels et grillades.
Notons également, le bar agréable où il
fait bon siroter son verre confortablement
installé dans de véritables fauteuils
de salon.

LA GROLLA
815, côte d'Abraham
418-529-8107
Ouvert tous les jours 11h30-23h. Menu midi
10 $-15 $. TH soir 20 $-30 $. Toutes CC.
La grolla, qui donne son nom à ce resto, est

un récipient en bois sculpté dans lequel on boit le café de l'amitié. En effet, il est muni de plusieurs becs qui permettent à quelques convives de boire dans le même bol et de créer ainsi une ambiance plus cordiale. C'est ce genre d'atmosphère amicale que l'on retrouve, un accueil chaleureux et des efforts constants pour que les « invités » passent une soirée agréable. En plus de prendre une leçon de géographie sur les lieux de provenance des fromages suisses, on peut y déguster une braséade ou de délicieuses crêpes. La fondue reste, avec la raclette, la spécialité de l'établissement.

ITALIE

AU PARMESAN
38, rue Saint-Louis
418-692-0341
Ouvert tous les jours de 12h-24h. Menu du midi 9,25 $-14,50 $. TH soir 18,50 $-28,95 $. Service de valet de stationnement gratuit. Toutes CC. 140 places. Chansonnier (Roberto) ou accordéoniste (Benito) tous les soirs.
Il n'est pas commun, ce restaurant italien, sans nul doute le plus connu de Québec. Mariant les spécialités italiennes et françaises, le Parmesan met un point d'honneur à préparer avec amour et générosité ses spécialités : saumon fumé, jambon de parme préparé par Luigi lui-même, pasta maison, veau et fruits de mer. Les propriétaires valent le détour tout comme la décoration pittoresque à souhait, qui vous invite à faire le tour du monde. Comme en témoignent les photos sur les murs, l'endroit est fréquenté par les plus illustres personnages. Quant à l'ambiance, on vous conseille vivement

d'aller la tester, elle est pleine de surprises ! L'endroit idéal pour retrouver la douceur de vivre en couple et entre amis. Cerise sur le gâteau, une surprise vous sera offerte sur simple mention du Guide. Magnifico !

MICHELANGELO
3111, ch.Saint-Louis, Sainte-Foy
418-651-6262
Lun-ven 11h30-14h30 et 17h30-23h30, sam 17h30-23h30, dim fermé été. Menu midi 18,75 $-23,75 $. TH soir 28-75 $-35,75 $. Toutes CC.
Michel-Ange aurait certainement été honoré que l'on donne son nom à un restaurant de cette qualité. Ni collant, ni dédaigneux, ni familier, mais au contraire très discret, prévenant et professionnel, le bataillon de serveurs et le maître d'hôtel est tout simplement parfait ! On a rarement vu autant de classe à un tel prix. Mais qu'on ne se trompe pas, il ne s'agit pas de la classe au rabais. C'est la vraie de vraie à tous les égards, et cet établissement mérite bien des éloges pour son service, son décor et, bien sûr, sa cuisine. Le pain servi à l'aide de fourchette et cuillère donne le ton pour la suite. La viande est d'une tendreté incroyable, le poisson apprêté de belle façon, et le dessert couronne le tout majestueusement.

PAPARAZZI
RESTAURANT
1363, avenue Maguire, Sillery
418-683-8111
Lun-mer 11h30-22h, jeu-ven 11h30-23h, sam 9h30-23h, dim 9h30-22h00. Menu 14 $-26 $. TH ajouter 10 $ parmi les choix des plats principaux. 75 places.

LE RASSEMBLEMENT DES FANS DE **FORMULE 1**
CÉLÉBRANT LE 5ᵉ CHAMPIONNAT
DE SCHUMI AU SALON
GILLES VILLENEUVE.

www.cafesirocco.com

Toute l'élégance de la dolce vita se retrouve dans ce restaurant fier de son menu italiano-japonais. En entrée, le foie gras aux pommes vanillées est un instant mémorable. D'autres valeurs sûres s'ajoutent au prestige de la table : carré d'agneau apprêté à la provençale, jarret d'agneau braisé aux herbes fraîches… Il est bien vu d'être aperçu attablé à la terrasse… l'ambiance festive de la Méditerranée se consomme doucement; au vu et au su de tous.

LA PERLA
1274, av. Chanoine-Morel, Sillery
418-688-6060
Fermé dim. Lun-ven 11h30-14h, 17h-22h, sam 17h30-22h. Menu midi 10,95 $-15,95 $. TH soir 23,95 $-31,95 $. Toutes CC.
Une perle de l'Italie que nous avons failli ne pas voir…. Une erreur de notre part, car ce restaurant italien vous entoure d'une chaleur méditerranéenne, vous caresse d'odeurs fines relevées d'aromates, bref : une trouvaille. On y trouve les traditionnelles pastas, les prosciutto, les risottos… Mais ils revêtent une allure plus recherchée. Ils sont habillés, savamment arrosés d'huile d'olive, de

romarin, de laurier, de basilic. Il en va de même pour les calmars frits, le carré d'agneau saupoudré de romarin, le foie de veau aux framboises.

RISTORANTE IL TEATRO
972, rue Saint-Jean
418-694-9996
Ouvert tous les jours de 7h-2h. Menu midi 14 $-25 $. TH soir 26 $-30 $. Sélection de vins italiens.
La cuisine ouverte, les immenses pots de marinade et le décor laissent présager une bonne cuisine italienne. Dans les assiettes, cela se confirme : pasta et pizzas, risotto et carpaccio, salades fraîches. Le midi comme le soir, le service est rapide et le personnel arrangeant, malgré l'affluence des spectateurs du Capitole et des clients de l'hôtel. L'été, la terrasse constitue un pôle d'attraction pour voir et être vu, ou tout simplement pour prendre le soleil.

RISTORANTE MOMENTO
1144, av. Cartier
418-647-1313
Lun-ven 11h-22h30, sam-dim 17h-22h30. Menu 9 $-16 $, TH soir 19 $-32 $. Toutes CC.
Un « momento » dans ce restaurant aux spécialités italiennes se savoure. Les assiettes s'habillent d'osso-buco d'agneau aux herbes, de linguine, de saumon, de veau ou de pizzas délicieuses. Le service est aux petits oignons et que ce soit pour passer une soirée en amoureux, prendre un bon repas après un spectacle ou un dîner d'affaire… dans un cadre sobre mais de bon goût. On ne passe que des bons moments au Momento.

MÉDITERRANÉE

RESTAURANT L'AUBERGINE
319, rue Saint Paul
418 692 5044
Ouvert tous les jours, midi et soir, sauf le lundi soir. TH midi 9,95-11,95$, TH soir 13,95-17,95$.
Ce qui fait tout le charme de ce nouvel établissement, c'est sans aucun doute l'entrain et la passion du patron. L'entrain qu'il met à décrire les plats proposés à la table d'hôte nous conduirait presque dans la

salle à manger d'un restaurant gastronomique. Niveau assiette, on retrouve des classiques du bassin méditerranéen, apprêtés soit de façon traditionnelle (c'est le cas pour le couscous par exemple), soit de façon plus originale. Ainsi, nous avons goûté aux escargots cuisinés dans des cheveux d'ange, fort bon et original. En dessert, la crème parfumée aux extraits de rose nous a fait voyager dans la finesse du monde orientale. Le patron a été à nos petits soins tout au long du repas. En été, on profite de la terrasse et en hiver d'une salle à manger pas si luxueuse, mais conviviale.

CAFE SIROCCO
64, boul. René-Lévesque O.
418-529-6868
Ouvert tous les jours 11h-14h et 17h-23h. Toutes CC. TH midi 10,95 $-15,95 $. Carte 8 $-25 $. Belle carte de vin et une grande variété de bière dont la bière maison Sirocco.
Dans un décor de villa du sud, le Sirocco nous suggère des mets d'inspiration méditerranéenne. La carte est riche et les plats plus appétissants les uns que les autres. Les saveurs sont à l'honneur dans ce lieu à l'ambiance estivale, et le décor nous donne l'agréable impression de déjeuner à ciel ouvert. On aime le design du bar et l'amabilité du personnel. Un nouveau restaurant qui mérite votre visite au plus vite !

MULTIETHNIQUE

48
48, rue Saint-Paul
418-694-4448
Ouvert de 7h à 22h tous les jours et jusqu'à 23h le ven et sam. Les plats vont de 10,95 $ à 14,95 $.
On reste encore étonné par l'excellence du rapport qualité prix de ce nouveau restaurant branché situé dans le Vieux Port. Les quatre chefs forment une équipe multiculturelle et apportent chacun les influences de leur pays natal : Chili, Vietnam, Italie, Québec. Résultat : des grands classiques et des plats 'fusion' des plus originaux. Dans la section classiques « du monde », citons les burritos du Mexique ou le gâteau au fromage new-yorkais. Dans la catégorie des plats plus surprenants, explorez les très populaires saumon de Madagascar ou le tilapia

Rendez-vous au 48

| 48 Saint Paul | Vieux Port | Québec |
| www.le48st-paul.com |

LE
48
SAINT-
CUISINE_MONDE
694.4448

du monde se croisent avec réussite : sushi, thaï, cajun, grillades, tex-mex. On l'apprécie particulièrement l'été, pour sa terrasse et cette impression de vacances caractéristique à ce coin de la ville.

LE BISTANGO

1200, av. Germain-des-Prés, Sainte-Foy
418-658-8780
Lun-ven 7h-23h, sam 8h-11h et 17h-23h, dim 8h-14h et 17h-23h. Menu midi 10 $-16 $. TH soir 26 $-40 $. Toutes CC.
Le Bistango allie les plats traditionnels du bistro avec des pointes d'exotisme. Il jouit d'une bonne réputation dans la ville, car c'est un endroit à l'ambiance décontractée où l'on n'est jamais déçu par les plats proposés. Grillades, paella, sashimi, tartare d'agneau… simple mais efficace. Le tout accompagné d'une bonne sélection de vin au verre et servi dans un cadre remarquable.

LA FAIM DE LOUP

2830, ch. Sainte-Foy, Sainte-Foy
418-653-8310
Lun-ven 11h-14h, 17h-21h, jeu- 11h-22h, ven 11h-23h, sam 16h30-22h, dim 16h30-21h30. Midi 7,95 $-10,50 $, TH soir 15 $-23 $. Menu découverte pour 2 : 2 TH et une bouteille de vin : 576,95 $. AE, DC, V et Interac. Terrasse.
Lorsqu'on a une faim de loup, on n'exige pas de style culinaire, on veut juste bien manger. À la faim de loup, on propose une cuisine du monde très hétéroclite : filet de porc charlevoisier, poulet Tao. Cependant, les plats sont bons et copieux. Chaque mois, le restaurant arbore un thème différent. Alors les découvertes vont bon train et se montrent intéressantes pour les papilles !

LE MONTEGO RESTO CLUB

1460, av. Maguire, Sillery
418-688-7991
Dim-ven 9h30-14h30 et 17h-23h, sam 17h-23h, dim petit-déj. 11h30-14h30 sam. Dim-ven 11h30-14h et 17h-23h. Dim : petit-déj. à partir de 9h. Menu midi 8,75 $-17,75 $. TH soir 25,95 $-36,95$. Toutes CC.
Un joyeux mélange de cuisine du monde où la Californie, l'Asie et l'Italie se côtoient sans fausse note. Chips de lotus, langoustines et pétoncles au jus et nüoc mam, tartares et carpaccio de thon sont préparés avec originalité et servis avec un enthousiasme contagieux. La décoration est dans le même style, colorée et de bon goût.

Shanghai. La terrasse qui donne sur la place de la FAO est idéale pour la dégustation d'un assortiment de tapas piochées parmi les «48 tentations», allant du pétoncle grillé à l'empanada en passant par le croûton de terrine. Idéal pour les curieux puisque les tapas coûtent entre 1,25 et 1,65 $ chacun ! A l'intérieur du restaurant, le décor acrobatique met en scène des voiles colorées sur fond de murs noirs, des miroirs aux moulures nouées d'arabesques, et des cubes comme sièges où se poser. Une musique lounge parfume l'atmosphère pendant que les assiettes sont élaborées avec grâce devant le public.

L'AVIATIC CLUB

450, de la Gare-du-Palais
418-522-3555
Lun-ven 11h30-22h30, sam-dim 16h30-22h30. Menu midi 12 $-20 $. TH du soir 28 $-40 $. Toutes CC. Soirée sushi tous les mercredis soirs.
Situé au sein même de la Gare du Palais, beau et tout en couleur, l'Aviatic Club est un des restos branchés de Québec, dans le bon sens du terme. Dans les assiettes, les cuisines

LE 47ᴱ PARALLÈLE
24, rue Sainte-Anne
418-692-4747

Lun-ven 11h30-23h, sam-dim 17h-fermeture.
Menu midi 10 $-22 $. TH soir 26 $-41 $,
menu gastronomique, 6 services : 52 $. Toutes
CC. Service de valet 5$.

On y perdrait le nord tellement les cuisines
abordées dans ce restaurant sont
nombreuses ! Des menus variés permettent,
tout au long de l'année, de faire des
découvertes culinaires, Océanie, Afrique du
Nord, Moyen-Orient et Extrême-Orient…
Le filet d'agneau de Nouvelle-Zélande aux
raisins secs et sauce au cabernet sauvignon
australien est fabuleux. D'ailleurs, Joseph
Sarrazin, le chef, a reçu la distinction de
chef de l'année 2002 pour la grande région
de Québec. Des plats originaux et délicats
se dégustent dans un décor multiethnique :
grillade de wapiti et noisettes rôties à la
crème de cèpes, des tartares de poissons ou
de viandes selon l'inspiration du chef sont
proposés en tout temps, ainsi qu'une
assiette de fromages québécois. Nouveau
restaurant ouvert à l'année au 333, rue
Saint-Amable, 418-6474-747, ouvert de
11h30-23h tous les jours.

VOO DOO GRILL
575, Grande Allée E.
418-647-2000

Lun-ven 11h-14h, lun-dim 17h-0h. Menu
midi 10 $-25 $. TH soir à partir de 35 $.
Toutes CC. 130 places à l'intérieur, 200 en
terrasse, ouverte jusqu'à fin oct.

Une adresse hautement branchée au cœur
du complexe du Maurice, lieu de sortie
nocturne incontournable. Les propriétaires
du Voo Doo collectionnent l'art africain et
en font profiter les clients de leur restaurant
: des grandes statues en bois, paisibles, nous
protègent pendant le repas. Leur passion
pour l'Afrique ne s'arrêtant pas à son art, il
fait venir des percussionnistes, tous les
soirs, rythmant notre repas. Niveau cuisine,
les saveurs du monde combinées à la
qualité des produits locaux en étonneront
plus d'un. Parmi leurs spécialités, relevons
la cuisson idéale du filet mignon, tendre à
souhait. Les desserts, notamment la glace
maison à la pistache méritent que l'on
commette un péché de gourmandise !
La longue carte des vins du monde entier
couronne cette expérience gastronomique
multiculturelle.

GRANDES TABLES

L'ASTRAL
1225, Cours du Général Montcalm
(Loews Le Concorde)
418-647-2222
www.loewshotels.com
Ouvert 7 jours 11h30-23h. Menu midi 9,50
$-20 $. TH soir 19,50 $-50 $. Toutes CC.
Une salle, 225 places. Stationnement gratuit
pendant 2h30. Menus spéciaux pour les fêtes.
Magique ! On en sort tout retourné de
bonheur par la vue de Québec. Seul
restaurant panoramique tournant de
Québec, l'Astral, la nuit ou le jour, c'est
toujours impressionnant. Le tour culinaire
est tout aussi imposant. La carte des vins
répond à n'importe quel plat
méticuleusement préparé par le chef, Jean-
Claude Crouzet : gibier ou bouillabaisse
maison. Un buffet est offert le midi et le
soir, mais c'est à la carte que vous
trouverez de quoi vous régaler les yeux et
les papilles. Un excellent rapport qualité
prix pour ce lieu unique, qui se maintient
d'année en année et se montre à la hauteur
des récompenses
qu'il a reçues.

LE CHAMPLAIN
1, rue des Carrières
(Fairmont Le Château Frontenac)
418-692-3861
Ouvert tous les jours de 18h-22h. Menu dégus-
tation 79 $, menu inspiration 59 $. Brunch
dominical : dim. Thé à l'ancienne 33 $,
réservation : lun-sam 13h30-15h30 à partir
du 16 juin. Toutes CC.
Tout y est de prestige. Le cadre, le Château
Frontenac allié au chef, Jean Soulard…
créent un mariage irrésistible pour le
meilleur de la cuisine. Difficile d'énumérer
toutes les bonnes raisons d'y aller.
Expérience gastronomique indéniable, décor
digne d'un palace, le luxe à l'état pur… Pour
les portefeuilles qui peuvent se l'offrir ou
pour une délicieuse folie, le Champlain est
tout conseillé, que ce soit pour l'heure du
thé, le brunch ou le souper.

CHARLES BAILLARGÉ
57, rue Sainte-Anne (Hôtel Clarendon)
418-692-2480
Tous les jours 7h-10h30 et 18h-22h, lun-ven
11h30-14h30, brunch le dimanche 11h-13,30h,
midi 8 $-15 $, soir 15 $-50 $. Toutes CC.

Il est normal de trouver dans un hôtel
luxueux, un restaurant haut de gamme. Le
Charles Baillargé, le plus vieux restaurant du
Canada, veille à sa réputation. La table
d'hôte change tous les mois, les boiseries
créent un espace raffiné et délicat; quant au
service, il est irréprochable. Les plats
proposés varient du très simple, mais
toujours excellent, au très recherché : le club
Charles Baillargé, le carré d'agneau aux
herbes provençales, le flambé de ris de veau,
le Chateaubriand pour deux ou bien encore
le duo de langoustines et crevettes géantes.

LA CLOSERIE
1210, Place George V O.
418-523-9975
Choix de menu Affaires le midi, TH midi 13$-
22$ et soir 23-30, menu gastronomique
32-45. Toutes CC et Interac.
Le restaurant attenant à l'hôtel Château
Laurier se décompose en deux salles
distinctes, le bistro et la grande table, qui
vous proposent des mets de qualité dans une
ambiance feutrée. À la grande table, calme et
décors soignés vous attendent. Le cadre est
sobre, le service courtois et les plats préparés
avec goût. La cuisine d'inspiration française
saura satisfaire les fines bouches. La carte des
vins n'est pas en reste avec un vaste choix.
Pour plus de détails, n'hésitez pas à
demander le chef qui répond volontiers aux
questions des clients. Une bonne note pour
ce nouveau restaurant à qui nous souhaitons
un beau succès.

LE CONTINENTAL
26, rue Saint-Louis
418-694-9995
Lun-ven 12h-15h,18h-23h, sam-dim 18h-23h.
Menu midi 10 $-19 $, TH soir 32 $-45 $.
Toutes CC. 140 places.
L'indétrônable Continental persiste et
signe. Des plats impeccables, savoureux à
souhait, dans un cadre luxueux, des grands
classiques toujours parfaitement présentés
et servis. Si la carte demeure rassurante et
classique, le Continental ne se repose pas
sur sa réputation de très grande table. Le
souci de la qualité, le désir de satisfaire, le
professionnalisme se ressentent à chaque
bouchée. Leurs spécialités sont exécutées
avec rigueur : ris de veau braisés aux
morilles, cœur de filet mignon et terrine de
foie gras sauce porto, crabe des neiges
vapeur à la sauce hollandaise.

TOUR de VILLE
historique et gastronomique

Pensez à un bar restaurant qui fait tourner les têtes sur les plus belles rues de Québec !

Menu trois services en soirée, à partir de

19⁵⁰ **$**

Par personne. Taxes et service en sus.

BAR • RESTAURANT ROTATIF
L'ASTRAL
CUISINE RÉGIONALE

GRATUIT
POUR LA CLIENTÈLE
2 h 30 MAX.

(418) **647-2222** / #3226

HÔTEL LOEWS LE CONCORDE QUÉBEC • 1225, cours du Général-De Montcalm, Québec (Québec) G1R 4W6

L'ÉCHAUDÉ

73, rue du Sault-au-Matelot
418-692-1299
www.echaude.com
Lun-ven 11h30-14h30 et 17h30-22h, sam 17h30-22h. Compter de 18 à 35 $ le plat, ce à quoi il faut rajouter 10 $ pour l'entrée et 5 $ pour le dessert. Toutes CC.

Si la petite rue du Sault-au-Matelot vous avait séduit, l'Échaudé amplifiera votre affection. Le sens de l'hospitalité dirige l'établissement qui joue de plus en plus dans la cour des grands grâce à une cuisine élaborée et savoureuse et une carte des vins dictée par l'amour. Le menu met à l'honneur des produits de qualité, délicatement choisis et choyés par les accompagnements : nage de poissons et mollusques au court-bouillon de homard, mignon de bœuf au foie gras, daube de champignons au vin rouge, magret de canard goulu à l'ananas, rostie de pomme de terre et panais. Autant de plats apprêtés de façon subtile et servis avec une gentillesse et un professionnalisme remarquables.

L'INITIALE

54, rue Saint-Pierre
418-694-1818
Du lun-ven 11h30-13h30 et 18h-21h, sam 18h-21h, dim fermé. TH midi : 16-23 $, TH soir 57 $-89 $, carte 35 $-43 $. Toutes CC. 50 places.

Une des grandes tables de Québec dont la décoration est à l'image de la cuisine : soignée, pure et délicieuse. La haute voltige gastronomique règne désormais dans cette ancienne banque. Le décor crée des îlots d'intimité qui entourent chaque table. Pour ce qui est de la cuisine, les plus intransigeants d'entre vous seront comblés.

LAURIE RAPHAËL

117, rue Dalhousie
418-692-4555
Fermé les lun-dim, mar-ven 18h-21h, mar-sam 18h-22h. Menu midi 5 -21. Le soir à la carte : compter 80 $. Toutes CC. Salons privés. Stationnement disponible.

Délicate et parfumée, soucieuse et raffinée, la table du Laurie Raphaël marie savamment les produits du terroir avec une pincée d'exotisme, des sauces qui, loin de dénaturer les éléments, les subliment. Une grande table qui excelle par sa créativité sans cesse renouvelée selon l'arrivage, avec Daniel Vézina aux commandes : caribou des Inuits du Labrador à la purée de marrons et gelée de groseille, gratin d'huîtres au saumon fumé et sabayon de champagne. Le tout dans un cadre enchanteur…que demander de plus ? Des cours de cuisine avec un grand chef ? C'est désormais possible puisque Daniel Vezina lui même donne des cours !

LE MANOIR DE TILLY

3854, ch. de Tilly, Saint-Antoine-de-Tilly
418-886-2407
www.manoirdetilly.com
Ouvert 7h30-22h30. Petit déjeuner 12,95 $. TH midi 9,95 $-35,95 $. TH soir 42,95 $. Toutes CC.

Pascal Gagnon, qui officie en cuisine, a permis au Manoir de Tilly de se hisser parmi les bonnes tables de la province. Il est vrai qu'il concocte une délicieuse cuisine du terroir avec des fromages (notamment ceux de la fromagerie Bergeron à Saint-Antoine), du foie gras, des pommes, du cidre, et de l'autruche d'ici. Le chef n'utilise que des produits frais et fait confiance aux cueilleurs de la région pour ses champignons et ses baies. La carte regorge de spécialités plus intéressantes les unes que les autres : on y fait alterner le gibier, le poisson, la viande dans un cadre propice aux escapades épicuriennes.

PANACHE

10, rue Saint-Antoine
418-692-1022
www.saint-antoine.com
Entrées, 7 $-12 $. Plats principaux : 35 $-45 $. TH gastronomique comprenant le vin : 139 $. Toutes CC.

Une cuisine qui puise ses inspirations des recettes de maman pour les réinventer et leur donner une note contemporaine. Derrière cette machination se cache le célèbre chef François Blais et ses acolytes qui tantôt traquent les fraises sauvages, tantôt les morilles. Ainsi, le canard sur broche provient de Saint-Apollinaire pour se retrouver laqué à l'érable dans nos assiettes. Le doré du Lac Saint-Pierre est glacé au beurre de noisettes sauvages. Le Québec en saveurs et réinventé nous est servi dans un décor qui sautille entre le passé et le présent. Au bar, les convives prennent place sur des sièges en plexiglas tandis que la salle à manger ouvre un grand espace aux murs de pierres anciens, soutenu par des poutres en bois massif et équarri de façon rustique. Un terreau fertile et invitant.

TOAST !

17, rue du Sault-au-Matelot
418-692-1334
www.restauranttoast.com

Lun-ven 11h-14h, 18h-23h. Petit-déjeuner
7h-10h, sam-dim brunch 10h-14h.
Le midi, compter autour de 15 $, TH soir
35 $-40 $. Brunch le dim. Toutes CC,
Interac. Salon privé.

Un nouveau restaurant, niché en plein cœur
du vieux port, qui dispose de tous les atouts
pour devenir un classique. Un décor beau et
moderne dans une alcôve de briques
centenaires, et une gastronomie recherchée
qui vous est présentée par des restaurateurs
expérimentés, dont le chef Christian Lemelin
qui n'en est pas à son galop d'essai. Il n'en
fallait pas plus pour qu'on vous invite à
porter un toast avec nous à la santé de cette
nouvelle étape du Vieux-Québec !

LE PATRIARCHE

17, rue Saint-Stanislas
418-692-5488

Sam, dim, lun : ouvert le soir seulement ;
mar, mer, jeu, ven ouvert midi et soir. Midi :
28 $, soir 5 services 62-80 $. Toutes CC.
Tout en entrant dans la catégorie des
grandes tables, le Patriarche reste humble,
doux et rassurant comme sa cuisine, qui
apprête les poissons et les gibiers de façon
honorable. Les produits du terroir sont mis à
l'honneur, notamment les gibiers, l'oie
fermière de l'Ile d'Orléans ou le saumon du
Nouveau Brunswick. Les différentes saveurs
se mélangent avec grâce comme dans le
suprême de volaille grillé et mariné au
citron, laqué à l'érable. Le cadre met l'accent
sur le rustique : pierres, bois, lumières
tamisées... Aussi doux et judicieux que le
conseil d'un patriarche.

LE SAINT-AMOUR

48, rue Sainte-Ursule
418-694-0473

Lun-ven 12h-14h15, lun-dim 18h-22h30.
Menu midi 14 -26. TH soir 52 $. Menu
gastronomique 90 $. Toutes CC. Menu pour
enfants, salon pour groupes, service de traiteur.
3 salles, 125 places. Service de valet. Jardin
d'hiver avec toit rétractable. Superbe cave.
Ce qui frappe d'emblée, c'est la fraîcheur qui
émane de la décoration. Le jardin d'hiver crée
un espace superbe, été comme hiver. Pour ce
qui est de la cuisine, on peut se fier à la
réputation du Saint-Amour. Jean-Luc Boulay

et son fils exécutent une cuisine différente, raffinée qui suit le rythme des saisons : caribou aux airelles sauvages et à la chicoutai, homard aux artichauts et à la truffe, chocolat grand cru de Valrhona avec sa liqueur de lait vanillé. Les noms sont aussi beaux que les mets sont savoureux. Il faut noter que les vins sélectionnés s'apprêtent parfaitement à la qualité de cette grande table. L'extase se poursuit avec les desserts, maison, il va sans dire, comme un grand royal croquant au chocolat ou une Anaïs framboise à la noix de coco sur un coulis de fruits rouge.

LE SAINTE-VICTOIRE

300, boul. Charest E.
418-525-5656
Lun-mer 7h-14h,17h-21h, jeu-ven 7h-14h, 17h-3h, sam 8h-14h, 17h-22h, dim 8h-14, 17h-22h. Petits-déj' 8,95 $-12,95 $, TH soir 16 -22, TH midi 12 $-16 $. Toutes CC et Interac. Petit-déjeuner tous les matins et brunch dimanche.

Ce restaurant qui porte le nom de la montagne d'Aix en Provence rend hommage à la cuisine française et à son héritière québécoise. À travers une carte et une table d'hôte très élaborées, on succombe à des mets délectables. Si la décoration des assiettes est de l'école de la nouvelle gastronomie, les plats sont toutefois très copieux. On déguste notre repas dans un décor chaleureux marqué par l'art moderne, en écoutant dans une ambiance tamisée, une belle sélection de chansons françaises. Pour les amoureux du piano nous vous suggérons les vendredis et samedis soirs. Quant aux plats à conseiller, on ne saurait par ou commencer, à vous de juger !

LA TABLE DU MANOIR

(Hôtel Manoir Victoria)
44, côte du Palais
418-692-1030
www.manoir-victoria.com
Lun-dim 17h30-22h. TH 17,95 $-33 $. Toutes CC. Salon privé pour 20 personnes. Sous réservations.

Ce grand hôtel offre une fine cuisine avec une belle ambiance musicale les vendredis, samedis et dimanches soirs. La table d'hôte propose des spécialités françaises revisitées avec panache par le chef Nanak Chand Vig : croustillant de ris de veau au caramel d'épices, filet de doré aux câpres et citron vert ou noix de pétoncles et crevettes au lait de coco et cari rouge et sa salsa exotique.

L'UTOPIE

226 1/2, rue Saint-Joseph E.
418-523-7878
Mar-ven 11h-14 h et 18h-21h30, sam dès 18h, fermé lun-dim. V, MC et Interac.

La table, nouvelle expérience artistique ! C'est à dérégler nos sens que nous invitent ces chefs-penseurs de la cuisine. Le décor poétique joue avec les matières naturelles. Le bois et le verre se côtoient; des troncs d'arbre se dressent près d'un imposant cellier de 2000 bouteilles. La recherche se poursuit autour d'un menu de dégustation qui travaille avec un ingrédient unique. Par exemple, l'olive se renouvelle de l'entrée au dessert. Ces plats avant-gardistes sont en accord parfait avec l'alcool grâce au savoir des serveurs-sommeliers.

AUTOUR DE QUÉBEC

CHOCOLATERIE DE L'ÎLE D'ORLÉANS

196, ch. Royal, Sainte-Pétronille
418-828-2252
Ouvert 7j/7, nov-mai 9h-17h, juin-oct 9h-21h. 6,75 $/100 gr. de confiseries, 2,40 $/ 100 gr de chocolat en écorce. V, MC et Interac.

La matière première de cette chocolaterie provient de France et de Belgique. La chocolaterie la transforme en des produits de très bonne qualité qui sont distribués aux commerces de la région ou vendus au comptoir à partir du mois d'avril. Plus de 24 sortes de chocolats s'y retrouvent au gré des saisons et des fêtes : truffes, cerises, pralinés, beurre d'érable etc. L'été, les sorbets et les glaces maison méritent votre attention. Section café-bistro : baguettines, salade, bar à pâtes.

SAGAMITÉ RESTAURANT TERRASSE

10, boul. Maurice-Bastien,
Village Hurons, Wendake
418-847-6999
Ouvert tous les jours : 7h-23h. La cuisine ferme à 22h sauf le ven-sam à 23h. Menu midi 7,95 $-12,25 $, TH soir 19,95 $-32,95 $. TH pour 2 : 74,95 $. Toutes CC.

Au cœur de la réserve huronne, la Sagamité propose une ambiance et des mets typiquement autochtones, mis à part les pizzas et les pâtes. En semaine, vous pourrez côtoyer le personnel des entreprises de cette réserve très dynamique. Vous pourrez goûter à la Sagamité, la soupe traditionnelle, ou à des plats de gibiers.

détente

BOUTIQUES DE PLEIN AIR

 MOUNTAIN EQUIPMENT COOP
405, Saint-Joseph E.
418-522-8884 / 1 800-663-2667
www.mec.qc.ca
Lun-mer 10h-19h, jeu-ven 10h-21h, sam 9h-17h, dim 11h-17h. Part sociale à vie requise : 5 $.
Ah ! Les plaisirs des grands espaces où il fait bon circuler librement et rêver de la prochaine escapade de plein-air ! Cette coopérative pan-canadienne de 2 millions de membres a de quoi fabuler : de la tente au sac de couchage; du kayak, au sac à dos ergonomique, de la nourriture déshydratée, à celle énergétique; du pantalon multifonctionnel, à la coupe de vin convertible et transportable en camping. Les commis sont des experts, ils ont la passion du métier et ne lésinent pas sur les explications. Des ateliers sur l'art du camping sont dispensés en magasin aux plus convaincus. C'est dire que les loisirs et sports de grande nature ne sont pas que de simples passe-temps mais aussi une façon de respecter l'environnement et la société. Aux grands espaces, les grandes idées !

TAIGA
1200, av. de Germain-des-Prés
418-658-2742
Lun-mer 9h30-17h30, jeu-ven 9h-21h, sam 9h30-17h, dim 12h-17h. Toutes CC.
Se retrouver désarmé face au spectacle de la nature peut être romantique mais techniquement, il est toujours agréable d'être équipé. Cette boutique propose tout le matériel nécessaire à la réalisation des périples en plein air les mieux réussis. L'équipement et les accessoires spécialisés pour le camping, la marche, l'escalade et le ski de fond sont présentés de façon agréable. Du prêt-à-porter et des vêtements plus techniques attirent une part des clients. Un large choix de livre permet de se documenter avec de se lancer dans une nouvelle activité. Et avant de se compromettre dans

d'importantes dépenses, un service de location permet d'évaluer ses besoins réels.

CHASSE

Pour les activités dans les parcs privés allez sur le site du ministère des ressources naturelles et de la faune :
www.fapaq.gouv.qc.ca

GESTI-FAUNE
418-848-5424
www.gestifaune.com
Des clubs privés pour la pêche, la chasse et le plein air. Des excursions sous le signe du luxe. Un domaine reconnu pour sa truite et sa haute gastronomie. En résumé, de la chasse haut de gamme.

RÉSERVE FAUNIQUE DES LAURENTIDES
700, boul. Lebourgneuf (adresse postale)
418-528-6868 / 1 800-665-6527
www.sepaq.com
Dans ce territoire protégé depuis plus de 100 ans, la pêche est excellente tout au long de l'été, en raison de l'altitude des lacs. La chasse à l'ours, à l'orignal et au petit gibier se pratique, tout comme la pêche, en tout confort grâce aux facilités d'hébergement et aux services hors pair. N'hésitez pas à téléphoner pour vous renseigner. Et bonne chasse !

CROISIÈRES DEPUIS QUEBEC

Le lever du soleil sur Québec qui s'offre depuis le traversier est le cliché immanquable. Heureusement que l'aller-retour entre Lévis et Québec dure moins d'une heure, le temps de prendre judicieusement quelques photos.

TRAVERSE (FERRY) QUÉBEC-LÉVIS
418-643-8420 / 1 877-787-7483
www.traversiers.gouv.qc.ca
En face de Place-Royale. Adulte : 2,60 $ aller simple.
Très pratique pour rejoindre la rive sud en évitant les embouteillages. En plus, la vue est

DÉTENTE

magnifique. La traversée se faite toute l'année et dure environ 10 minutes pour une distance de 1 km. À partir de 6h (côté Lévis) et de 6h30 (côté Québec), les départs ont lieu environ toutes les demi-heures.

CROISIÈRES AML

124, rue Saint-Pierre
418-692-1159
www.croisieresaml.com
Départ du quai Chouinard (face à la Place Royale). Croisière de jour, durée 1h30, heures de départ 11h, 14h et 16h, tarifs adultes : 26,95$, aînés et étudiants: 24,95 $, enfant : 12$. Dimanche buffet-déjeuners adultes : 39,95 $ départ 11h. Soupers-croisières durée 4h, tarifs 31,95 $ le prix du repas non compris, repas 3 services de 28 $-49 $, dîners-croisières, banquets. Séminaires. Capacité de 1 000 passagers. Pour découvrir Québec et sa région à bord du Louis-Jolliet et admirer les Chutes de Montmorency, l'Île d'Orléans. Un guide présente les sites par un bref rappel historique qui permet de parfaire ses connaissances de la ville et de la région avec une approche singulière, celle des eaux.

CROISIÈRE LE COUDRIER

108, rue Dalhousie, bassin Louise quai 19
418-692-0107
www.croisierescoudrier.qc.ca
Les croisières le Coudrier vous emmènent autour de Québec, pour une visite commentée d'une durée de 90 min, au cours desquelles vous profitez d'un autre point de vue sur la ville. Les gourmands préféreront les souper-croisières 4 services avec produits du terroir. Pour ceux qui veulent s'éloigner un peu plus de la Capitale, des croisières, durant une journée, vous entraînent vers l'Île d'Orléans, Grosse-Île, Sainte-Anne de Beaupré ou l'Isle-aux-Grues. Les bateaux admettent les vélos, ce qui peut être très pratique. On revient totalement dépaysé et conquis par ces espaces qui fourmillent de sites enchanteurs.

CROISIERES DUFOUR

22, quai Saint-André
418-692-0222
www.familledufour.com
Le groupe organise plusieurs types de croisières depuis Québec. Le jour, on

embarque pour des explorations de 90 min le long du Saint-Laurent, pour les chutes Montmorency, Sainte-Anne de Beaupré et d'autres réjouissances de la région. Le soir, des dîners romantiques prennent place à bord et le dimanche on y brunch.

CROISIERES DANS LES ENVIRONS DE QUEBEC

Croisières ALM propose des croisières intéressantes depuis des villes situées à quelques heures de route de la ville de Québec. En voici quelques unes.

CROISIERES AUX BALEINES

Départ de Tadoussac, Baie Sainte-Catherine ou Rivière-du-Loup
1 800-563-4643
www.croisieresaml.com
Tarifs indicatifs : adultes : 55 $, aînés / étudiants 50 $, enfants 25 $, famille (2A + 2E) 135 $. Plusieurs types de bateaux. Différents prix suivant le bateau.
Pour amateurs de navigation extrême et de contact privilégié avec les baleines. Laissez-vous porter par le courant tout en profitant des multiples bienfaits de l'air salin. À la levée du jour ou à la brunante, la grandeur du fleuve vous attend: les baleines, les phoques, les oiseaux... au confluent du Saint-Laurent et du fjord Saguenay.

GRANDE CROISIERE SUR LE FJORD DU SAGUENAY

Départ de Tadoussac ou de Baie Sainte-Catherine
1 800-563-4643
www.croisieresaml.com
Adulte : 79 $, aîné / étudiant 69 $, enfant 45 $, famille (2A + 2E) 225 $.
La Grande Croisière, c'est une aventure de 6 heures et demie à la découverte de la vallée du fjord Saguenay et de sa partie la plus sauvage. On se faufile entre les caps escarpés et les îles de cette impressionnante vallée glacière millénaire.

Une chute de plus de 800 pieds, la célèbre statue de Notre-Dame-du-Saguenay, les falaises, les baleines sont commentés par un guide interprète. Un repas est prévu à bord.

DANSE

ACADÉMIE DES BALLETS DE SAINTE-FOY
3026, rue Louvigny
418-656-1756
Session débutant en septembre et en janvier.
Le ballet classique dans toute son élégance y est enseigné par des professeurs formés à l'École nationale de ballet du Canada. On y offre également des cours de danse jazz et moderne. Les enfants peuvent se préparer pour les auditions de l'École nationale de ballet du Canada ou des Grands ballets canadiens en suivant une formation intensive à raison de 5-6 heures par semaine.

ÉCOLE DE DANSE ORIENTALE
4635, 1re Avenue, Charlebourg
418-627-2039
www.siroccoduserail.com
Cette danse, à la fois belle et sensuelle, demande beaucoup de technique. On prend énormément de plaisir à développer les mouvements, les gestes des mains, du ventre. Cette école propose des cours privés, semi-privés et des cours en groupes avec des niveaux différents.

STUDIO PARTY TIME
4280, rue Saint-Felix
418-650-6037
Cours de danse : 5 ans et plus, sessions d'entraînement : 14 ans et plus, gymnastique : 10 ans et plus.
La danse de la rue possède maintenant son école accréditée. Une institution qui attire surtout une jeune clientèle venue s'y divertir mais aussi y apprendre des mouvements spectaculaires. Le studio participe à des spectacles et des compétitions d'envergure régionale, nationale et internationale.

LES BONS PLANS
POUR FAIRE DU CANOT

+ BAIE DE BEAUPORT
+ LES MARAIS DU NORD
+ LE PARC DE LA JACQUES CARTIER
+ LA PLAGE DU LAC SAINT-JOSEPH
+ RÉSERVE FAUNIQUE DES LAURENTIDES

ESCALADE

**L'ASCENSATION,
CENTRE DE SPORTS
ROC GYMS**
2350, av. du Colisée
418-647-4422
www.rocgyms.com
*Lun-ven 10h-20h, sam-dim 10h-18h. Tarifs :
10h-16h : 6,95 $. 9,95 $ journée et fin de
semaine, 3 mois 98,99 $, 6 mois 180 $ et
un an 300 $. Toutes CC et Interac.*
Pour ceux qui aiment l'escalade, ce centre
leur permettra de pratiquer cette activité
toute l'Année. Plus de 75 parcours à 40
pieds de hauteur sont disponibles.
Également des forfaits pour progresser, de
forfaits de formation pour débutants, etc.
Mais le centre propose aussi d'autres
activités comme le service de guide, le
patin à roues alignées et le canot, le vélo
et la randonnée.

GOLF

**CLUB DE GOLF
DE STONEHAM**
324, 1re Avenue, Stoneham et Tewkesbury
418-848-2414
*Lun-jeu 32 $. Ven-dim et jours fériés 36 $,
après 14h25 28 $.*
Quand on aime le golf, on apprécie
d'autant plus ce sport s'il est pratiqué sur
site enchanteur. Stoneham a de quoi ravir
les initiés et les débutants. Deux parcours
de 18 trous, un à normale 70 et l'autre à
normale 72. On y trouve aussi une
boutique de golfeur, une aire de pratique
et la location d'équipements.

**GOLF LE GRAND
VALLON**
2000, boul. Beau-Pré, Beaupré
418- 827-4561
1 800-463-1568
www.mont-sainte-anne.com
*Forfait nuitée et golf à partir
de 124 $.*
Le Mont Sainte Anne
concentre des tas d'activités
de plein air, et ceci dans
une ambiance assez chic et
un site très agréable. Un
parcours de 18 trous avec voiturettes de
luxe, une boutique, de la location
d'équipements, des leçons, sont quelques-
uns des services disponibles.

PARAPENTE

AEROSTYLE AIRSPORTS
2000, boul. Beau Pré,
Saint-Ferréol-des-Neiges
418-827-5281
Survoler Québec, s'entourer du panorama
de la côte de Beaupré, site tout indiqué
pour le vol libre du Québec avec son grand
dénivelé de plus de 2000 pieds. Cette école
est ouverte à l'année, sept jours sur sept.
Les instructeurs certifiés et qualifiés se font
rassurants. Pour pousser l'expérience
encore plus loin, des cours pour débutants
ou avancés sont offerts.

PÊCHE

**ASSOCIATION
CHASSE ET PÊCHE
CATSHALAC**
1, rue des Buissons,
Sainte-Catherine-de-la-Jacques-Cartier
418-875-0357
Situé sur le domaine de la station
écotouristique de Duchesnay, cette
association permet aux amateurs de pêche
de s'initier ou d'améliorer leurs
techniques. Des activités connexes sont
également offertes comme les tournois de
pêche, les activités de tirs. Il suffit de
s'informer pour connaître le programme
de l'année.

DÉTENTE

DOMAINE LA TRUITE DU PARC
7600, boul. Talbot, Stoneham
418-848-3732
Voisin du parc de la Jacques-Cartier, ce domaine propose aux visiteurs différentes activités qui combleront les envies de toute la famille. Traîneau à chien, randonnées de 1h à 3 jours pour les plus sportifs, village amérindien et pêche. Celle-ci se fera dans un lac et son prix est calculé au poids.

FERME CAILLES DES PRÈS
35, rue du Grand Pré,
Sainte-Catherine-de-la-Jacques-Cartier
418-875-1847
Ce grand site de pêche est idéal pour les virées en famille. Bien équipé, il vous sera possible de pique-niquer et de profiter d'un BBQ sur place. Vos prises du jour pourront être cuites à la ferme, faisant de vous le héros de la journée.

FORÊT MONTMORENCY
Route 75 Nord, kilomètre103,
réserve faunique des Laurentides
418-246-2046
Ici, la forêt fait place uniquement à la pêche à la mouche. Cette activité est offerte tous les jours en haute saison, des week-ends pêche sont également disponibles, les prix sont abordables. Et le séjour à notre goût tout à fait mémorable !

GESTI-FAUNE
205, 1re Av., Stoneham-et-Tewkesbury
(adresse postale)
418-848-5424
www.gestifaune.com
Des clubs privés pour la pêche, la chasse et le plein air. Des excursions sous le signe du luxe. Un domaine reconnu pour sa truite et sa haute gastronomie. En résumé, des pourvoiries haut de gamme.

PLAGES

CAMPING PLAGE FORTIER
1400, ch. Lucien Lefrançois,
L'Ange Gardien
418-822-1935
Ouvert juin-sept. 300 terrains pour camper.
Un camping grouillant d'activités autour

d'un lac artificiel avec glissades. Une vue imprenable sur les montagnes Laurentides. Volley-ball, pétanque, etc.

CAMPING PLAGE LAC SAINT-JOSEPH
7001, boul. Fossambault,
Fossambault-sur-le-Lac
(418) 875-2242 / 1 877-527-5243
www.quebec-camping.com
Ouvert juin-sept. Accès à la plage 10 $ par adultes, forfait familial 28$. Camping 33,50$-45$ par terrain avant 11 juill et 11 juill-2 août 36-48 $. V, MC et Interac.
Du sable fin et des cocotiers à quelques kilomètres de Québec, vous ne rêvez pas! Plus d'un demi-kilomètre de plage, des jeux et des activités nautiques dans un site parfaitement aménagé. Quant au camping, il est parsemé d'arbres et très propre.

BAIE DE BEAUPORT
Autoroute 40, sortie 316 sur Henri-Bourassa
418-666-2364
Camping, restaurant-terrasse 100 places.
Sur ce site enchanteur en bordure du fleuve Saint-Laurent, il fait bon prendre un bain de soleil, jouer au volley-ball, pratiquer la voile, le canot, le kayak et la planche à voile. La baignade se fait en piscine seulement. Des cours de voile et un service de location sont offerts aux visiteurs.

RAFTING

LES EXCURSIONS JACQUES-CARTIER
860, av. Jacques-Cartier N., Tewkesbury
418-848-7238
www.excursionsj-cartier.com
Ouvert lun-dim. 4 heures 39,95 $.
Toutes CC et Interac.
Le rafting sportif provoque tout un lot d'émotions. Une descente de 8 km à vous couper le souffle. Une fois l'excursion terminée, vous profiterez du site enchanteur des Excursions Jacques-Cartier.

VILLAGE VACANCES VAL-CARTIER
1860, boul. Valcartier,
Saint-Gabriel de Valcartier
418-844-2200 / 1 888- 3VILLAGE
www.valcartier.com
6 mai-31 août : tous les jours, 1 sept-1 oct :

fin de semaine seulement.
Le célèbre centre d'activités organise
des descentes de la rivière Jacques Cartier
en rafting.

RANDONNÉES

PARC DE LA FALAISE ET DE LA CHUTE KABIR KOUBA
103, Racine, Loretteville
418-842-0077
www.chutekabirkouba.com
Suivez les « mille détours » comme le veut
la traduction de l'expression algonquienne
« Kabir Kouba ». À travers 1,5 km de sentiers
pédestres, des guides font découvrir aux
visiteurs l'histoire, la géographie et les
merveilles naturelles de la rivière Saint-
Charles.

SENTIERS DES CAPS DE CHARLEVOIX
274, route 138, Saint-Tite-des-Caps
418-823-1117
www.sentiersdescaps.com
*Route 138, Petite-Rivière-Saint-François,
même entrée que le sommet du centre de ski
Le Massif.*
Le Sentier des Caps de Charlevoix offre
randonnées pédestres, raquettes, de ski
nordique sur une distance de 60 km, entre la
réserve de faune de Cap-Tourmente et Petite-
Rivière-Saint-François. Ce sentier traverse la
forêt boréale et mène à de magnifiques points
de vue sur le fleuve Saint-Laurent, l'archipel
de Montmagny et l'île-aux-Coudres. Longue
randonnée (2 à 6 jours) avec nuit en refuge ou
camping. Station de ski de fond au sommet
du Massif (50 km, sentiers tracés) à Petite-
Rivière-Saint-François.

SKI ALPIN

CENTRE D'AVENTURE LE RELAIS
1084, boul. du Lac, Lac-Beauport
418-849-1851
www.skirelais.com
Une bonne petite station avec 25 pistes,
toutes accessibles pour les amateurs de
planche à neige. Déc-avr, selon la saison.
Tarifs journaliers : avant 16h30 : adultes
30 $, 14-25 ans et aînés 24 $ et enfants

16 $. Après 16h : adultes 19 $, aînés 16 $
et enfants 13 $. 6 ans et moins : 8 $ en
tout temps.

MONT-SAINTE-ANNE
200, boul. Beau-Pré, Beaupré
418-827-4561
www.mont-sainte-anne.com
*Horaire des montées lun-ven 9h-16h et 16h-
22h et sam-dim 8h30-16h. Tarifs Journée :
adultes 56,42 $, 14-22 ans 39,99 $, enfants
26 $ et aînés 39,99 $. Abonnement à la
semaine disponible.*
La plus ancienne, et la plus importante
station de ski de la région… ce qui promet
beaucoup de plaisir sur les 63 pentes de ski,
dont 17 sont éclairées. En haut des pistes,
juste avant de se jeter dans la poudreuse,
admirez la vue sur le fleuve. Ecole de ski,
boutiques de location d'équipement, services
de restauration et garderie.

STATION TOURISTIQUE STONEHAM
1420, ch. du Hibou, Stoneham
418-848-2411
www.ski-stoneham.com
*Lun-ven 9h-22h, sam 8h30-22h et dim 8h30-
21h. Tarifs : adulte 40,86 $, 14-22 ans et 65
ans et plus 30,43 $, 7-13 ans 17,39 $.*
Avec ses 32 pentes dont 16 éclairées, la
station de Stoneham bénéficie de belles
conditions atmosphériques. Le cadre est
grandiose. Toute la logistique possible est
présente pour que vous passiez une bonne
journée : neige artificielle, télésiège et
téléskis, hébergement, restauration, etc.

SKI DE FOND

BASE DE PLEIN AIR-CENTRE DE SKI DE FOND DE VAL-BÉLAIR
1560, rue de la Découverte, Val-Bélair
418-841-6473
Déc-mars. Tarifs variables.
8 pistes sur un circuit total de 27 km
permettent d'admirer le panorama et le site.

CAMPING MUNICIPAL DE BEAUPORT
95, rue de la Sérénité, Beauport
418-641-6112
www.campingquebec.com/beauport/
Saison hivernale fin déc-avr.

Des petites pistes mais bien mignonnes et accessibles par tous. Une salle chauffée permet un petit moment de répit, non négligeable.

PARC DES CHAMP-DE-BATAILLE
701, ch. Saint-Louis, Québec
418-648-4212
Gratuit. Location de skis au 835, av. Laurier.
Jouir des plaisirs de l'hiver tout en contemplant au loin le Saint-Laurent… Un total de 11 km de sentiers sur un site qui a marqué l'histoire. Un refuge et un casse-croûte permettent de retrouver tranquillement un peu d'énergie.

LES SENTIERS DU MOULIN
99, ch. du Moulin, Lac-Beauport
418-849-9652
www.sentiersdumoulin.com
Hiver de déc-dernière neige. Billet d'entrée : 12 $ adulte, 14-20 ans : 10 $, 7-13 ans : 5 $, 6 ans et moins : gratuit.
Un réseau de plus de 36 km de pistes ! La route se poursuit avec un parcours de 52,5 km en collaboration avec le centre de ski de fond Le Refuge de Saint-Adolphe. Les sentiers sont parfaitement aménagés avec la présence de 6 refuges chauffés. On y admire le paysage du Lac-Beauport. Sur place, un chalet fait office d'hébergement, propose du matériel de ski en location et un service de restauration.

TRAÎNEAUX À CHIENS

AVENTURE-QUÉBEC
3987, av. Royale, Saint-Ferréol-les-Neiges
418-826-0027
www.aventure-quebec-nature.com
Tarifs variables, visitez le site Internet.
Située au Mont-Sainte-Anne, cette entreprise offre des sorties d'initiation au traîneau à chiens pour tous (groupes, familles). On peut ainsi s'organiser une belle journée avant ou après le ski.

AVENTURES NORD-BEC
665, rue Saint-Aimé,
Saint-Lambert-de-Lauzon
418-889-8001
www.aventures-nord-bec.com
À seulement 20 min de Québec, il est possible de visiter l'arrière-pays, tiré par un attelage de malamutes d'Alaska. Ces chiens vaillants nous accompagnent le temps d'un périple d'une journée ou de plusieurs jours. L'hébergement se fait dans une cabane en bois rond ou dans un dortoir. Repas inclus et autres activités hivernales.

VÉLO ET LOCATION DE VÉLOS

CYCLO SERVICES
160, rue du Quai Saint André
418-692-4052
Ouvert tous les jours 8h-18h. Tarifs : 12 $/ 1 heure, 16 $/ 3 heures, 20 $/ demi-journée, 25 $/ journée,
75 $/ 1 sem.
S'évader en vélo, c'est aller hors des sentiers battus et découvrir Québec et ses régions environnantes avec de nouveaux panoramas. Des circuits de quelques heures ou de quelques jours vous sont proposés. En cas de pépin, un service professionnel en mécanique vous répare votre bécane en moins de deux. La boutique tient aussi des vêtements cyclistes, des pièces et des accessoires ainsi que quelques bicyclettes. Ceux qui ont la piqûre du cyclisme ne rateront surtout pas les ateliers d'initiation mécanique-vélos.

DEMERS
1044, 3e Avenue
418-529-1012
www.demersbicycle.qc.ca
Lun-mer 9h-17h30, jeu-ven 9h-21h, sam 9h-17h et dim 12h-17h. V, AE, MC et Interac.
Spécialiste du vélo en été et du ski de fond en hiver, on trouve même de l'équipement de marche à bon prix. En début de saison, le magasin propose des vélos usagés. Il est possible d'échanger sa vieille bécane contre un vélo neuf. L'atelier de réparation est aussi imposant et l'équipe de vente est de très bons conseils.

GAGNÉ VÉLO SKI
7065 boul. Henri Bourassa, Charlesbourg
418-626-6653
Lun-mer 9h-17h, jeu-ven 9h-21h et sam 9h-17h. Service de location.
Vélo et ski, on pourrait ainsi résumer

QUELQUES SUGGESTITIONS DIFFÉRENTES...

CANYONING-QUÉBEC

2000, BOUL. BEAUPRÉ, MONT SAINTE-ANNE
418-998-3859
WWW.CANYONING-QUEBEC.COM
79 $, ÉQUIPEMENT COMPRIS, ÉTUDIANTS OU MINEUR
59 $, TARIFS DE GROUPE DISPONIBLE. AU PIED DU
MONT-SAINTE-ANNE. JUIN-OCT.
UNE NOUVELLE AVENTURE QUI PERMET DE
VOIR LA CHUTE JEAN-LAROSE ET SES TROIS
CASCADES DE PRÈS. LA DESCENTE SUR CORDE
D'EAU VERTICALE EST ACCESSIBLE EN TOUTE
SÉCURITÉ À PARTIR DE 10 ANS. C'EST UNE EXPÉ-
RIENCE À VIVRE SEUL OU EN GROUPE.
D'AUTRES CIRCUITS SONT PROPOSÉS DANS
CHARLEVOIX, EN GUADELOUPE ET MÊME
À CUBA !

MONTGOLFIÈRE AVENTURE

1360, RUE ONÉSIME-VOYER, BUREAU 2,
CAP-ROUGE
418-658-5648
WWW.MONTGOLFIEREAVENTURE.COM
199 $, 149 $ PRIX ENFANT, 649 $ POUR UNE FAMILLE.
LA VILLE DE QUÉBEC À VOL D'OISEAU DÉPLOIE
UN PAYSAGE FÉERIQUE ET FORT DIFFÉRENT.
ÉTÉ COMME HIVER, DES FORFAITS ET DES PAR-
COURS THÉMATIQUES SONT ORGANISÉS. SEUL
OU EN GROUPE, SURVOLEZ LE PAYSAGE MINIER,
LE PAYS DES GLACES. POUR SOULIGNER UN
ANNIVERSAIRE, UN MARIAGE, L'IMAGINATION
À DES AILES !

l'enseigne de cette maison, qui offre un
éventail très large d'articles pour la pratique
de ces deux sports. Vêtements, chaussures et
bicyclettes, tout terrain ou de route.

VOILE

BAIE DE BEAUPORT

Autoroute 40 , sortie 316 sur Henri-Bourassa
418-666-2364
www.baiedebeauport.qc.ca

*Camping, restaurant-terrasse
100 places. Horaire : 30 avr-
29 mai   12h-19h, 30 mai-21
août 9h-22h, 22 août-10 oct
12h-19h. Entrée : 6 $.
Location planche à voile : 20
$ l'heure, catamaran 35 $
l'heure. Camping : 15 $.*
L'équipe jeune et
dynamique de la loue des
catamarans, des kayaks et
des canoës et donne des
cours de catamarans pour
adultes. La Baie étant
presque toujours venteuse,
c'est le paradis pour le
skippeur, comme pour le
véliplanchiste.

PARC NAUTIQUE DE CAP-ROUGE

4155, ch. de la Plage-Jacques-Cartier, Cap-Rouge
418-641-6149
*Tarifs : voiliers : 15-35 $,
canots, pédalos, chaloupes : 2-
4 $ l'heure et les kayaks 6-20
$ l'heure.*
Voiliers, catamarans, pédalos,
chaloupes, kayaks et canots
sont quelques-unes des
activités nautiques possibles
dans la baie de Cap-Rouge.
Cours de voile.

VIEUX PORT YACHTING

155, rue Dalhousie
418-692-0017
www.vpy.ca
*Juin-sept. Cours d'initiation
à la voile 40 $ les 3 heures.*
*375-400 $ par jour pour
4 personnes.*
Une école de voile homologuée par la
Fédération de Voile du Québec. Le Vieux
Port Yachting permet d'apprendre à naviguer
sur un 25-30 pieds en 30 heures (sur
semaine de 9h-15h ou sur deux fins de
semaine pour les adultes). Également, des
camps de voiles pour les ados (camp de jour
de 9h-15h) et la location de navires (avec ou
sans capitaine selon votre niveau) pour 3
heures, la journée ou plus.

PARCS

CANYON SAINTE-ANNE
206, route 138, Beaupré
418-827-4057
www.canyonste-anne.qc.ca
1 mai-23 juin 9h-17h30, 24 juin à la fête du Travail 9h-18h30, de la fête du Travail à la fin oct. 9h-17h30.
À 6 km à l'Est de Beaupré, cette chute de plus de 74 mètres se jette dans une faille. Une série de trois ponts suspendus conduisent au canyon qu'a creusé la chute Montmorency. Des activités agrémentent l'expérience : parcours animé, visite guidée, sentier pédestre, hébertisme etc.

DOMAINE MAIZERETS
2000, boul. Montmorency
418-691-2385
www.domainemaizerets.com
Entrée libre. Ouvert tous les jours, 9h-21h.
Avec une superficie de plus de 27 hectares, ce grand parc est bien aménagé On fait du vélo et de la randonnée en été, du patin et du ski du fond en hiver.

FORÊT MONTMORENCY
Route 75 Nord, Réserve faunique des Laurentides
418-656-2034
www.fm-ulaval.ca
Située au cœur de la forêt boréale, la forêt Montmorency enregistre les plus fortes précipitations de neige et met à votre disposition une foule d'activités : sentiers pédestres, observation de la faune et la flore l'été, ski et raquettes l'hiver.

PARC DES CHAMPS-DE-BATAILLE
Plaines d'Abraham, 835, av. Wilfrid-Laurier, niveau 0.
418-648-4071
www.ccbn-nbc.gc.ca
Blotties entre la ville de Québec et le fleuve Saint-Laurent, les Plaines d'Abraham forment un parc d'une superficie de 108 hectares. Ce lieu historique a vu s'affronter les Français et les Anglais lors de la Conquête de 1759. Aujourd'hui, cette aire fleurie, boisée et gazonnée déploie des kilomètres de sentiers pédestres, de course à pied, de piste de patins à roues alignées et de ski de randonnée. Le site englobe la Citadelle et comprend notamment le magnifique jardin Jeanne d'Arc, la Maison de la découverte, la tour Martello, la Promenade des Gouverneurs, le kiosque Edwin-Bélanger, le Centre d'interprétation proposant un spectacle multimédia.

PARC DU BOIS-DE-COULONGE
1215, ch. Saint-Louis, Sillery
418-528-0773
www.capitale.gouv.qc.ca
Ouvert tous les jours. Stationnement.
Un des parcs publics les plus remarquables par la beauté de ses aménagements horticoles et de son emplacement en bordure du fleuve, sur les hauteurs de la falaise. Ce site fut la résidence des gouverneurs généraux et des lieutenants-gouverneurs jusqu'en 1966.

PARC DU MONT-SAINTE-ANNE
2000, boul. Beaupré
418-827-4561
www.mont-sainte-anne.com
Un des plus importants domaines skiables de l'Est du Canada. Outre le ski, le site est le lieu privilégié de bon nombre d'activités de plein air, comme la randonnée pédestre, le golf et le traîneau à chiens. La vue depuis la télécabine, sur la vallée du Saint-Laurent, est spectaculaire. Les fans de descente sur deux roues sont également gâtés.

RÉSERVE NATONALE DE FAUNE DU CAP TOURMENTE
570, ch. de Cap-Tourmente, Saint-Joachim
418-827-4591 / 418-827-3776
www.qc.ec.gc.ca
Ce réseau de 18 km de sentiers pédestres orchestre des activités d'interprétation en plein nature. Le Cap Tourmente domine la rive nord de 600 m de hauteur et regroupe des écosystèmes divers : une falaise, la forêt de conifères, la forêt de feuillus qui atteint ici sa limite nord, la prairie, la batture (plage marécageuse recouverte à marée haute, caractéristique des rives du Saint-Laurent) et enfin le fleuve qui s'élargit en estuaire. Une réserve nationale de faune, créée en 1969 et gérée par le Service canadien de la faune, protège, dans ces différents milieux, 250 espèces d'oiseaux.

Parc de la Jacques-Cartier © Jean-Pierre Huard - Sépaq

Camp Mercier © Steve Deschênes - Sépaq

Durant l'été indien, le Cap Tourmente offre un spectacle unique : aux couleurs de l'automne s'ajoute la masse blanche d'une centaine de milliers de grandes oies des neiges qui y font étape au cours de leur migration vers le sud. Au début du siècle, la chasse intensive des grandes oies des neiges avait réduit leur population à moins de 3 000 individus. On en compte aujourd'hui plus de 350 000, grâce à des mesures efficaces de protection.

PARC DE LA CHUTE-MONTMORENCY
2490, av. Royale, Québec
418-663-3330
www.sepaq.com
6 km à l'est du centre-ville de Québec. Accès à la partie haute via l'avenue Royale (route 360) et à la partie basse via le boulevard Sainte-Anne (route 138). Bus 50 et 53. Stationnement 7 $.
Le site fut baptisé par Champlain en l'honneur du duc de Montmorency qui était alors vice-roi de la Nouvelle-France. Avant de déboucher dans le Saint-Laurent, la rivière Montmorency quitte brutalement le Bouclier canadien par une chute de 83 m, le « Sault de Montmorency ». Bien que moins large que les chutes du Niagara, le saut est plus haut d'une trentaine de mètres. Bien entendu, le site a été aménagé en vue d'offrir aux visiteurs des points de vue grandioses (téléphérique, escalier panoramique, pont suspendu, belvédères, sentiers de promenade et aires de pique-nique). La chute est encore plus spectaculaire en hiver lorsqu'elle est gelée et que s'est créé le « pain de sucre », énorme cône de glace formé par la cristallisation de la vapeur d'eau en suspension : ce dernier est en lui-même une curiosité qui attire toujours beaucoup de monde. Surplombant la chute, le Manoir Montmorency, élégante villa reconstruite comme au XVIIIe siècle, abrite un centre d'interprétation consacré à l'histoire du site, un restaurant, un café-bar et des boutiques.
SOURIEZ
Vous avez oublié votre caméra ! Une borne souvenir située près du Manoir Montmorency sur la promenade de la falaise vous attend pour vous photographier. Un appareil-photo est intégré à la borne. Après avoir inséré 2 $, il ne vous reste plus qu'à

sourire et à garder précieusement le numéro d'identification que la borne vous remettra. Sur le site du Parc de la Chute-Montmorency, vous pourrez récupérer votre cliché dans Internet.

PARC NATIONAL DE LA JACQUES-CARTIER
Route 175 Nord
418-848-3169 (été) 418-528-8787 (hiver)
www.sepaq.com
40 km de Québec. Accès quotidien : 3,50 $. Ouvert de mi-mai à fin oct. et mi-déc. à fin mars. Hébergement en chalet/camp de prospecteur et camping.
Véritable sanctuaire de la nature sauvage, le parc national de la Jacques-Cartier occupe un territoire de 670 km?, constitué d'un plateau fracturé par des vallées aux versants abrupts, couvert de conifères et lacs et profondément entaillés par la rivière Jacques-Cartier. On y pratique le kayak et le canot-camping sur 26 km, la pêche à gué ou en canot (Permis de pêche du Québec et droits d'accès obligatoires), la randonnée pédestre (100 km), le vélo (188 km) en été et le ski nordique (55.5 km) et la randonnée en raquettes (25 km) en hiver. Faune : orignal, ours noir, loup, lynx.
UN TERRAIN DE JEUX EN NATURE
Bien sûr ce parc immense déploie tout le charme de la nature sauvage mais il est aussi un véritable terrain de jeu proposant des idées originales. Voici quelques façons de redécouvrir le plein air par des activités de découverte adressées à toute la famille : jouer au garde-parc et s'initier au métier de la protection de la faune et de la flore, randonnée guidée en canot rabaska, découverte des abris sous roches, safari à l'orignal etc. La plupart des activités sont gratuites.

RÉSERVE FAUNIQUE DES LAURENTIDES
700, boul. Lebourgneuf
Rte 175 Nord, vers Chicoutimi
418 848-2422
www.sepaq.com
Territoire protégé depuis 1895, la Réserve faunique des Laurentides (7 961 km²) a toujours été reconnue comme un réservoir de ressources naturelles et fauniques. Elle

offre un excellent potentiel récréatif avec activités nombreuses et variées pour chasseurs, pêcheurs et adeptes d'activités de plein air. En été, la villégiature et la pêche sont en vedette. En hiver, les skieurs de fond et les villégiateurs se donnent rendez-vous au Camp Mercier tandis que l'Auberge Le Relais attire un grand nombre de motoneigistes. Faune : orignal, caribou, ours noir, loup, lynx, castor, lièvre et une multitude d'espèces d'oiseaux… Postes d'accueil principaux : Mercier, Launière, La Loutre, Rivière-aux-Écorces. Hébergement : 140 chalets répartis en 19 sites, 134 emplacements de camping, hôtellerie. Activités : canotage, canot-camping (deux rivières), chasse à l'orignal et à l'ours, motoneige (Auberge Le Relais : restauration et hébergement), pêche (à la journée et avec séjour), ski de randonnée et raquette.

RÉSERVE FAUNIQUE DE PORTNEUF
229, rue du Lac-Vert, Rivière-à-Pierre
418 323-2021
www.sepaq.com
Accès par l'autoroute 40 Ouest, sortie 295; 367 Nord jusqu'à Rivière-à-Pierre (40 km au nord de Saint-Raymond, à mi-chemin entre Québec (104 km) et Trois-Rivière (100 km).
Jadis, fief de clubs privés fortunés, la réserve faunique de Portneuf (775 km2) fut créée en 1968 dans le but de conserver la faune, établir des lieux de chasse, pêche et d'activités de plein air. Faune : orignal, ours noir, loup, coyote, renard, castor, lièvre, de nombreuses espèces d'oiseaux dont la gélinotte huppée, le tétras du Canada (de savanes) le hibou et le héron bleu; faune aquatique : truite mouchetée, touladi (truite grise), omble chevalier et maskinongé. Hébergement : nombreux chalets à louer, été comme hiver. Poste d'accueil à Rivière-à-Pierre.

STATION TOURISTIQUE DUCHESNAY
143, rte Duchesnay, Sainte-Catherine-de-la-Jacques-Cartier
418 875-2122/ 1 877 511-5885
www.sepaq.com/duchesnay
Ancienne école de gardes forestiers depuis 1932, la Station touristique Duchesnay, située en bordure du lac Saint-Joseph, est gérée par la Sépaq depuis 1999. Celle-ci développe et met en valeur le potentiel touristique de ce territoire, axé sur l'environnement et le plein air. La forêt laurentienne (érables et bouleaux jaunes) couvre une superficie de 89 km?. On y découvre un véritable patrimoine naturel, notamment à travers les activités proposées (coureur des bois, orientation et survie en forêt, randonnées écologique et pédestre) ou ski de fond -150 km, raquettes -15 km, patinage, glissades et vélo, baignade, canot, kayak, pédalo. Forfaits disponibles (ski de randonnée, motoneige, traîneau à chiens, visite de l'Hôtel de Glace, pêche). Nouvelle auberge comprenant 48 chambres avec vue sur le lac Saint-Joseph. Capacité d'hébergement (villas, chambres individuelles) : 225 personnes. Bistro-bar Le Quatre-Temps. Salles de réunion.

LES SEPT-CHUTES
4520, av. Royale, Saint-Ferréol-les-Neiges
418-826-3139
www.septchutes.com
Tous les jours, 15 mai-7 sept et 7 sept-11 oct, 10h-17h. 19 juin-6 sept et 24 juin, 9h-18h. Sur la commune de Saint-Ferréol-les-Neiges, les plus hautes chutes de la région effectuent une descente de plus de 130 mètres. De nombreux sentiers pédestres sont aménagés le long des rivières et l'un d'eux mène à une centrale hydroélectrique désaffectée et à un barrage. Un centre d'interprétation à l'entrée vous renseigne sur l'histoire du site.

STONEHAM
1420, ch. du Hibou
418-848-2411
www.ski-stoneham.com
À une vingtaine de kilomètres au nord de Québec, route 175 en direction de la réserve faunique des Laurentides.
Un beau domaine skiable où règne une ambiance plus familiale, puisque le domaine est plus petit que celui du Mont Sainte-Anne, mais les activités possibles demeurent les mêmes. L'été, le Village de vacances conçoit des forfaits pour les familles. Au rendez-vous, sentiers de randonnée pédestre, de vélo de montagne, randonnées panoramiques en télésiège etc.

PROGRAMME DU CINÉMA

LE CLAP

MAGAZINE PUBLIÉ 7 FOIS PAR ANNÉE ET TIRÉ À 100 000 EXEMPLAIRES. LE MAGAZINE LE CLAP, VÉRITABLE INSTITUTION POUR LES CINÉ-PHILES DE QUÉBEC, EST DISTRIBUÉ GRATUITE-MENT DANS PLUS DE 400 POINTS DE DÉPÔT DANS L'AGGLOMÉRATION URBAINE DE QUÉBEC. IL DÉCRIT BIEN LES NOUVEAUX FILMS À L'AFFICHE ET DONNE LE PROGRAMME DES CINÉMAS.

SORTIES NOCTURNES

BARS ET DISCOTHÈQUES

BARS

LE BOUDOIR
441, rue de l'Église
418-524-2777
Tous les jours 15h-3h, Boudoir Dance :
jeu-sam 22h-3h.
Venus philosopher ou parler d'affaires, les professionnels et les artistes qui fréquentent ce " boudoir " y apprécient principalement l'ambiance altérée et le design recherché. Le cadre ultra branché inspire les discussions. La musique lounge-fusion donne le ton. Les martinis et les cocktails contribuent au renom de l'endroit. Au sous-sol, la piste de danse vibre littéralement sous vos pieds. Le DJ n'a pas froid aux yeux sous l'éclairage dernier cri. Le nouveau nec plus extra en ville !

BAR PUB LE TURF
1179, av. Cartier
418-522-9955
Lun-ven 11h30-3h, sam-dim 9h-3h.
Sur deux étages, vous trouverez de l'ambiance, de la vraie. Le Turf est à la fois un restaurant et un bar. Une faune bigarrée s'y donne rendez-vous, que ce soit pour le petit-déjeuner, pour un 5 à 7 ou pour danser. Idéal pour les rencontres, le Turf se transforme en discothèque avec un DJ au premier étage.

LE LIQUOR STORE
2600, boul. Laurier, Sainte-Foy
418-657-1670
Lun-ven 11h30-3h, sam 17h-3h et dim 22h-3h.
Toutes CC et Interac.
Resto et cabaret, le Liquor Store se trouve à l'arrière du centre commercial Place de la Cité. Étrange et pourtant, le bar ne désemplit jamais. Une clientèle entre 20 et 30 ans y a établi son QG. Des écrans géants, un buffet, de la bière et autres, le tout servi par de jolies serveuses dans une ambiance très animée les fins de semaine. Le Liquor est à partir de 22 heures une véritable discothèque. Nombreux concerts.

PALACE CABARET
955, boul. Pierre-Bertrand
418-688-0380
www.palacecabaret.com
Ouvert tous les jours 20h-3h.
Promotions jeu-ven 5 à 7 : buffet à 4 $.
Une des plus grandes pistes de danse de la capitale. L'éclairage suit la fine pointe de la technologie. Le DJ vous bombarde de 10 000 watts de son, question de nous faire frémir jusque dans la moelle. Il est facile de croire au rêve dans ce décor de chute d'eau, de fontaine, de lumières imitant le faste des grands casinos de Las Vegas. Sans compter les machines à loterie et les tables de billard.

LE SAINT-ANGÈLE
26, rue Sainte-Angèle
418-692-2171
Tous les jours de 20h-3h, Argent comptant.
40 places.
Traditionnellement fréquenté par une clientèle jeune, ce bar attire aussi les plus de 25 ans. À notre avis, le cadre participe à cet

Si vous pensez que l'abus d'alcool n'affecte pas votre goût, vous avez déjà trop bu.

LA GRANDE MAJORITÉ DES QUÉBÉCOIS CONSOMME DE MANIÈRE ÉQUILIBRÉE ET RESPONSABLE.

Éduc'alcool

La modération a bien meilleur goût.

engouement. Des lampes créent une lumière tamisée, la boiserie, les vitraux antiques, les pierres et les fauteuils aux tons pourprés instaurent une ambiance intime. La maison est spécialisée dans les cocktails, les bières importées et les microbrasseries. On termine ici la soirée tout en douceur.

SOCIÉTÉ CIGARE
575, Grande Allée E.
418-647-2000
Mer-dim 12h-3h, dim-mar 12h-24h. V, AE, MC et Interac.
Plus de 200 variétés de cigares sont repertoriées et des dégustations style 5 à 7 y sont organisées régulièrement. Pour amateurs ou novices, car les conseils sont prodigués avec moult explications. L'ambiance musicale est en adéquation parfaite avec le thème principal, jazz and blues.

BARS CULTURELS OU À SPECTACLES

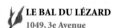 **LE BAL DU LÉZARD**
1049, 3e Avenue
418-529-3829
Tous les jours de 14h-3h. V, MC et Interac.
Honneur aux petits reptiles qui dansent sur les murs de ce bar de quartier. On va au bal pour son ambiance décontractée, pour le sourire contagieux, pour les 5 à 7 et les hot-dogs européens, les œuvres exposées, les lancements et toute la scène artistique locale qui y brille. Tout le quartier Limoilou se retrouve ici. Les lundis soirs, les jams sont surprenants. On adore la terrasse d'où l'on interpelle des amis pour les inviter à boire un rhum ou une bière importée. La Barberie y propose trois bières en exclusivité.

BAR L'ARLEQUIN
1070, rue Saint-Jean
418-694-1422
www.arlequin.qc.ca
Tous les jours 21h-3h. Interac.
Des spectacles qui déménagent sont organisés sur cette petite scène qui a vu défiler des groupes de rock de toute l'Amérique du Nord et même de l'Europe ! Une piste de danse énergisante à ses

moments. Les promotions sur les alcools permettent de se désaltérer allègrement. Il faut que jeunesse se passe et c'est décidément dans ce bar-discothèque qu'elle se dépense.

BAR LE CHANTAUTEUIL
1001, rue Saint-Jean
418-692-2030
Ouvert tous les jours de 12h-3h. Improvisation théâtrale tous les jeudis.
Cette ancienne boîte à chansons créée en 1968 par Gilles Vigneault a vu bien des artistes déambuler : Félix Leclerc, Claude Gauthier, Dorothy Berryman et même Bob Dylan, qui y a tourné un film avec Joni Mitchell. Sans doute est-ce pour cette raison que plusieurs écrivains, journalistes, peintres, comédiens et autres protagonistes de la scène culturelle viennent encore y papoter. En heureuse compagnie ou un livre à la main, ce lieu mythique sait toujours autant réconforter.

BAR CHEZ SON PÈRE
24, rue Saint-Stanislas
418-692-5308
www.barchezsonpere.qc.ca
Lun-dim 20h30-3h. Interac.
C'est, en fait, une boîte à chansons qui convie des chansonniers tous les soirs. Sans prétention, une ambiance bon enfant. Il suffit d'un accord du chansonnier pour que le bar vibre au chant des clients enjoués.

BAR L'EMPRISE
57, rue Sainte-Anne
418-692-2480
Ouvert tous les jours de 19h-2h mai-oct, 11h-2h le reste de l'année. Spectacles tous les soirs durant l'été. Toutes CC et Interac.
Ce bar attenant à l'hôtel Clarendon est l'un des rares à proposer des spectacles de jazz et de blues. L'ambiance cosy du bar invite à siroter un Martini, un porto ou une bière. On y vient surtout en tête-à-tête pour se faire « enjazzer » par le groupe invité. Un incontournable pour les amateurs de jazz, mais les néophytes pourront tout aussi bien y trouver leur compte si le but de la soirée est de relaxer et de se laisser bercer langoureusement par une ambiance sortie tout droit du Chicago des années 30.

FIXION

811, rue Saint-Jean
418-694-9669

Mer 21h-3h, jeu 20h-3h et ven-sam 21h-3h.
Interac. Lun-mar, Ladie's night latino et cours
de danse, mer, ven-sam, groupes en prestation
et DJ, jeu : DJ.

C'est LA référence en matière de musique
latine à Québec. Le cadre laisse une large
place à la piste de danse. Après avoir roulé
leur bosse et implanté le style dans les bars
de la vieille capitale pendant une quinzaine
d'années, les frères Saldana ont décidé
d'ouvrir leur propre boîte. C'est l'endroit
tout indiqué pour prendre une bière
tropicale et se laisse envahir par la cadence
latine. Lors des « jams » du mercredi soir,
vous pouvez amener vos tamtams et vous
joindre au groupe sur la scène, mais
attention, il faut suivre le rythme, car
certains habitués du bar dirigent leur
tamtam d'une main de maître sur des
rythmes endiablés jusqu'aux petites heures
du jour.

LE FOU-BAR

525, rue Saint-Jean
418-522-1987

Ouvert tous les jours de 15h à 3h.

Un simple coup d'œil aux toiles qu'expose ce
bar fou donne le ton. Ce bar de quartier
accueille les artistes et une clientèle locale
originale, créative et dynamique. Les
occasions de tisser des amitiés ne manquent
pas : expositions, mardis-jazz, soirées de
contes, matches de la ligue d'improvisation,
CKRL en direct les 1ers mercredis de chaque
mois, soirées « théatro-musicales » etc. Le
sourire et l'ambiance sont garantis !

JULES ET JIM

1060, av. Cartier
418- 524-9570

Tous les jours de 16h-3h. V, AE et MC.

« Elle avait des bagues à chaque doigt, des tas
de bracelet autour du poignet.. ». Ce bar
adorable oscille entre une ambiance Saint-
Germain-des-Prés du temps de Juliette
Gréco et une ambiance ciné du temps de
Jeanne Moreau. Chansons francophones ou
vieux classiques de jazz pour jaser et refaire
le monde autour d'une bière ou d'un scotch
dans un décor idéal pour les cinéphiles.

L'OSTRADAMUS

29, rue Couillard
418-694-9560

Ouvert tous les jours de 17h30 à 3h.

Spéciaux sur les bières. On s'y retrouve pour
un café en après-midi, une partie de billard
ou pour un spectacle. Ouvert depuis 1973,
l'Ostradamus accueille des artistes de
partout. Ses soirées électrolounge, swing,
jazz et des jams sessions sont très prisées
d'une clientèle jeune et bohème. Sans
prétention, les jeudis improvisation
rassemblent principalement des étudiants
qui viennent se donner en spectacle au
deuxième étage. Il n'en coûte rien et
l'interactivité des comédiens avec les clients
met la table pour une soirée chaleureuse ou
les bières de microbrasserie s'enchaînent,
tout comme les éclats de rire. Dire que
Robert Charlebois, René Lévesque et Paul
Piché venaient jadis s'y attabler !

LE PAPE GEORGES

8, rue du Cul-de-Sac
418-692-1320

Ouvert tous les jours, 10h-3h l'été et 12h-3h
l'hiver. Chansonniers et spectacles de
blues/jazz ven-dim.

Dans cette cave aux solides murs de briques,
les spectacles de jazz et de chansonniers font
vibrer sans gêne la clientèle confortablement
assise devant le foyer. La charmante sélection
de vins, les bonnes bouchées qu'on y sert
sont en accord avec la riche tradition de
cette maison historique érigée en 1790.
Même si cet établissement semble vieux
comme le pape, l'origine de ce nom provient
du propriétaire qui a ouvert ce bistrot en
1984, un dénommé George. Amateur du vin
Châteauneuf-du-Pape, il y a laissé son nom.

ROUJE

228, rue Saint-Joseph E.
418-688-4777
www.rouje.net

Mardi à partir de 17h, mer-dim à partir de
16h. Quartier Saint-Roch.

Galerie, oui, mais surtout lieu de diffusion et
de création où une clientèle très artistique se
donne rendez-vous. Lancements, spectacles
de tous genres, projections, ce bar branché
mélange agréablement les genres. Autrement,
c'est l'endroit par excellence pour discuter

LA BARBERIE
coopérative de travail

Une microbrasserie qui se distingue.

La Barberie est une entreprise collective de production de bières artisanales de qualité misant sur la diversité, la diffusion limitée et la conception sur mesure de ses produits.

La Barberie supporte le développement local et l'éducation à la consommation éclairée.

La Barberie tient à offrir des conditions de travail avantageuses à ses membres dans un milieu dynamique et professionnel.

Située dans la vieille capitale, la microbrasserie La Barberie excelle depuis 1996 dans l'art du brassage de bières artisanales haut de gamme.

Son concept original et unique offrant l'exclusivité à sa clientèle vous séduira par la distinction de ses différents produits, et ce, au plus grand plaisir de vos papilles !

À votre santé !

LA BARBERIE
coopérative de travail

Salon de dégustation et terrasse ouvert tous les jours de midi à 1h00 du matin au 310, rue St-Roch, Québec

www.labarberie.com

autour d'un verre, confortablement installé dans un fauteuil, le temps se dissipe, perdu, la tête dans un livre.

LE SACRILÈGE
447, rue Saint-Jean
418-649-1985
Tous les jours de 12h-3h. V, AE, MC et Interac. Spectacles de musique jeudi 17h30-20h. Chansonnier tous les samedis 16h-20h.
Il ne faut pas passer outre. Ce bar du quartier Saint-Jean-Baptiste réserve toute une surprise à celui qui s'aventure dans son antre. La verrière et la charmante terrasse aménagée dans la cour intérieure en inspirent plus d'un par jours de beaux temps. Les arbres matures, le vieux mur en pierre…Une impression de vacances y plane lorsque le vent glisse sur les feuilles. Huit variétés de bières pression coulent à flot, sans compter les 10 marques de scotch. Ça serait presque un sacrilège de ne pas y faire un tour.

LE SCANNER
291, rue Saint-Vallier E.
418-523-1916
Lun-ven 11h30-3h et sam-dim 15h-3h. Argent comptant.
Ce bar alternatif est idéal pour prendre une pause et lire ses messages sur le net (accès gratuit). Entre deux bières, il est incontournable de jouer au billard. Le cadre, quant à lui, est très joli, un peu sombre l'hiver, mais ça permet de faire des rencontres. Des projections sur l'écran mural et la musique ajoutent encore à l'ambiance. À l'occasion, l'endroit s'anime pour la présentation de spectacles. Des expositions ont lieu régulièrement.

TEMPS PARTIEL
698, rue d'Aiguillon
418-522-1001
www.fourmiatomik.com
Ouvert tous les jours 16h-3h, Internet gratuit, billard, piste de danse et spectacles.
Pendant plusieurs années, la Fourmi Atomik était l'institution de la contre-culture de Québec. Mais en 2001, l'édifice du bar, qui fût construit par les Jésuites il y a 200 ans, s'est affaissé. Les membres de la coopérative ont donc décidé d'ouvrir le Temps partiel, qui comme son nom l'indique, ne serait qu'une transition avant l'ouverture d'une nouvelle Fourmi Atomik. La formule est restée la même excepté le fait que la programmation a élargi son créneau : la musique varie au goût du jour. Les DJ passent du jazz au rock garage. Les promotions sur la bière permettent tous les excès. On y présente des vidéos plutôt rares, parfois même assez lugubres (gothiques).

LES YEUX BLEUS
1117 1/2, rue Saint-Jean
418-694-9118
Lun-dim 20h30 à 3h. Interac.
Ce qu'on aime avant tout, c'est le logo, que l'on trouve très drôle. En plus, l'ambiance du lieu lui est tout à fait assortie, et c'est une clientèle bien dans sa peau qui hante l'endroit. Un chansonnier, où des artistes aussi québécois que chaleureux se produisent pour le plus grand plaisir des amateurs.

MICROBRASSERIES

LA BARBERIE
310, rue Saint-Roch
418-522-4373
www.labarberie.com
Tous les jours de 12h-1h. Interac et argent comptant. Terrasse. Sélection de bières brassées sur place.
Des bières uniques à déguster dans un endroit singulier et chaleureux. Plus de 130 recettes de bières ont été élaborées. Pleins de belles idées s'y retrouvent : des dîners causeries, et, sur réservation, on peut se concocter une activité de groupes mémorable où une personne qualifiée nous fait découvrir les mariages entre les bières de la micro-brasserie et les fromages québécois. Des 5 à 7 de dégustation, des partys de bureau ou autres évènements peuvent être organisés. On vous suggère fortement le carrousel de bières hautement ludique et qui vous fera découvrir les spécialités maisons. On notera que la Barberie est également une coopérative qui s'engage au niveau communautaire. Preuve en est, la bière Brasse-Camarade, dont un

certain pourcentage des ventes est versé aux fond du FEECQ (Fond d'Emprunt Economique Communautaire de Québec), venant en aide au financement de projets viables dans la communauté.

L'INOX
37, quai Saint-André
418-692-2877
www.inox.qc.ca
Ouvert tous les jours 12h-3h.
Toutes CC et Interac.
L'Inox est non seulement un bar agréable avec sa terrasse accueillante, mais c'est en plus une micro-brasserie qui permet au commun des buveurs de bières d'en connaître un peu plus sur cette divine boisson. Les productions brassées en petites quantités, sont vraiment excellentes, et le cadre comme le service donnent envie de revenir. Des sélections de fromages agrémentement les dégustations de bières. Les hot-dogs européens font aussi bon ménage. Notre suggestion : saucisse forte, moutarde douce.

PUBS

L'ONCLE ANTOINE
1754, Marie de l'Incarnation
418-694-9176
Ouvert tous les jours 14h-2h,
lundi fermé. Été: 11h-3h. A l'angle
de la rue Saint-Pierre.
À la tombée du jour, l'Oncle Antoine accueille surtout une clientèle d'habitués constituée des jeunes qui travaillent dans les restaurants du Petit Champlain et des alentours. Pendant l'après-midi ce sont surtout les touristes qui viennent profiter de la terrasse de ce quartier très prisé. L'intérieur du bar, deux grandes voûtes circulaires, vaut le détour à lui seul; on peut facilement deviner qu'à l'époque, l'endroit servait aux chevaux. En hiver, le contraste de la chaleur du grand feu de cheminée avec le vent froid donne à ce petit bar une ambiance marine qu'on aime beaucoup. Pour accompagner la quarantaine de sortes de bières disponibles, hot-dogs, nachos et autres repas légers sont servis jusqu'au début de la soirée.

MO
810, boul. Charest E.
418-266-0221
Ouvert 7 jours 11h30-3h. Carte 9-14 $.
Le courant passe facilement entre les citadins branchés de cette taverne urbaine. La bière coule à flots grâce aux pompes à bières judicieusement dressées sur certaines tables. Il n'est pas étonnant que l'adresse soit connue des professionnels en quête d'un 5 à 7 réussi. Le menu propose des classiques : smoked meat, hot dog londonien et patte de cochon ! Pour faire plus léger, on choisira des salades et de fines pizzas. L'été, la terrasse permet de se faire voir sur le boul. Charest. Trop cool, le béton, le métal de la décoration en harmonie avec l'autoroute. Il paraît que Robert Lepage et sa clique connaissent l'adresse.

PUB SAINT-ALEXANDRE
1087, rue Saint-Jean
418-694-0618
Tous les jours 11h-3h.
Dans l'ancien et très célèbre Colonial, le houblon crée une ambiance festive grâce à un choix de 200 marques de bières. L'Irlande est au rendez-vous, mais également l'Allemagne, la Belgique et l'Angleterre. La vingtaine de bières pression est servie en respectant toute la tradition. La choucroute qu'on y sert est présentée avec autant de finesse puisqu'elle est macérée sur place. La table est bonne : grillades, saucisses, burgers, pizzas… Ce n'est pas particulièrement bon marché pour un pub mais la qualité est au-dessus de la moyenne.

PUB IRLANDAIS ST-PATRICK
1200, rue Saint-Jean
418-694-0618
Ouvert tous les jours dès 11h30-fermeture
après minuit (variable). Toutes CC et Interac.
Cet agréable pub irlandais rassemble un grand nombre de boissons importées d'un peu partout, et notamment d'Irlande. Des promotions régulières surgissent pour faire découvrir l'une ou l'autre des bières. C'est l'endroit idéal pour organiser des 5 à 7 en groupes. À noter : les vendredis et samedis soirs, dès 21h, un violoniste vient jouer des airs traditionnels d'Irlande.

DÉTENTE

PUB THOMAS DUNN

369, rue Saint-Paul
418-692-4693
Lun-ven 11h-1h, sam-dim 10h-01h. AE, DC,
V, MC et Interac.
Les jours de pluie, on se croirait dans un pub
de Dublin ou de Glasgow. L'acajou, les 150
bières proposées et les 75 marques de
whisky, dont la plupart sont écossaises, nous
transportent de l'autre côté de l'Atlantique.
Pourtant, on est bien dans notre bonne
vieille capitale ! Notre suggestion
d'accompagnement avec ce beau pub à
l'atmosphère conviviale : un 5 à 7 jasette
suivi d'une bonne choucroute, ou encore un
succulent déjeuner, servi le week-end.

LES SALONS D'EDGARD

263, rue de Saint-Vallier E.
418-523-7811
Mer-dim 16h30-2h. V, MC et Interac.
Une belle place à l'ambiance jazzy et feutrée
où se réunissent des gens de tous les styles et
de tous les âges. On se croirait presque dans
le décor d'une pièce de théâtre avec les
grands rideaux et la lumière tamisée. On
s'assoit autour d'une table illuminée par une
chandelle pour un 5 à 7. Pour cette occasion
on conseille le porto-fromage ou le porto-
chocolat. On vient aussi pour jouer au
billard, dans la grande pièce du fond avec
ses 5 tables.

DISCOTHÈQUES

BAR LE PALLADIUM

2327, boul. du Versant N., Sainte-Foy
418-682-8783
Mer-dim 21h-3h. V, MC et Interac.
À proximité de l'Université Laval et des
cégeps, le Palladium est l'une des
discothèques les plus courues à Québec, avec
ses grosses soirées accueillant souvent près
de 1 500 personnes. Ce lieu de rencontre des
18-30 ans brasse une musique techno-hip
hop et soft rock. Dix bars sont disponibles
en plus d'une terrasse couverte et chauffée. À
la mezzanine, le confort est propice aux
discussions avec ses salons vitrés, meublés de
fauteuils campés dans un décor en bois
d'acajou, fer forgé et papier peint. Que de
plaisirs enivrants !

LE BEAUGARTE

2600, Place Laurier, Sainte-Foy
418-659-2442
www.beaugarte.com
Mar-dim 16h-3h. Toutes CC et Interac.
Soirées à thèmes.
Avec sa terrasse et ses nombreux bars, ses
tables de billard, son restaurant et sa piste de
danse, le Beaugarte attire les trentenaires à la
recherche de l'âme sœur. Attention en fin de
semaine, c'est bondé. L'atmosphère est très
bon enfant, agréable, idéale pour terminer la
semaine ou entamer la fin de semaine. Une
institution dont le succès ne se dément pas.

CROISIÈRE AML - LOUIS JOLLIET

quai Chouinard
418-692-1159 / 1 800-563-4643
www.croisieresaml.com
info@croisiereaml.com
Embarquement : 23h30, départ : minuit,
durée : 2h00. 12$ + taxes.
L'unique discothèque flottante à Québec !
L'été, dansez sous les étoiles... rencontres,
ambiance, musique et danse à ciel ouvert
sont au rendez-vous!

LE DAGOBERT

600, Grande Allée E.
418-522-0393
www.dagobert.ca
Lun-dim 21h-3h. Visa, Amex, MC et Interac.
Le « Dag », comme disent les habitués, est le
lieu de rencontre des oiseaux de nuits prêts à
se trémousser toute la nuit au son de la
musique. Et quelle musique ! Les DJ maison
alternent et vous servent une musique à grand
renfort de technologie (écrans, lumières et
sons sophistiqués). De la mezzanine, il faut
voir ce spectacle, et les filles ! Une façon
comme une autre de dénicher le bon parti…
D'après les connaisseurs les meilleurs DJ
viennent le jeudi soir.

MAURICE

575, Grande Allée E.
418-647-2000
www.mauricenightclub.com
Mer-dim et lun 21h30-3h. Entrée 4$, gratuit
dim, lun, mar.V, MC, AE et Interac
Cette maison étrange, reconnaissable entre
toutes, réunit sous le même toit quatre bars
sur trois niveaux avec des ambiances

Rue Saint-Jean © Yves Tessier/Tessima

différentes et un restaurant exotique le Voo Doo Grill. Côté ambiance, la programmation musicale alterne dance, latino, R&B et jazz. L'intérieur est beau et bien travaillé. L'ambiance y est. Une clientèle élégante s'y donne rendez-vous. Dépaysement garanti dans ce haut lieu des nuits de Québec. Quant à l'origine du nom de ce complexe de la nuit, il faut savoir que l'édifice a accueilli le siège social du parti de l'Union nationale de Maurice Duplessis…voilà pour la petite histoire. Pour ce qui est de l'actualité, le mercredi soir, vous pourrez choisir entre deux ambiances : danses latines ou karaoké live.

LE CHARLOTTE ULTRA LOUNGE
575, Grande Allée E.
418-647-2000
Tous les jours de 21h-3h. V, AE, MC et Interac.
Un bar à digestifs à l'ambiance principalement lounge, situé à l'étage supérieur. Les soirées latinos mettent un piquant qui ne laisse personne indifférent. Nouveau décor depuis novembre 2006.

AFTERHOURS

SYSTEME AFTERHOURS
3920, boul. Hamel (coin Masson)
418-871-7117

Les nuits les plus chaudes de Québec ! Une seule salle ne jouant que de la techno. Ouvert jeudi, vendredi et samedi de 23h à 8h.

TERMINAL NIGHT-CLUB
700, av. Nérée-Tremblay, Sainte-Foy
418-683-4864
www.terminalnightclub.com
Jeu-sam 2h-8h. Tarifs : 10 $ homme, gratuit femme.
Pour vivre des nuits sans fins, il n'y a rien de tel que de se dépenser dans un after hour. Justement, ce « terminal » dit être le plus gros du genre à Québec avec ses deux salles de musique électronique et ses trois « chill rooms ». La mezzanine permet d'observer ce beau spectacle… On croit « raver » !

GAY-FRIENDLY

L'AMOUR SORCIER
789, côte Sainte-Geneviève
418-523-3395
Tous les jours 14h-3h. Terrasse. Interac.
Atmosphère gaie et lesbienne. Pour le trouver, il faut être un initié. Dans une vieille bâtisse de la rue Sainte-Geneviève, cette porte noire cache un bar entièrement rénové et une terrasse qui valent le détour. Gai ou non, on se sent bien. Le jour, c'est relativement calme, mais les 5 à 7 sont mémorables. Le soir venu, on s'y déchaîne sur de la musique contemporaine ou disco. Chaque serveur amène sa musique. La terrasse est chauffée en automne alors on en profite jusqu'au bout.

AR 889
889, côte Sainte-Geneviève
418-524-5000
Ouvert tous les jours de 11h à 3h. Terrasse.
Le Bar 889 est le lieu de prédilection de la communauté gaie de Québec, hommes ou femmes. Décor sympathique avec plancher, bars et tables en granit, boiseries et couleurs vives. Spéciaux sur bières du mardi au samedi et juke-box pour le plus grand plaisir des nostalgiques.

LE DRAGUE
804, rue Saint-Augustin
418-649-7212
Ouvert de 22h-3h. Argent comptant et guichet automatique sur place.

Au menu, les jeudis et dimanches, des hommes qui, l'espace d'une soirée, empruntent les traits et la sensualité des femmes pour vous divertir. Mylène Farmer, Madonna, Cher et une kyrielle d'autres chanteuses s'accomplissent devant une foule majoritairement masculine. Dans le bar adjacent à la salle de spectacle, l'ambiance est plutôt propice aux rencontres, on peut aussi jouer au billard. La section discothèque vaut le détour avec sa mezzanine grillagée. L'ambiance est de la partie !

LE GAI SERPENTIN
101, route du Pont, Saint-Nicolas
418-831-4055
Jeu-dim 19h-3h. 10 $ /danse contact, 1,50 $ lumière tamisée.
Tout près du vieux pont de Québec, ce club de danseurs nus accueille une clientèle gaie mais les femmes sont bienvenues le jeudi. Un petit bar où l'ambiance est conviviale.

QUÉBEC COQUIN

Québec, la nuit ou le jour, présente un aspect moins conventionnel qui émoustillera votre vie. Ci-dessous, vous trouverez des adresses coquines à consommer sans modération, seul(e) ou accompagné(e).

BOUTIQUES

L'AMOUR DU PLAISIR
245, rue Saint-Jean
418-622-4141
www.lamourduplaisir.com
Possibilité d'acheter les produits sur le site Internet. Une jolie boutique, ouverte sur la rue Saint-Jean depuis juin 2005. La gamme de produits est vaste : condoms, crèmes sexuelles, lingerie, livres érotiques, peinture pour le corps, stimulateurs en tous genres, lubrifiants, etc. !

BOUTIQUE KAMASUTRA
879, rue Saint-Jean
418-648-6286
www.shopkamasutra.com
Été : Lun-mer 10h-21h, jeu-sam 10h-22h,

dim 12h-21h. Hiver : lun-mer 10h-18h, jeu-dim 10h-21h, dim 12h-18h.
Cette boutique où l'accent est mis sur l'érotisme et la sensualité ressemble à une garde-robe très bien organisée. Elle contient plusieurs sections bien définies portant toutes un titre relié à l'érotisme. On y trouve de la lingerie fine, des tenues baby doll's, des tenues pour la nuit, des jeux adultes avec les principaux jeux de couples du moment, des huiles essentielles (Kama Sutra et Shunga), des bougies, de l'encens mais aussi quelques jouets coquins essentiellement féminins comme le charmeur, les vibrateurs, les boules chinoises... Autres adresses : 8500, Henri-Bourassa, Charlesbourg 418-624-7336 et 1200, boul. Alphonse Desjardins (Galeries Chagnon) à Lévis : 418-838-0401.

BOUTIQUE LOULOU
50, côte de la Montagne
418-694-7393
Été : 9h30-21h. Hiver : lun-mer 9h30-18h, jeu-ven 9h30-21h, sam-dim 9h30-18h.
Due à sa situation géographique, la boutique Loulou montre en façade et dans l'avant de la boutique des souvenirs divers de la ville de Québec. Passés les portes battantes réservées aux adultes, divers gadgets érotiques s'étalent sous vos yeux. Les produits sont principalement destinés à la gente masculine : vidéos, revues québécoises mais aussi importées de France ou des États-Unis, crèmes, poupées gonflables, préservatifs et autres gadgets très utiles pour augmenter le plaisir, qu'il soit en solo ou en duo.

PASSIONS GC
325, boul. Charest O.
418-525-6364
www.passiongc.com
Lun-mer 9h30-18h, jeu-ven 9h30-21h, sam 9h30-17h, dim 12h-17h. V, AE, MC et Interac.
Passion GC adore habiller les hommes et les femmes de manière très sexy avec un vaste choix de fines lingeries, de maillots de bain échancrés, de club wear...Au fond de la boutique une petite pièce, accessible sur demande, est réservée au fétichisme : vêtements en pvc, cuir, latex, fouets, menottes, chaînes, colliers...Pour donner le ton, la mezzanine est remplie de bustes de mannequins simulant presque une soirée

fétiche. Possibilité d'y trouver aussi des huiles, godes et autres gadgets coquins, jeux et quelques vidéos XXX.

PLANET X
1963, Jean-Talon S., Sainte-Foy
418-682-6912
www.boutiqueplanetx.com
Tous les jours de 10h-23h. V, AE, MC et Interac.
Les propriétaires de cette boutique, Cindy Cinnamon et Jean-Luc Audet, sont bien connus des Québécois, depuis la sortie du film « Cindy Cinnamon reine de l'Exhibitionnisme 1 et 2 » qui provoqua une controverse médiatique, suite à une scène se déroulant dans une caserne de pompiers. Plusieurs articles remémorant cet événement y sont affichés. Même si la boutique comporte des gadgets érotiques (vibromasseurs, poupées gonflables, jeux adultes...), c'est surtout une grande variété de vidéo et DVD XXX qu'on y trouve avec la possibilité de visionner le film sur place dans l'une des cabines réservées à cet effet. Amateurs d'aventures coquines, un babillard avec des petites annonces est disponible.

SENSORIA
2700, boul. Laurier
418-656-6660
Lun-mer 10h-17h30, jeu-ven 10h-21h, sam 9h-17h, dim 12h-17h. V, MC et Interac.
Pour mettre du piquant dans le couple, cette boutique vous propose en toute subtilité divers gadgets : lotions aromatisées, huiles et accessoires de massage, bougies, encens, accessoires sexuels, guides et littérature érotique, jeux de société etc. Autant d'idées-cadeaux avec un grain d'humour !

CLUBS DE DANSEUSES / SPECTACLES

LA BROUSSAILLE
84, boul. Pierre-Bertrand, Vanier
418-687-2381
Tous les jours de 11h-3h. Entrée gratuite. Guichet automatique sur place.
Un petit bar sur deux étages. Au rez-de-chaussée, le bar, le stage et quelques tables où il est possible de prendre un verre tout en

DÉTENTE

contemplant les danseuses se dénuder de manière très sensuelle sur scène. Pour ceux qui en veulent plus, ceux qui veulent toucher ou voir la danseuse dans sa nudité intégrale (possible sur le lit érotique, mais dans ce cas interdit de toucher), il faut monter à l'étage où se trouvent les isoloirs. Le club est relativement petit mais souvent bondé.

CABARET CAROL
7241, Wilfrid-Hamel, Sainte-Foy
418-872-2582
www.cabaretcarol.com
Ven 11h-3h, sam-jeu 14h-3h. V, AE et MC.
Amateur de jeux et amoureux du risque? Des loteries vidéo occuperont votre esprit. Amateur de sensualité et amant de la beauté? Des nymphes aux sourires angéliques occuperont vos yeux. Amateurs de volupté et amant de caresses? De jolis seins et fesses occuperont vos mains. Le Carol est par conséquent tout indiqué pour prendre quelques heures de plaisir. Les loges VIP, les isoloirs, tout contribue à un peu d'intimité avec votre danseuse préférée.

LE FOLICHON CABARET
6300, boul. Wilfrid-Hamel,
L'Ancienne-Lorette
418-871-1477
www.folichon.com
Spectacles de 12h-3h. Fermé dimanche. Toutes CC et Interac.
S'il fallait décrire le Folichon en trois mots, il y aurait sensualité, prestige et émerveillement. Le Folichon est l'endroit idéal pour savourer un excellent repas dans un décor où tout inspire à la sensualité. Aux couleurs bleues et blanches, les voiles transportent hommes et femmes dans un monde féerique où la nudité devient synonyme de beauté et de volupté. Il est possible de faire danser aux tables, sur des lits érotiques ou dans le salon VIP. Interdiction formelle de toucher mais les yeux sont comblés. Ambiance conviviale et à l'occasion, il est possible d'admirer des trios sur scène.

LADY MARY-ANN
6300, boul. Wilfrid Hamel
418-871-1477
www.folichon.com
Lun-ven 11h30-3h, sam 15h-3h et dim 19h-3h. Toutes CC et Guichet automatique.

Dans une mise en scène théâtrale, les danseuses arrivent par la droite descendant un escalier, les plus sensuelles iront s'étendre sur le sofa et les plus hardies iront se doucher sous la fontaine. Un cigare lounge est disponible à l'étage d'où il est possible de jeter un œil sur la scène et contempler un solo, duo ou trio de filles sur le lit érotique. Les isoloirs sont au même étage, non fermés pour s'assurer que toutes respectent la règle. Salons VIP très confortables. Pour 15 $, il est possible de faire danser la déesse sans son string et de lui toucher fesses et seins.

CLUBS DE DANSEURS

BAR LE BUGS
1965, rue Jean-Talon Sud, Sainte-Foy
418-683-3730
Ouvert tous les jours 21h-3h.
Club pour femmes seulement mais accepte les hommes le dimanche soir lors des spectacles mixtes. Autrement, les lundis et mardis, les soirées sont dédiées aux hommes gais et les danses contact sont permises. Le Bugs est populaire auprès des femmes qui viennent s'y défouler entre amies et en avoir plein la vue… Le danseur vient à la table pour 7 $. Un salon VIP est aussi aménagé afin de permettre un peu plus d'intimité (10 $). Bref, on ne s'ennuie pas car à toutes les heures les danseurs se succèdent, pour des danses parfois très élaborées.

GAI SERPENTIN
101, route du Pont, Saint-Nicolas
418-831-4055
Jeu-sam 19h-3h.
Le Gai serpentin et le bar sans limites vivent sous le même toit et présentent beaucoup de traits communs : les isoloirs et le stage en damier. Le Gai serpentin accueille une clientèle gaie, mais tous les jeudis, les femmes peuvent venir. Un petit bar où l'ambiance est conviviale, quasi familiale. Les femmes se réjouiront de savoir qu'il s'y pratique de la danse contact.

culture

ARTS VISUELS

GALERIES D'ART

ATELIER GUY LEVESQUE
79, rue Sault-au-Matelot
418- 694-1298
www.guylevesque.com
Lun-sam 10h-17h.
Toute création commence et s'entretient par la passion. C'est vraiment ce que dégage le sculpteur-designer Guy Lévesque, à en croire ses masques en cuir travaillés avec plaisir. On dirait qu'une alchimie enveloppe la création de ces pièces. Rien n'est laissé au hasard. Le cuir plie sous sa volonté et ce n'est pas une épreuve de force, c'est juste une envie, un besoin de créer encore et toujours. Ces masques s'envolent ensuite chez les collectionneurs ou chez des gens qui pourraient voir leurs visages transformés. Depuis peu Guy Levesque fabrique également quelques sculptures et des sacs à main en cuir.

BOUTIQUE DES METIERS D'ART
Place Royale
418-694-0267
www.metiers-d-art.qc.ca
Cette très belle boutique a pour objectif la promotion de la création contemporaine des métiers d'art au Québec. Les jolies pièces exposées sont généralement confectionnées par des artisans québécois. C'est le travail d'environ 135 artisans qui y est exposé. Bref, c'est un lieu idéal pour trouver un beau cadeau et promouvoir le travail local.

BEAUCHAMP & BEAUCHAMP
10, rue Sault-au-Matelot
418-694-2244
www.galeriebeauchamp.com
Ouvert 7 jours 9h30-18h. Toutes les CC et Interac.
Un grand espace de diffusion accompagné d'une galerie d'artistes québécois, canadiens, américains et européens de grands noms : André Pleau, Marcel Côté, Raymond Quenneville, William Townsend, Paul-Henri Du Berger. En somme, ils sont 230 à avoir choisi de se rassembler autour du propriétaire Vincent Beauchamp. Un joli portrait de famille avec, comme tête d'affiche, celui qui a préféré les arts à une brillante carrière en droit. On devine que le ton est surtout figuratif mais le contemporain et le classique ne sont pas en reste. Les élucubrations s'étendent jusqu'au caveau, en voûte et pierre, s'il vous plaît. Un véritable petit musée, qui se prête à une visite lente, le temps de s'attarder pour déguster chacune des œuvres.

GALERIE BOUTIQUE LE LOUP DE LA GOUTIERE
347, rue Saint-Paul
418-694-2224
Lun-ven 9h-17h, sam-dim 12h-18h en été.
Nos yeux sont, dès la vitrine, attirés par le sort que Gabriel Lalonde a réservé à quelques poupées Barbie. On ne vous en dit pas plus parce qu'il faut absolument venir voir. Bien sûr, son travail ne se résume pas à s'acharner sur ces victimes de plastique. Dans la galerie, on découvre toute une palette de son talent de peintre et de sculpteur, alliant avec grâce différents matériaux tels le bois, le métal ou la toile. Il manie les mots avec autant d'habileté et ses écrits sont disponibles sur place. Lui et sa collaboratrice, Francine Vernac, exposant elle aussi, insufflent à leurs travaux beaucoup de poésie, aussi bien dans la peinture que dans les objets confectionnés. Leur fille Sarah Lalonde joint son travail à l'exposition. Amateurs d'art, vous êtes ici chez vous : sachez regarder et toucher.

GALERIE D'ART INDIENS 5 NATIONS
20, rue Cul-de-Sac
418-692-1009
www.5nations.qc.ca
Sam-mer 9h-17h30, jeu-ven 9h-21h.
Été, tous les jours 9h-21h. Toutes CC.
De l'antre de cette « galerie » s'échappent des chants autochtones. Plus les rythmes évoluent, plus le client croit à l'artifice des divers objets d'art. Car ici se trouvent les objets marquant la vie quotidienne des premières nations : brûleurs d'encens, bijoux en os de caribou, masques, chapeaux de renards. Les capteurs de rêves ne se restreignent pas seulement à la simple décoration, ils sont également achetés pour leur pouvoir magique. Les colliers de griffe

LOUER
UNE ŒUVRE D'ART

350, RUE SAINT-JOSEPH E
418-641-6789
POUR UNE OCCASION PARTICULIÈRE,
POURQUOI NE PAS LOUER UNE ŒUVRE
D'ART ? C'EST POSSIBLE À L'ARTOTHÈQUE
DE LA BIBLIOTHÈQUE GABRIELLE ROY.
AU CHOIX : LITHOGRAPHIE, SÉRIGRAPHIE,
GRAVURE OU REPRODUCTION D'UNE
ŒUVRE DE MAÎTRE.

d'ours donnent un look de durs à cuire tout
en apportant à son maître l'esprit de
l'animal : force et confiance. Les plumes
deviennent des symboles de sagesse. Les
chemises de laine canadiennes et les poupées
indiennes traditionnelles sont sans doute des
symboles
de rentabilité.

GALERIE D'ART INTERNATIONALE
87, rue Saint-Pierre
418-692-1152
www.artinternationale.com
Stimuler l'imagination de votre âme est un
mandat que remplit avec grâce cette gentille
galerie. Une vingtaine d'artistes
professionnels, peintres et sculpteurs, y
exposent en permanence leurs œuvres. De
grands noms de la région de Québec, tels
Guy Paquet et Micheline Saint-Hilaire, y
déploient leur couleur. Un décor envoûtant
qu'on rapporte à tout prix chez soi.

GALERIE D'ART BROUSSEAU
ET BROUSSEAU
35, rue Saint-Louis
418-694-1828
www.sculpture.artinuit.ca
Tous les jours de 9h30 à 17h00.
Toutes CC et Interac.
Une galerie superbe pour les férus d'art
inuit ou tout simplement pour les curieux
car cet art si particulier vaut le temps de
s'y attarder. Les étagères créent des cadres
qui soulignent magnifiquement toute la
beauté des courbes et des couleurs des
sculptures. Un comptoir de bijoux propose
une alternative intéressante car les

sculptures ont des prix
proportionnels à leur raffinement
et à leur taille. Un personnel
extrêmement qualifié et qui ne
manque pas de vous faire découvrir
les subtilités, les mythes et légendes
de cette culture ancestrale. Autre
adresse : Aux multiples collections:
69, rue Sainte-Anne.

GALERIE D'ART BÉGIN
83, rue du Petit Champlain
418-692-4559
www.guybegin.com
Tous les jours 10h-17h. Toutes les CC,
Interac et $US.
Une galerie qui se présente comme un îlot
de fleurs parfumées de nectars recherchés.
Le style de Guy Bégin est celui des
impressionnistes. L'artiste semble s'être
amusé à colorer les décors quotidiens de la
Capitale et de quelques paysages croqués
en voyage : « Parfum de Provence »,
« Parfum de la Ville Lumière »,
« California Wines Perfume ». Des scènes
de jardins, de cafés et de rues étendent
leurs fleurs sur nombre d'objets cadeaux :
ensembles de produits de bain, ensembles
de sous-verres, lampions de verre parfumé,
boîtes de cartes, assiettes de collection,
t-shirts et même « screen saver ». Guy
Bégin se dit autodidacte, comme Van Gogh
ou Monet. Un artiste qui sait comment
rentabiliser son art.

GALERIE LACROIX
31, rue Sault-au-Matelot
418-692-6161
www.galerielacroix.com
Ouvert tous les jours 10h-17h.
Cette galerie se distingue en jouant
sur des perceptions extrêmes. Sa froideur
de pierre, les murs blancs et cette fenêtre
qui s'ouvrent sur les flancs de la colline
s'oublient peu à peu au son d'une musique
très douce, tout en étant exposés à une
forte luminosité. Cette galerie accueille des
peintures contemporaines, des giclées et
des sculptures. Elle détone surtout par ses
artistes qui, tels Michael French et Paul
Hunter, se font les chantres de la sérénité et
nous font contempler le monde sous son
plus beau jour.

CULTURE

133

GALERIE LINDA VERGE

1049, av. des Érables
418-525-8393
www.galerielindaverge.ca
Mer-ven 11h30-17h30, sam-dim 13h-17h.
Un petit coin tranquille permettant de se recueillir autour des œuvres d'une trentaine d'artistes présentés en exclusivité dans cette galerie. Les deux étages déploient diverses facettes des arts contemporains : sculptures, œuvres sur papier et peinture. De grands noms y figurent : Sergio Kokis, Suzanne Chabot et Girad Dansereau, entre autres. Une galerie réputée et prestigieuse.

LACERTE ART CONTEMPORAIN

1, côte Dinan
418-692-1566
www.galerielacerte.com
Mar-ven 9h-17h, sam-dim 12h-17h.
Il suffit de prendre un peu de recul et d'avoir un regard nouveau sur les œuvres. C'est ce que vous propose cette galerie qui dispose de tout l'espace nécessaire à la contemplation de ses tableaux. Cet ancien garage ouvre avec plaisir ses portes et exhibe ainsi ses ouvrages au regard du grand jour. Il n'y a rien d'étonnant à ce qu'au fil des trente ans d'existence de cette galerie, des noms célèbres y aient été exposés : Jean McEwen, Serge Lemoyne, Francine Simonin…

MÉDUSE

541, rue de Saint-Vallier E.
418-640-9218
www.meduse.org
Mer-dim 12h-17h et plus tard quand il y a des événements.
Un espace immense et multidisciplinaire entièrement dévoué aux arts. Cette coopérative regroupe dix organismes producteurs et diffuseurs. Chaque groupe se concentre sur une discipline, permettant une interaction vivante et créative. Lieu de création par excellence, Méduse offre l'équipement nécessaire pour les arts actuels (salles de menuiserie, espaces d'expo, studios audio, vidéo ou de cinéma, salle polyvalente habilitée à recevoir des productions et des installations visuelles et sonores diverses et des résidences d'artiste), des studios d'artistes et un café-bistro. De nombreux programmes d'échange permettent à Méduse d'être en contact avec les communautés artistiques du monde. De nouvelles expositions à chaque mois.

PAULINE PELLETIER

38, rue Petit Champlain
418-692-4871
www.paulinepelletier.com
Lun-mer 10h-17h, jeu-ven 10h-21h, sam-dim 10h-17h, lun-dim 9h-22h.
Pauline Pelletier et son chat accueillent les clients du haut du cliché accroché à l'entrée de la boutique. Un clin d'œil de l'artiste dont les chats en argile enfumés et décorés de feuilles d'or ont acquis un statut propre à substituer la signature de Pauline. Celui qui s'aventure dans la boutique semble être plongé dans un jeu de cache-cache où l'artiste s'amuse à cacher ici et là des chats sous toutes les formes, incarnés par divers objets, figurines ou reproductions encadrées. La boutique rassemble une importante collection de pièces choisies par la propriétaire lors de ses nombreuses odyssées : gravures, sculptures et bijoux exclusifs où souvent se répète le fameux clin d'œil de l'artiste.

LIEUX DE DIFFUSION

LA CHAMBRE BLANCHE

185, rue Christophe-Colomb E.
418-529-2715
www.chambreblanche.qc.ca
Mar-dim 13h-17h.
Avec cet immeuble anciennement consacré aux matériaux de construction, les artistes se dotent d'un quartier général consacré à la culture. Ce centre de diffusion géré par un collectif d'artistes propose principalement au public d'assister à des pratiques installatives et à de l'art in situe. Parallèlement, il héberge des studios d'artistes à prix modiques. De plus, la Chambre Blanche se fait l'éditeur de publications spécialisées vouées au domaine et tient divers colloques, conférences et débats. Un centre culturel en action !

Méduse © André Barrette

Biennale d'art actuel de Québec 2006 © Ivan Binet

LE LIEU

345, rue du Pont
418-529-9680
www.inter-lelieu.org
Entrée libre.
Vaste collection de magazines consacrés à l'art contemporain. Le Lieu expose des œuvres d'art actuel : photos, performances, peintures, etc. Il publie le journal Inter-Actuel.

ROUJE

228, rue Saint-Joseph E.
418-688-4777
www.rouje.net
Galerie ouverte mer-dim 12h-16h. Bar : mar dès 17h, mer-dim dès 16h +.
Voici une autre façon de connaître la vie culturelle. Rouje est un lieu polyvalent de diffusion des arts visuels et divers événements artistiques. Cette « galerie » décloisonne ses œuvres en les rendant accessibles à tous ceux qui viennent prendre un verre dans cette galerie-bar branchée. Car ce diffuseur culturel est aussi le lieu tout indiqué des lancements, spectacles, projections et soirées en tous genres.

ÉCONOMUSÉES

VOIR LES ARTISANS À L'ŒUVRE CONSTITUE UN SPECTACLE EN SOI. NE SERAIT-CE QUE POUR QUE PERDURE LE SAVOIR-FAIRE TRADITIONNEL, UNE PETITE VISITE DANS CES MUSÉES-BOUTIQUES VAUT LE DÉTOUR.

ALIKSIR

1040, Route 138, Grondines
418-268-3406
www.aliksir.com
Été, 9h-17h. Hiver, lun-ven 9h-17h, sam-dim 13h-17h.
On y va d'abord pour découvrir la magie des plantes : de la culture à l'extraction, des vertus médicinales à l'aromathérapie. Ensuite et surtout pour y goûter un excellent chocolat aux huiles essentielles !

LES ARTISANS DU VITRAIL

1017, 3e Avenue
418-648-0969 / 1 877-918-0969
Sept-avr lun-mer 9h30-17h30, jeu-ven 9h30-21h, sam 10h-17h, dim 12h-16h. Entrée gratuite.
Des efforts, de la créativité, de la précision, le vitrail demande beaucoup. Outre la découverte des méthodes et de l'histoire de ce métier, on aborde aussi les techniques de restauration des vitraux anciens.

ATELIER PARÉ

9269, av. Royale, Sainte-Anne-de-Beaupré
418-827-3992
www.clic.net/~legends
15 mai-15 oct 9h-17h30. Hiver fermé lun-mar, mer-ven 13h-16h, sam-dim 10h-16h. Entrée gratuite. Animation : 1,50 $ étudiants, 2 $ adultes.
Tout un univers en bois inspiré des légendes se déploie dans le jardin du maître-sculpteur Alphonse Paré. À l'intérieur, les visiteurs peuvent rencontrer les artistes à l'œuvre, toucher et sentir le bois. Il va sans dire qu'un détour à la boutique s'impose.

LES DAMES DE SOIE

2, rue D'Auteuil, au Parc de l'artillerie
418-692-1516
www.damesdesoie.com
Tous les jours, 11h-17h, dim 12h-16h. Entrée libre.
Les poupées de porcelaines ont maintenant leur atelier de confection et le public est invité à assister à leur fabrication. Signés Duguay, ces objets de collections sont originaux et possèdent un style exclusif. Cet économusée offre tout ce qu'il faut pour réaliser soi-même sa figurine de porcelaine.

MUSÉE DE L'ABEILLE

8868, boul. Sainte-Anne, Château-Richer
418-824-4411
www.musee-abeille.com
Autoroute 20, sortie 330, route Lallemand. Entrée gratuite pour le musée. 24 juin-31 oct ouvert tous les jours, 9h-18h. 1 nov-23 juin, ouvert 7 jours, 9h-17h. Safari abeille à l'extérieur, 5 ans et moins gratuit, 6-12ans 2 $, 13 ans et plus 3,50 $, tarif familial 9 $, horaire 10h, 11h, 13h, 14h, 15h et 16h.
À cette vaste question que tout le monde pose : comment fait-on le miel? Nous conseillons la réponse, musée de l'abeille! Dans cet économusée, on observe deux ruches géantes, à travers des vitres bien sûr, on peut voir la reine, assister à la naissance d'une abeille, etc. On repart avec de

RÉSERVATION CONCERTS ET SPECTACLES

POUR RÉSERVER LES PLACES DE VOS MEILLEURS SPECTACLES :

RÉSEAU BILLETECH
418-691-7211 OU 1 800 900 SHOW
WWW.BILLETECH.COM
LUN-DIM 10H-17H (JUSQU'À 20H LES JOURS DE SPECTACLES).
POUR LA PROGRAMMATION DU GRAND THÉÂTRE DE QUÉBEC, DU COLISÉE, DU PALAIS MONTCALM ET DE BIEN D'AUTRES SALLES ENCORE. RÉSERVATION PAR TÉLÉPHONE (AVEC CARTE DE CRÉDIT) OU AUX COMPTOIRS. INCONTOURNABLE, LA FAÇON LA PLUS SIMPLE DE RÉSERVER SA PLACE.

l'hydromel pour les grands, du miel et des pâtisseries pour toute la famille. Autre site de production à visiter : 30, rue Vézina, Saint-Joseph de la Pointe de Lévy, 418-838-2850

VERRERIE LA MAILLOCHE
58, rue Sous-le-Fort
418-694-0445 / 1 866-694-0445
www.lamailloche.com
Été, ateliers : mer-dim 10h-12h, 13h-16h30; boutique 9h-22h. Hiver, ateliers : lun-ven 10h-12h,13h-16h30; boutique : sam-mer 9h30-17h30, jeu-ven 9h30-21h. Toutes CC.
Y a-t-il meilleur souvenir que celui d'avoir assisté à la confection de la pièce qu'on vient d'acheter ? D'abord, le visiteur est invité à passer au sous-sol où l'artisan principal et fondateur de l'économusée, Jean Vallière, s'essouffle près des fourneaux depuis 1976. De sa bouche il forme tantôt un vase, tantôt des personnages ou des animaux. Au premier étage, la boutique rassemble diverses pièces confectionnées par la maison ainsi que certaines importations étrangères. Avec leurs ornements de feuilles d'or, les pièces ont un cachet particulier rappelant parfois des artéfacts retrouvés près des lieux même de cette boutique.

THÉÂTRE

THÉÂTRE DE LA BORDÉE
315, rue Saint Joseph E.
418-694-9721
www.bordee.qc.ca
Stationnement. 350 places.
Fondé en 1976, ce théâtre est un lieu privilégié pour les spectacles par la qualité de son acoustique et par la convivialité de sa configuration. Quant à la programmation, elle privilégie le corpus québécois et mondial par des pièces riches en émotions et en rires.

THÉÂTRE LA FENIÈRE
1500, rue de la Fenière, Ancienne-Lorette
418-872-1424
www.lafeniere.qc.ca
Il s'agit du plus vieux théâtre de Québec puisque cette vieille grange date de 1858. Des soupers-théâtre y sont organisés.

THÉÂTRE PÉRISCOPE
2, rue Crémazie E.
418-529-2183
www.theatreperiscope.qc.ca
Salle principale : 186-220 places. 2 autres petites salles : 80 places.
La nouvelle configuration de ce théâtre favorise la proximité avec le jeu des comédiens. Ainsi, ce lieu permet de mettre en scène des productions contemporaines du Québec et de l'étranger axées sur la création et l'audace. Adultes et jeune public viennent se nourrir de « la parole en mouvement » de ce théâtre effervescent que propose le Périscope.

GRAND THÉÂTRE DE QUÉBEC
269, boul. René-Lévesque E.
418-643-8131
www.grandtheatre.qc.ca
Visites commentées pour les groupes tous les jours de 9h-16h sur réservation. Location de salle, Louis-Fréchette : 1878 places, Octave Crémazie : 519 places.
Deux salles, Louis-Fréchette et Octave Crémazie accueillent des spectacles de haute

CULTURE

qualité et variés : danse, théâtre, musique, opéra, variétés. Une immense fresque murale de l'artiste Jordi Bonet accueille le public dans le plus vieux théâtre de la ville.

SPECTACLES

LE CAPITOLE
972, rue Saint-Jean
418-694-4444
www.lecapitole.com
1262 places.
Une salle de spectacle qui a du cachet. Créée en 1903, puis abandonnée en 1982 et restaurée en 1992, l'architecture du Capitole est remarquable. En plein cœur de la ville, des concerts, des spectacles, des pièces de théâtre, mais aussi des événements (le festival du Grand Rire) et des conférences y sont organisés. Le Capitole reçoit des spectacles tels Elvis Story, ou des artistes comme Natacha Saint-Pier, Daniel Bélanger et beaucoup d'autres.

LA CASERNE DALOUSIE
103, rue Dalhousie
418-692-5323
www.exmachina.qc.ca
235 places.
Ce centre de création et de production, sous l'égide du magnat de la scène connu internationalement Robert Lepage, accueille des prestations de partout à travers le monde. Sa compagnie Ex Machina y tient ses activités : répétitions de spectacles pour la scène, ateliers de construction de décors et studios de tournage. Des pièces de théâtre, des concerts de musique et des productions cinématographiques sont diffusés dans la grande salle de la Caserne. Toutes sortes de réalisations d'organismes privés s'y tiennent en dehors des spectacles. Celle qu'on appelle la « Boîte noire », par son architecture avant-gardiste, est un joyau qui place la Ville de Québec sur l'échiquier international.

LA CHAPELLE HISTORIQUE BON-PASTEUR
1080, rue de la Chevrotière
418-522-6221
www.chapellebonpasteur.com
Jouir d'une acoustique exceptionnelle tout en étant enchanté par un décor envoûtant, voilà ce que vous offre cette salle de concerts de renom. La chapelle est aujourd'hui le temple de spectacles de genres musicaux variés tout en conservant un volet classique important. Il n'est donc pas étonnant d'entendre que les Violons du Roy y tiennent leurs activités !

COLISÉE PEPSI
250, boul. Wilfrid-Hamel
418-691-7110
www.expocite.com
Des matchs de hockey avec toute l'ambiance voulue dans une salle immense, il faut le dire ! Côté spectacles et concerts, des grosses pointures y font leur show.

LE THÉÂTRE DU PETIT CHAMPLAIN
78, rue Petit Champlain
418-692-2631
www.theatrepetitchamplain.com
230 places.
Le théâtre du Petit Champlain ou Maison de la Chanson est peut-être une petite salle, mais elle est vraiment mignonne. À l'entrée, un bar crée un espace agréable et clair, en harmonie avec l'ambiance du quartier. La programmation met l'accent sur la chanson francophone avec des artistes connus ou en voie de le devenir. De la danse, de l'humour prennent aussi place au théâtre.

LE PALAIS MONTCALM
995, Place d'Youville
418-641-4411
www.billetech.com
Salle Raoul-Jobin : 1100 places.
Café-spectacle : 100 places.
On y joue de la musique classique et des spectacles de variétés. Des récitals, du jazz et de la danse sont également présentés dans la salle du café-spectacle.

SALLE ALBERT ROUSSEAU
2410, ch. Sainte-Foy, Sainte-Foy
418-659-6710
www.sallealbertrousseau.com
Des événements, des concerts, une salle vraiment multidisciplinaire de 1348 sièges. Sur place, un service de billetterie, vestiaire et un immense stationnement.

ASSOCIATIONS D'ARTISTES

UNION DES ARTISTES

580, GRANDE ALLÉE E., BUR 350
418-523-4241
WWW.UNIONDESARTISTES.COM
LORSQUE LES RÔLES DE FIGURATION
COMMENCENT À S'ACCUMULER, IL
VIENT UN TEMPS OÙ IL FAUT SE MUNIR
D'UNE CARTE DE L'UNION ET SONGER
SÉRIEUSEMENT À FAIRE CARRIÈRE ! UN
BON POINT DE DÉPART LORSQU'ON
RECHERCHE LES VÉRITABLES RÉFÉ-
RENCES DES MAISONS DE PRODUCTION,
DES LISTES DE PROFESSIONNELS, OU
DES NORMES DU MILIEU.

L'ORCHESTRE SYMPHONIQUE DE QUÉBEC

401, Grande Allée E.
418-643-8486
www.osq.qc.ca
Tout en étant fidèle à la tradition, l'OSQ
n'oublie pas de promouvoir le classique et de
le réinventer. Yoav Talmi étant aux
commandes, la programmation est toujours
interprétée avec virtuosité. Cette institution,
tout en proposant les pièces connues, n'en
oublie pas pour autant son devoir d'éveil et
de diffusion. Elle le prouve en dépoussiérant
les classiques et en programmant un
répertoire plus abordable pour les non
initiés. L'OSQ lance régulièrement des
initiatives pour intéresser et éveiller petits et
grands : les concerts famille Industrielle
Alliance, les Matinées symphoniques et les
concerts électrisants.

DANSE

LA ROTONDE

190, Saint-Joseph E.
418-643-8131
www.larotonde.qc.ca
*Adultes : 22 $, jeune public 10 $, étudiants,
aînés 16 $. Salle Multi : 140 places. Studio
d'Essai de Méduse : environ 60 places.*
Avec ses spectacles tout en énergie et aux
émotions explosives, il est impossible de

rester indifférents. Ces productions de
danse contemporaine sont d'origine locale,
nationale et internationale. En toute
intimité, ce centre s'avance vers le public en
proposant des rencontres avec les artistes
après les spectacles. De plus, la Rotonde
propose des animations et des pièces pour
adolescents, allant jusqu'à se déplacer dans
les écoles. Une équipée tout en mouvement.

ACTIVITÉS CRÉATIVES, ATELIERS ET COURS

CENTRE DE CÉRAMIQUE DE SAINTE-FOY

2130, de la Somme, Sainte-Foy
418-688-3166
www.centredeceramique.qc.ca
*Lun 19h-21h30, mar-mer 10h-21h30,
jeu-ven 10h-17h, 19h-21h30 sam 9h30-17h,
dim 13h-17h.*
Plusieurs viennent y retrouver la chaleur de
cette ancienne école primaire recyclée en
centre d'arts. Enfants et adultes
expérimentent en toute aisance la poterie au
four, le prêt-à-décorer, la sculpture avec
modèle vivant ou le modelage et le raku.
L'ambiance est décontractée, le plaisir est de
mise dans ces cours et ateliers très futés.

CÉRAMIC CAFÉ STUDIO

1370, ch. Sainte-Foy
418-527-1370
www.ceramiccafestudio.com
*Dim-lun 10h-22h, mar-jeu 10h-23h,
ven-sam 10h-0h. Toutes CC.*
Prendre un café et donner libre cours à ses
talents en peignant une pièce de céramique
seul, entre amis ou avec sa famille, voilà le
summum de la détente ! Tout le monde met
la main à la pâte. Des conseillers assistent
nos créations. On peut peindre des assiettes,
des tasses, des plats, des bols etc. Tous les
produits passent au lave-vaisselle et au
micro-ondes.

ÉCOLE DE JOAILLERIE DE QUÉBEC

299, 3ᵉ Avenue
418-648-8003
Perler est un art qui s'enseigne dans cette
école favorisant une approche

personnalisée. Les cours de joaillerie de base, de montage de colliers de perles ou de bijoux de mode sont donnés en petits groupes dans des ateliers tout équipés, en après-midi ou en soirée pour le grand public. Affilié au Cégep Limoilou, cette école offre également des cours reconnus par le ministère de l'Éducation et des cours de perfectionnement pour les professionnels.

MAISON
DES MÉTIERS
D'ART
DE QUÉBEC
367, boul. Charest E.
418-524-7337
www.mmaq.com
C'est ici qu'on forme les futurs céramistes, sculpteurs et créateurs textiles de Québec. Heureusement, l'expertise de cette grande maison multidisciplinaire est aussi accessible au grand public, grâce aux formations personnelles. En petits groupes, il est possible de s'y initier. Les ateliers sont dotés d'équipements professionnels. Tout le sérieux de la technique est transmis au nouvel adepte, agrémenté d'une touche de plaisir ! Le centre Materia expose les créations des étudiants au DEC; une façon intéressante de montrer les formes avant-gardistes de cet art manuel.

MAISON JAUNE
206, rue Christophe-Colomb E.
418-521-5343
www.lamaisonjaune.com
Tarifs : 100 $ à 550 $ la session.
Ce lieu multidisciplinaire forme enfants, adolescents et adultes aux arts visuels, au théâtre, à la danse et au chant. Passé maître dans l'art de transmettre ses connaissances, cette école propose des cours et des ateliers orchestrés par des artistes chevronnés. De la bande dessinée à l'aquarelle, de la sculpture au cours de diction ou de chant, la passion est au cœur de l'enseignement. L'été, les jeunes de 6 à 17 ans peuvent s'inscrire à des camps de jour. À la fin, expositions et représentations permettre de voir tout l'avancement des élèves.

MATÉRIEL

BÉDARD & PRÉVOST LES ENCADREURS
794, boul. Charest E.
418-647-9292
Lun-ven 9h-17h et sam 9h-16h.
V, Mc et Interac.
Située dans la basse ville, cette boutique fait essentiellement affaire avec les galeries d'arts et les artistes. Elle offre tous les services d'encadrement de vos œuvres, de vos photos, ainsi que l'option laminage. Le service est chaleureux et les prix abordables. Pour ceux qui préfèrent encadrer leurs œuvres eux même, des cadres de différents styles sont en vente.

OMER DESERRES
2580, boul. Laurier
418-650-1500
www.omerdeserres.com
Lun-mer 8h30-17h30, jeu-ven 8h30-21h, sam 9h-17h, dim 10h-17h. Toutes les CC et Interac.
Artiste ou non, il est inspirant de se balader parmi les rangées, s'imaginant tantôt sculpteur, tantôt céramiste, peintre ou encore bijoutier ! Le choix des teintes de peinture, des pinceaux ou des papiers accorde à l'imagination ses plus grandes fantaisies. On peut même s'équiper en bureau et chevalets en bois ou aluminium. Un service d'encadrement et de livraison est offert. Le certificat-cadeaux est très populaire aux rayons des gadgets, crayons et papeterie. Autres adresses: 220, rue Fortin Vanier, Vanier, 418-529-9586 ; 1505, boul. Lebourgneuf, 418-266-0303.

ZONE UNIVERSITÉ LAVAL
275, boul. Charest E.
418-656-2600
www.zine.ul.ca
Hiver, lun-ven 8h15-17h. Été, lun-ven 10h-17h, sam 11h-16h. Interac.
Nul besoin d'être étudiant pour pénétrer dans cette boutique. Les artistes en herbe y trouveront tout ce qui se fait pour la peinture (gouache, acrylique), la sculpture et tous les crayons possibles et imaginables, les cartons…Pour les amateurs de photographie, un beau rayon de films et papiers est également disponible.

TOUTES LES BIBLIOTHÈQUES DE QUÉBEC ET DE SES BANLIEUES

WWW.BIBLIOTHEQUESDEQUEBEC.QC.CA

LE SITE DE RÉFÉRENCE POUR TROUVER LA LISTE AVEC TOUTES LES BIBLIOTHÈQUES ET LEURS HORAIRES D'OUVERTURE.

PHOTOGRAPHIE

Les pharmacies offrent des services de développement à prix concurrentiels avec un service qui, parfois, s'apparente à la note. Afin de s'assurer d'un meilleur traitement de vos clichés, il est préférable de choisir un spécialiste de l'image. Ne serait-ce que pour le plaisir d'échanger des conseils avec amateur.

CENTRE JAPONAIS DE LA PHOTO
Place Laurier
418-658-7172
Lun-mer 9h30-17h30, jeu-ven 9h30-21h, sam 9h-17h et dim 10h-17h. Toutes CC et Interac.
Pour faire développer ses photos rapidement, pour acheter un appareil ou pour les conseils, les centres japonais sont incontournables. Plusieurs succursales se trouvent dans la région, il y en a certainement un près de chez vous.

GOSSELIN PHOTO-VIDÉO
Place de la Cité
418-656-6309
Lun-mer 9h30-17h30, jeu-ven 9h30-21h, sam 9h30-17h, dim 12h-17.
C'est la référence en matière de photographie à Québec. Une équipe très compétente répond à vos attentes quelques soient vos besoins. Pour s'équiper ou faire des agrandissements, en numérique ou sur pellicule, le personnel n'est pas avare de conseils. Il est aussi possible d'acquérir un appareil photo neuf ou usagé, un télescope, une longue-vue et des équipements vidéo. Une source inépuisable en matière d'images.

PHOTO PRESTO
644, rue Saint-Joseph E.
418-522-1221
Lun-mer 9h-18h, jeu-ven 9h-21h, Sam 9h30-17h, dim 12h-17h.
V, MC et Interac.
Les passionnés de la photographie y trouvent un service et des produits en imagerie adaptés à leurs besoins. Du développement à l'agrandissement, du numérique au diapo, du boîtier au système d'éclairage, du matériel de développement à celui de technologie numérique, le personnel répond avec expertise au client, que ce soit un professionnel ou un simple amateur. Du matériel de photographie usagé est également offert. De plus, il est possible de faire de la location.

MUSIQUE

LE CONSERVATOIRE DE MUSIQUE
270, rue Saint-Amable
418-643-2190
www.conservatoire.gouv.qc.ca
La vénérable institution offre une variété de cours à des étudiants de tous âges. Bien sûr, la gamme est plus que complète pour les instruments proposés.

LE MOUVEMENT VIVALDI
2140, rue Marie-Victorin, Sillery
418-81-0005 / 1 800-294-0869
www.culture-quebec.qc.ca/vivaldi
Passionné de violon, d'alto et de musique classique, cette école possède plus de 25 professeurs dans la région de Québec. L'école a créé sa propre méthode d'enseignement.

S'ÉQUIPER

MUSIQUE RICHARD GENREAU INC.
634, boul. Charest E.
418-522-3877
www.musiquerichard.com
Lun-mer 10h-17h, jeu-ven 10h-21h, sam 10h-17h et dim 12h-17h. Toutes CC et Interac.
Service de location d'instrument au mois. Installé sur deux étages, cet établissement offre un large choix d'instruments. Au

premier niveau : large sélection de pianos et de guitares. Les guitares Gibson, Yamaha, les violons, batteries siègent au deuxième étage. Pour ceux qui veulent s'initier à la musique, la boutique propose un service de location à prix très abordables. Des instruments de qualité, un service personnalisé : une boutique hautement futée !

TWIGG MUSIQUE
675, boul. Charest E.
418-649-0926
Lun-mer 9h-17h30, jeu-ven 9h-21h et sam 9h-17h. Toutes CC et Interac.
Spécialisée dans la vente et la location d'instruments à vent et à percussion, cette boutique répare aussi vos instruments. Les plans de location sont forts intéressants ainsi que les options d'achat et les plans de financement. Cours en groupe ou individuel de cornemuse, violon, flûte traversière, clarinette, saxophone, trompette, trombone…

SOURCES D'INFORMATIONS

BIBLIOTHÈQUES

Loin d'être restreintes aux férus de lecture, les bibliothèques sont devenues, au fil du temps, des centres d'information et de diffusion culturelle au cœur des localités. Spectacles, expositions, projections de films, ateliers d'initiation, soutien informatique ; les facettes de ces gardiennes du savoir sont multiples.

BIBLIOTHÈQUE GABRIELLE ROY
350, rue Saint-Joseph E.
418-641-6789
Revues et journaux : lun-ven dès 9h, sam-dim ; dès 10h. Livres : lun-ven 10h30-21h, sam-dim 12h-17h. Secteur des enfants : lun-ven 10h-17h, sam 10h-17h, dim 12h-17h. Été, lun-ven 10h30-19h30, sam-dim 12h-17h.
Une immense bibliothèque qui en fait LA bibliothèque de Québec qui contient les archives de la ville, propose des

activités intelligentes et ludiques pour les enfants, des expositions et des spectacles. Plus qu'une simple bibliothèque, c'est un véritable centre culturel. On trouve de tout : des BD, de l'art, en passant bien entendu par des livres et des ateliers d'initiation aux nouvelles technologies de l'information.

MÉDIAS

PRESSE

LE CLAP
2360, chemin Sainte-Foy, Sainte-Foy
418-653-2470
www.clap.qc.ca
Publié 7 fois par année et tiré à 100 000 exemplaires.
Le Magazine Le Clap, véritable institution pour les cinéphiles de Québec, est distribué gratuitement dans plus de 400 points de dépôt dans l'agglomération urbaine de Québec. Il décrit bien les nouveaux films à l'affiche et donne le programme des cinémas.

LE JOURNAL DE QUÉBEC
450, av. Béchard, Vanier
418-686-3233
www.journaldequebec.com
Un des quotidiens les plus vendus à Québec. Surtout des chroniques à sensation et des photos choc. Une bonne section d'annonces classées.

IMPACT CAMPUS
1244, Pavillon Maurice Pollack,
Université Laval, Sainte-Foy
418-656-5079
www.impactcampus.qc.ca
Le journal de l'Université Laval. Toute la vie culturelle de l'Université, des infos précieuses.

QUEBEC CHRONICLE TELEGRAPH
3484, ch. Sainte-Foy
418-650-1764
www.quetonline.com
Sortie tous les mercredis.
Québec a beau être majoritairement francophone, la communauté anglophone

© Festival d'été de Québec

n'est pas inexistante. Elle a d'ailleurs son journal, publié depuis 1764. Ce qui en fait le plus vieux journal d'Amérique du Nord.

QUÉBEC SCOPE
291, Saint-Vallier E. Bur 107
418-522-0440
Un guide mensuel qui sert de répertoire culturel et touristique. Bilingue, il est distribué gratuitement dans les lieux touristiques. Québec Scope est aussi le support des programmes officiels de bon nombre d'événements majeurs de la ville. Il gère également le contenu socioculturel du site Internet de la ville.

LE SOLEIL
410, boul. Charest E.
418-686-3233 / 1 800-463-4828
www.lesoleil.com
Une ligne éditoriale rigoureuse, se concentrant de plus en plus sur l'actualité, la vraie. LE quotidien de Québec, avec plusieurs cahiers spéciaux les fins de semaine.

VOIR
470, rue de la Couronne
418-522-7777
www.voir.ca
Un hebdomadaire incontournable si l'on

veut profiter pleinement de la vie culturelle, celle du devant, mais aussi celle plus underground. Livre, ciné, musique, théâtre, tout y est.

RADIO

CKRL
89,1FM
www.ckrl.qc.ca
Locaux dans Limoilou, une bonne programmation musicale, des émissions parfois sérieuses, parfois plus loufoques, mais toujours de la bonne humeur.
Vive la radio communautaire !

CFOM
102,9FM
www.cfom1029.com
De son propre aveu, LA radio flash-back de Québec.

ÉNERGIE
98,9FM
www.radioenergie.com
Musique contemporaine, un brin d'humour.

CHYZ
94,3 FM
www.chyz.qc.ca
La radio étudiante de l'Université Laval.

CHOI

98,1FM

www.choiradiox.com

La radio rock de Québec, bons airs des années 70 et 80. On souligne les chroniques d'actualité très colorées.

CHRC

AM 800

www.chrc.com

André Arthur y avait établi sa tribune de la provocation. La radio la plus critiquée et curieusement parmi les plus écoutées.

ROCK DÉTENTE

107.5 FM

www.rockdetente.com

On n'est pas près d'entendre AC-DC ou du hard rock sur le 107,5. La vitesse de croisière est au soft. Musique doucereuse pour la radio au boulot.

CJMF

93,3 FM

www.cjmf.com

Pour certains, c'est la radio « quétaine ». Pour d'autres, on en fait partie, c'est la radio pour chanter à tue-tête dans la maison ou sous la douche. Chansons francophones actuelles ou plus anciennes.

ESPACE MUSIQUE

95,3 FM

www.radio-canada.ca

L'espace musical de jazz et de classique de Radio-Canada. La détente assurée.

RADIO-CANADA PREMIÈRE CHAÎNE

106,3 FM

www.radio-canada.ca

L'anecdotique y côtoie l'information. Intéressant, un meuble irréductible des ondes canadiennes.

TÉLÉVISION

SOCIÉTÉ RADIO-CANADA

www.radio-canada.ca

Une des institutions de la télévision. Bonnes émissions et parfois de bons films.

TQS

www.tqs.ca

Maintenant située en plein quartier Saint-Roch dans un immense immeuble, TQS y enregistre le Grand Journal de Québec et bien d'autres émissions !

TVA

www.tva.canoe.com

Pour un salut bonjour version capitale nationale, c'est ici!

SITES INTERNET PRATIQUES

www.infoculture.ca

Cinéma, théâtre, musique, arts visuels, festival... Un guide culturel complet.

www.smq.qc.ca

Site de la Société des Musées québécois, pour tout savoir sur les musées du Québec.

www.rcaaq.org

Site du Regroupement des Centres d'Artistes autogérés du Québec. Toute l'actualité sur la création contemporaine.

www.radio-canada.ca/culture

Pour tout savoir sur l'activité culturelle, des articles courts et sympas, des entrevues et des reportages étayés.

magasinage

AUTO-MOTO

ACCESSOIRES ET PIÈCES

ATELIER MÉCANIQUE PREMONT
2495, boul. Wilfrid Hamel O.
418-683-1340
www.premont-harley.com
Ouvert lun-mer 8h30-17h30, mer-jeu 8h30-21h, sam 9h-13h.
D'après les plus fins connaisseurs, c'est LA boutique incontournable pour tous les propriétaires ou futurs propriétaires de Harley ! Les motos nombreuses épateront les mordus de moteur. Pour les fans, le tee-shirt avec le Château Frontenac derrière la Harley est en vente chez Prémont.

NAPA PIÈCES D'AUTO
2205, boul. Hamel O., suite 400
418-682-1238
www.napaonlinecanada.com
Lun-ven 8h-17h, sam 8h-12h.Toutes CC.
Un grand réseau de fournisseurs de pièces ré-usinées au Canada. 250 000 références en magasin, vendues directement depuis leurs comptoirs et dans leur réseau de franchises spécialisées dont Auto-Pro. En règle générale, le réseau UAP garantit la livraison des pièces dans un délai de 24h aux points de vente ou de réparation.

DÉPANNAGE ET RÉPARATIONS

CAA-QUÉBEC
Administration : 444, rue Bouvier
418-624-8222
www.caaquebec.com
Lun-mer 9h-17h30, jeu-ven 9h-20h, sam 10h-16h.
Le réseau de dépannage par excellence avec pas moins de 815 000 membres dans le club d'automobilistes et de voyageurs qui ne veulent pas se faire prendre au dépourvu au Québec, au Canada, aux États-Unis. On adhère à l'année pour profiter du service dépannage 24h/24 et de rabais intéressants auprès d'une foule d'établissements (hébergement, restauration, attractions, automobile, etc.). Le CAA-Québec a également la bonne idée d'accréditer un certain nombre de garages qui affichent fièrement le logo de l'organisme. Ce gage offre une garantie nationale d'un an ou de 20 000 km aux adhérents. On redémarre en toute tranquillité d'esprit.

REMORQUAGE AUTO-DÉPANNE
325, Marconi, Beauport
418-666-0528
Toutes CC.
Petite ou grosse voiture, aux alentours de Québec ou plus loin, cette entreprise remorque votre voiture, votre camion ou votre moto 24 heures sur 24 et 7 jours sur 7.

REMORQUAGE BÉLANGER
268, rue Dorchester
418-523-6909
En plus du service de remorquage 24 heures sur 24 et 7 jours sur 7, ils offrent un service de déverrouillage. Un gros plus lorsqu'on est perdu dans la pampa et qu'il n'y a pas un seul guichet de banque à 20 km : ils prennent la carte Interac depuis le camion !

DESHARNAIS
710, boul. Charest O.
418-681-6041
Toutes CC.
Recommandé par CAA, ce centre offre des services variés. Remorquage 24 heures sur 24 et la réparation complète du véhicule sous la bannière Autopro et Unipro.

BEAUTÉ

COIFFEUR

ATELIER DE COIFFURE LA CABOCHE
191, rue Saint-Joseph E.
418-525-8888
Mar-mer 8h-16h, jeu-ven 8h-19h, sam 8h-14h. Toutes CC.
Un salon qui se démarque sur la rue Saint-Joseph par son design moderne. L'équipe des coiffeurs jeunes et branchés s'occupe de vous

à merveille. Du shampoing à la coupe, toutes les étapes sont exécutées à la perfection. Les mèches sont splendides et le choix de coloration très varié. On en sort beau, rajeuni, prêt(e) à croquer dans la vie !

BICHAT COIFFURE
75, Grande Allée E.
418-525-4708
Comptant et toutes CC.
En passant devant le Bichat on se laisse séduire par cette devanture digne des grands salons de coiffure de Paris. Une entrée imposante certes, mais un service très sympathique. Ici, les coiffeurs sont de grands professionnels, ils vous prennent en main et c'est avec raison que vous leur faites confiance. En sortant du salon, on a l'impression d'être une star. On a passé un beau moment, et on attend avec impatience notre prochain rendez-vous.

JUMBO JUMBO
165, rue Saint-Jean
418-525-8626
Fermé lundi. Mar-ven 9h-20h, sam-dim 9h-17h. Coupe femme : 30 $-40 $, hommes 21 $-28 $. Couleur : 31 $-32 $ (attention, les prix varient en fonction des coiffeurs). Toutes CC.
Dans une des maisons anciennes de la rue Saint-Jean, Jumbo Jumbo vous prend avec ou sans rendez-vous. Ce beau local accueille des coiffeurs dynamiques prêts à créer la coupe de vos rêves et ils ne sont pas avares en conseils.

LA MAIN DE VOTRE COLORISTE
1976, rue Saint-Michel, Sillery
418-527-5977
Lun-mer 9h-17h, jeu-ven 9h-21h, sam 9h-17h. Couleur de base 35,99 $. Coupe, couleur et mise en plie 110 $.
Dans ce décor où le rouge flamboie, les coiffeuses s'activent avec énergie autour des clients. Pour avoir une tête dynamique tout en accord avec sa personne, ce styliste-visagiste-coloriste est à l'écoute des gens qu'il sert. Ceux qui franchissent le seuil de ce salon peuvent littéralement être métamorphosés en super-star. Du panache, de la gueule, de l'excès, il ne suffit que d'un claquement des doigts et le tour est joué.

LEE LOVE
819, rue Saint-Jean
418-524-5683
www.leelove.ca
Coupe : 25 $ et +. Coloration : 35 $ et plus. Salon de coiffure au style décapant où on se fait masser le crâne au son d'une musique cool par des doigts d'enfer pour 45 $.
Les masques capillaires s'imprègnent lentement dans les cheveux pendant qu'on flâne dans un jacuzzi aménagé sur la terrasse. Il faut savoir que les coiffeurs sont fichés comme d'anciens mauvais garçons ! Pour vraiment prendre son pied, on termine la petite visite par la boutique érotique pour femmes qui jouxte le salon. Les accessoires de jeux coquins côtoient des petites culottes amusantes aux dessins de mangas. Que de plaisir !

COSMÉTIQUES

UN AIR DE FRANCE
669, rue Saint-Jean
418-687-7627
Fermé lun. Mar-dim 11h-17h.
Un doux parfum de savon flotte dans les airs et nous en met plein la vue. Une multitude de couleurs se côtoient sur les étagères, correspondant aux différentes saveurs dans lesquelles se décline un savon. Ici du concombre, là de l'érable ou du miel … Le tout fait à base d'huiles végétales meilleures pour l'hydratation de la peau. Le must reste l'atelier nous initiant à la technique de fabrication de savon à l'ancienne.

DANS UN JARDIN
Place de la Cité
418-651-3191
Lun-mer 9h30-17h30, jeu-ven 9h30-21h, sam 9h30-17h, dim 10h-17h. Toutes CC.
Enseigne québécoise fondée en 1983, Dans un jardin se spécialise dans les produits pour la toilette quotidienne, notamment pour le bain. Cette belle boutique, très lumineuse présente une grande variété d'huiles végétales essentielles, savonnettes, gels moussants et sels de bain, gels douche aux senteurs multiples dans des gammes féminines et masculines. La maison distribue également deux lignes de produits pour les

BESOIN D'UN SAVON POUR VOTRE CHIEN ?

VOUS N'Y AURIEZ PEUT ÊTRE PAS PENSÉ ! POURTANT ÇA EXISTE ET C'EST EN VENTE CHEZ FRUITS ET PASSION, QUI COMMERCIALISE UNE GAMME DE PRODUITS POUR CHIENS : EAU DE TOILETTE, SHAMPOING DOUX POUR CHIOTS, DÉSODORISANT PURIFIANT ET MÊME L'ENSEMBLE DÉCOUVERTE HOT DOG !

bambins : « Coccinelle » et « Pois de senteur » aux parfums fruités, sans alcool ni colorant, enrichis de cire d'abeille et de vitamine E. La gamme des produits Decléor inspirée par l'aromathérapie vise à associer la senteur au bien être. La ligne « Parfum de cuisine » contient des bocaux d'herbes à infuser, de confitures, d'épices et des flacons d'huiles d'olives artisanales.

QUAI DES BULLES
975, rue Cartier
418-523-2000
Lun-mer et sam-dim, 10h-18h, jeu-ven 10h-21h.
Des savons très luxueux, pour la plupart confectionnés à base d'huile de son riz, très riche en vitamine E. On dit qu'elle adoucit la peau et qu'elle aide à combattre les effets néfastes des radicaux libres responsables du vieillissement de la peau. C'est dans une savonnerie artisanale de Kamouraska que sont fabriquées ces petites merveilles qui coûtent 5,95 $ chaque. Les parfums vont de l'algue de Gaspésie, à la rose ou encore à l'ortie. La petite boutique au charme romantique nous fait penser à un établissement de station balnéaire tranquille. Un bon endroit pour trouver un cadeau pratique !

FRUITS ET PASSION
Galeries de la Capitale
418-621-5053
Lun-mer 9h30-17h30, jeu-ven 9h30-21h, sam 9h-17h, dim 10h-17h. Toutes CC.
Pour trouver une boutique « Fruits et Passion », il suffit de fermer les yeux et de se laisser guider par son odorat. Des senteurs de mûres et de cassis vous attirent irrémédiablement à l'intérieur pour découvrir toute une gamme de bains moussants, des poudres, des sels de bain, des huiles de massage, des parfums d'intérieur, des savons multicolores. Difficile de résister à toutes ses bonnes odeurs, à ce ballet multicolores de flacons de toutes les formes.
Autre boutique : 75 rue du Petit Champlain. 418-692-2859

SPAS

L'ATTITUDE
71, rue Crémazie O.
418-522-0106
Lun-ven 9h-20 h, sam 9h-17h, dim 12h-17h. Argent comptant ou chèque.
L'Attitude est un centre de relaxation et de massothérapie. Le mercredi est placé sous le signe de la détente avec un rabais au niveau des massages. Ce jour là, pour environ 45 minutes de massages, il faut compter 30 $. Leurs horaires sont parfaits pour s'offrir un bon moment de relaxation après le travail, on en sort tellement serein.

IZBA SPA
36, boul. René-Lévesque E.
418-522-4922
www.izbaspa.qc.ca
Lun-mar 9h-19h, mer-sam 9h-22h, dim 9h-17h. Toutes CC.
Entre autres particularités, vous y trouverez un bar à oxygène et des soins de massothérapie inspirés de la méthode russe du banya, qui fait alterner des soins aux feuilles et au miel. Elle procure une belle sensation sur le corps et donne à la peau une souplesse et une fermeté incomparables. Izba spa possède également des bains tourbillons. Comptez environ 65 $ pour un soin du visage et 60 $ pour un massage.

CADEAUX

BIJOUX

LAZULI
Place de la Cité, Sainte-Foy
418-682-3732
Lun-mer 9h30-17h30, jeu-ven 9h30 -21h,
sam 9h30-17h, dim 12h- 17h. Toutes CC.
De l'exotisme en boutique créé par un décor
envoûtant, une chute où médite un Bouddha
enveloppé de parfums tropicaux. Quelques
meubles de patio et en teck (Indonésie) sont
disposés dans cette jungle. Des sculptures,
des masques, diverses statuettes contribuent
au dépaysement ou encore font l'envie des
adeptes et collectionneurs d'objets exotiques.
Les bijoux d'ambre et de pierres sont aussi
jalousés. Avant de s'embarquer pour un
voyage au bout du monde, il est judicieux de
faire un saut dans cette boutique.

LES BIJOUX DE MADEMOISELLE B
541, rue Saint-Joseph E.
418-522-0455
Lun-mer 10h-17h30, jeu-ven 10h-21h, sam
10h-17h, dim 12h-17h. V, MC et Interac.
L'enseigne aguiche les clients de l'extérieur
avec son rose bonbon et son brun chocolat.
Les bijoux deviennent ici des œuvres d'art,
présentés dans des montres de type victorien,
des vitrines imitant les meubles d'un
boudoir. C'est que cette bijouterie de
fantaisie aime le rococo, les fleurs, les
pierreries assemblées avec une petite touche
d'humour. Le concept est déjà très tendance à
Paris, nous confirme la propriétaire Louise
Côté. Les bracelets, pendentifs, colliers et
boucles d'oreilles s'ouvrent aux mains
gourmandes de coquetterie. Heureusement,
on n'y laisse pas son gousset !

BILIO
1452, av. Maguire, Sillery
418-687-5005
Lun-mer 10h-17h30, jeu-ven 10h-21h, sam
10h-17h, dim 12h-17h. V et Interac.
Trouver la perle rare est maintenant possible.
Dans cette boutique-atelier, on vous propose
de confectionner vous-même le collier qui
vous convient. Des « billions » de perles
colorent l'endroit : billes en bois, en verre,

en céramique et même en métal; billes
rondes, carrées, courtes ou longues. Elles
proviennent d'aussi loin que de Paris et de
New York et ont été judicieusement choisies.
Le concept est simple : vous achetez les
perles et confectionnez le bijou sur place ou
chez vous. Votre œuvre ne vous aura coûté
qu'entre 10 $ et 20 $.

LA PERLE
27, rue Sous-le-Fort
418-692-6443
Été, lun-dim 9h à 21h. Hiver, lun-ven 10h-
17h30, sam-dim 9h-17h. Toutes CC.
La porte de cette maison ancestrale s'ouvre
lourdement, pour souhaiter la bienvenue aux
visiteurs qui sont parvenus à dénicher ce
trésor enfoui dans le quartier Petit
Champlain. Rarement voit-on un cortège de
perles aussi élaboré. Il y en a pour toutes les
tailles, toutes les couleurs, pour tous les
goûts exotiques. Les amateurs de bijoux fins
trouveront la perle rare mais également
diverses sculptures, certains vases en marbre
et une collection d'insectes et de papillons
encadrés ! Bien entendu, les visiteurs ne sont
pas tous acheteurs. On y vient aussi par
simple curiosité, pour le plaisir de découvrir
ce que racontent les enseignes explicatives.

PIERRES VIVES
231/2, rue Petit Champlain
418-692-5566
Lun-mer 9h-17h30, jeu-ven 9h-21h,
sam-dim 9h-17h. Toutes CC.
Des pierres vives, on s'entend, mais surtout
des pierres finement signées par Brigitte
Perrier. Le client dénichera dans cette
boutique une pierre exclusive, extraite de
l'Australie, l'opale. Les reflets du précieux
ornement vivent et frémissent sous vos yeux,
comme l'indique le nom de la boutique. Du
bracelet massif au délicat pendentif arborant
la traditionnelle feuille d'érable, tout joyau
trouve preneur. Aussi, on ne s'étonne pas
d'apercevoir, rodant autour des alliances, des
couples distraits par quelques songeries.

ZIMMERMANN
46, côte de la Fabrique
418-692-2672 / 1 888-809-2672
www.zimmermann-quebec.com
Dim fermé, sam-mer 9h30-17h30,

jeu-ven 9h30-21h. *Toutes CC.*

Du beau travail, de l'excellent même, est réalisé par cette entreprise familiale qui crée et fabrique entièrement à la main des bijoux de haute qualité en argent, or ou platine. Pour faire sur mesure le bijou de vos rêves, ils vous conseilleront et s'exécuteront. Les pierres sont de très haute qualité et les perles exposées ne demandent qu'à se mettre à notre cou, ou à notre doigt. Mais ils ne font pas que de la création : vous trouverez aussi à la bijouterie chaînes, colliers et bagues.

IDEES CADEAUX

AU ROYAUME DU PÈRE NOEL
8, rue du Trésor
418-692-3022
Tous les jours 10h-17h. Toutes CC.

Située dans les Promenades du Vieux-Québec, au 2e étage, cette boutique est un endroit féerique ! On y trouve des objets de collection en édition limitée et des articles de Noël introuvables ailleurs. Cet établissement dispose du plus grand répertoire, au monde, de décorations de Noël. Des pièces de toutes sortes, du traîneau du père Noël au cheval berçant, en passant par les pères Noël et les milliers de figurines, de maisons et d'ornements. Les boules peintes à la main sont d'une infinie beauté. Cette boutique est une petite merveille qui préserve la magie de cette fête tout au long de l'année. À voir absolument l'exposition « Un village fantastique » pour la modique somme de 2,25 $ par personne. Un petit village unique au monde qui présente les scènes de Québec sous la neige.

BOUTIQUE CANADEAU
1124, rue Saint-Jean
418-692-4850
www.canadeau.com
Tous les jours 10h-21h, l'été à partir de 9h. Toutes CC.

Située dans le Vieux-Québec, cette boutique spécialisée, rend hommage à l'artisanat canadien. La pièce maîtresse de leur collection : l'ammolithe, LA pierre précieuse du Canada. Sa couleur ? Pas une mais plusieurs, oscillant entre l'orangé et le vert. A part ça, quelques bijoux et autres pièces

inuits ou amérindiennes valent le coup d'œil.

BOUTIQUE LA CORRIVEAU
24, côte de la Fabrique
418-694-0062
Hiver, 10h-19h, été, 9h-22h30. Toutes CC.

Dans l'imaginaire québécois, la Corriveau est cette femme qui tua ses sept maris. Depuis 1981, c'est aussi la boutique légendaire de la côte de la Fabrique qui travaille à promouvoir l'artisanat québécois et canadien. Dans son décor chaleureux de magasin général, l'établissement attire une clientèle férue d'art inuit et amérindien, de canards en bois et de produits de l'érable. Le second plancher entrepose divers vêtements de mode et de plein air. Les enfants ont aussi leur section, la mezzanine, où se cachent marionnettes, pantoufles et peluches. Autre succursale : 57, rue Dalhousie.

BOUTIQUE L'ÉCHELLE
1039, rue Saint-Jean
418-694-9133
Lun-mer 10h30-17h, jeu-ven 10h30-21h, sam 10h-17h, dim 12h-17h. Toutes CC.

Sans doute s'agit-il de l'échelle menant dans ce grenier à merveilles. Enfants comme adultes s'emballent pour les mille babioles entassées dans ces deux boutiques côte à côte. Les étagères sont accessibles aux petites mains curieuses d'attraper les marionnettes, les camions, les voitures miniatures. Plus haut, on trouve divers papiers de collection, plumes et crayons. Quelques bracelets et bijoux de fabrication artisanale attirent une clientèle branchée. Le choix des autocollants rappelle l'époque des collections. Les grands enfants optent pour les pantins et les masques de carton victorien.

UN COIN DU MONDE
1150, av. Cartier
418-648-1562
Dim-jeu 9h-22h, sam 8h30-22h.
Toutes CC et Interac.

En se baladant sur Cartier, un arrêt dans cette boutique s'impose. À l'intérieur, on est surpris par la variété d'objets : couvre-livre en cuir, bloc-notes de tous genre, agendas, albums photos, brûleurs à encens, bougies, peluches, sans oublier la section CD, revues et best-sellers. Le rayon des cartes est très

A LA RECHERCHE D'UN CADEAU ORIGINAL ?

POUR DÉNICHER UN CADEAU SORTANT DE L'OR-
DINAIRE, CONFECTIONNÉ AU QUÉBEC, PAR UN
ARTISAN, LE QUARTIER DU PETIT CHAMPLAIN,
DANS LA BASSE-VILLE, MÉRITE UNE VISITE.
POUR LA LISTE DE TOUTES LES BOUTIQUES :
WWW.QUARTIERPETITCHAMPLAIN.COM

apprécié et les papiers cadeaux tous mignons.
Il est également possible de réserver des
articles, de les mettre de côté et de faire des
commandes spéciales. On sort avec
l'impression d'avoir fait le tour du monde !

LA DENTELLIERE

56, boul. Champlain
418-692-2807
Bienvenue aux âmes romantiques appréciant
la dentelle confectionnée selon diverses
techniques: Richelieu, Battenburg, crochet, etc.
La boutique est en elle-même un lieu très
charmant qui sent bon la lavande. Des petites
pochettes très mignonnes à remplir de lavande
pour parfumer des tiroirs, des nappes ou des
rideaux feront plaisir aux amis ou à soi-
même. Un seul regret : il n'y a pas de literie …

ESPACE MAGIQUE

1086, rue Saint-Jean
418-692-3048
Dim-mer 11h-17h30, jeu-ven 11h-21h.
Été: 10h-22h. V, MC et Interac.
Cette petite boutique qui porte bien son nom
conviendra à toute personne à la recherche
d'un petit cadeau mignon et pas très cher.
Des colliers en argent d'inspiration amérindienne aux bijoux fantaisie en argent ou en
acier chirurgical, tout est fin et de bon goût.

EXCALIBOR

1055, rue Saint-Jean
418-692-5959
www.excalibor.com
Hiver, lun-mer 10h-18h, jeu-ven 10h-21h,
sam-dim 10h-18h, été, 10h-21h. Toutes CC.
Les fortifications de Québec inspirent non
seulement les Japonais en manque de clichés
mais également les passionnés de l'histoire

médiévale. Années après
années, la capitale souligne son
patrimoine en se costumant
aux couleurs du Moyen-Âge
et de la Renaissance pour
l'occasion de festivités.
Excalibor est LA référence en
matière d'articles d'inspiration
médiévale : vêtements pour
hommes et femmes, bijoux
de fabrication artisanale
québécoise, divers accessoires,
épées et dagues de collection.
L'inventaire est assez important pour occuper
deux étages. Un seul frein modérateur : le prix
audacieux de ces luxueuses tenues. Il faut avoir
le gousset lourd pour s'ornementer des plus
grandes fioritures !

GEOMANIA

1, Place Royale
418-694-0425
Été 9h-21h, hiver, 9h30-17h30. Toutes CC.
Une petite curiosité que cette boutique. Les
artistes viennent y choisir les pierres qui
serviront à la confection des bijoux et
ornements. Les collectionneurs viennent y
cueillir les quelques minéraux, cristaux et
géodes aux proportions parfois
monumentales. Le personnel est bien habilité
à informer sa clientèle : au programme cours
sur les divers genres et provenances des pierres
et l'historique de la formation des minéraux.
Des morceaux impressionnants d'ammonite
déploient des fossiles de mollusques
emprisonnés il y a près de 400 millions
d'années. Le personnel s'emploie également à
quelques créations : colliers et chaînettes. La
collection de pierres est vaste : ambre, aigue
marine, beryl, onyx noir et la fameuse
ammolite. Elle est considérée comme une des
pierres précieuses du Canada. Sa couleur varie
entre le rouge et le vert, selon la pierre.

L'IMAGINAIRE

Place Laurier (3e étage),
Sainte-Foy
418-658-5639
www.imaginaire.com
Lun-mer 9h30-17h30, jeu-ven 9h30-21h,
sam 9h30-17h, dim 10h-17h. Toutes CC.
Un monde féerique de 7500 pieds carrés où
l'imaginaire vagabonde dans 10 univers

différents : BD, comics books, mangas, jeux de rôles, figurines, épées, cartes de sports, cartes de jeux, timbres et monnaies, livres de science fiction etc. Visiter la boutique ou le site Internet est tout aussi époustouflant.

KETTO
95, rue Cartier
418-522-3337
www.kettodesign.com
Une nouvelle boutique avec des objets 100 % faits à Québec, en Basse-Ville. Le design déluré de petits personnages rigolos se retrouve sur des tee-shirts, des tasses, des assiettes, des vases, des aimants pour le frigo, des cartes postales, des bijoux. C'est mignon et rigolo, parfait pour faire un cadeau.

L'OISEAU DU PARADIS
80, rue du Petit Champlain
418-692-2679
Hiver, lun-mer 10h-17h, jeu-ven 10h-21h, sam 9h30-17h, dim 11h-17h. Été, lun-sam 9h-22h, dim 10h- 22h. Toutes CC.
Création personnalisée, l'artiste reçoit sur rendez-vous. Au grenier, Josée-Gabrielle La Bar est dans ses petits papiers. Elle façonne les matières fibreuses. Ses mains délicates allient le chanvre, le lin, ajoutent à l'œuvre des pétales de fleurs fraîches. Une fois le travail terminé, les pièces sont déposées à l'étage avec les créations de six autres artisans québécois : parasols, cahiers, éventails, lampions, chandeliers en papier ! Les textures inspirent les plus grandes envolées épistolaires, les festivités, les nouvelles naissances. Aussi les clients s'attardent-ils à choisir minutieusement le papier. Puisque c'est l'artiste même qui conseille, on tend une oreille intéressée.

LA MAISON DU HAMAC
91, rue Sainte-Anne
418-692-1109
Été, 9h-21h30. Hiver, 10h-19h30. Toutes CC.
Le farniente : mode de vie ou mode vestimentaire ? Vous trouverez ici tout sur le hamac et ce qui l'entoure : tissés ou filés, à bâtons ou en chaise, pour la décoration exclusivement ou non. Plusieurs objets exotiques agrémentent la visite : masques, albums photos, sabres,

bijoux, encens. Des idées en vrac pour apprécier le soleil et la détente. Autres adresses : 1101, Route de l'Église, Sainte-Foy, 418-266-2662 et 7910 boul. Sainte-Anne, Château-Richer, 418-824-9394.

LES PLAISIRS DE PROVENCE
2450, boul. Laurier
418-659-6298
Lun-mer 10h-17h30, jeu-ven 10h-21h, sam 10h-17h, dim 12h-17h. V, MC et Interac.
S'offrir le chant des cigales, l'odeur de la lavande et le soleil du midi est maintenant chose possible. Il suffit d'équiper sa cuisine des accessoires décoratifs que propose cette boutique : nappes ensoleillées, linges de table à motifs provençaux, céramiques aux couleurs chaudes, bouteilles d'huile d'olive et plusieurs produits fins.

OCEANO
950, av. Cartier
418-524-3333
Lun-mer 10h-18h, jeu-ven 10h-21h30, sam 10h-22h, dim 11h-17h30. Hiver, lun-mar : fermé, mer 10-17h, jeu-ven 11h-21h, sam 10h-17h, dim 11h-17h. Toutes CC.
Après avoir franchi la porte, on se sent déjà ailleurs. Une douce musique nous porte et on se permet un brin de discussion avec les deux propriétaires, deux véritables passionnés dont le but est de « faire voyager les gens dans leur tête ». On trouve de tout en matière d'exotisme pour soi ou pour offrir : cadres, albums, paréo, objets de décoration, masques, bijoux. Tout vient d'Indonésie, travaillé avec beaucoup de talent, car s'inspirant des arts de tous les continents par des artisans, devenus au fil du temps des amis des propriétaires. Un petit bout de ce pays colore les murs. Un coin chaleureux et débordant d'amitié… alors on aime en toute simplicité.

LE ROQUET
141, rue Saint-Paul
418-694-2245
www.leroquet.com
Vous recherchez une façon originale pour déclarer votre amour ? Alors, le leitmotive du 'Roquet', imprimé sur des tee-shirts va peut être vous inspirer : « têtu, rebelle et

authentique » lit-on en dessous d'un dessin de roquet ! Autres petites idées rigolotes : une tête de fillette se posant la question : « moi, tannante ? » ou encore un chiot qui se déclare « imprévisible, sensible et irrésistible ». Pour son beau-père, pourquoi ne pas opter pour le tablier représentant un serveur qui « vend de la piquette » ? Bref, pleins de bonnes idées, sur des tee-shirts, sacs ou tablier. 25 $ le tee-shirt à manches courtes, 35 $ pour les longues. Autre adresse : 34, boul. Champlain.

LA SOIERIE HUO
91, Petit Champlain
418-692-5920
Été, lun-dim 9h30-21h.
Hiver, lun-dim 9h30-17h.
Toutes CC et Interac.
Située dans le Petit Champlain, cette boutique vaut le détour. Car c'est avec amour que madame Huo confectionne foulards, cravates et accessoires variés. De la peinture sur soie très raffinée, des pièces d'une grande qualité. Le service est professionnel et la boutique tout simplement belle. Nous aimons les foulards et les tableaux.

TRANSPARENCE
1193, rue Saint-Jean
418-692-3477
Ouvert tous les jours. Hiver, 10h-17h.
Été, 9h30-21h. Toutes CC.
Pour faire de son habitat un mignon château de verre, il suffit d'importer quelques-uns des accessoires de cette scintillante boutique : plateaux à hors-d'œuvre, horloges, plumes et encriers, saladiers, assiettes décoratives, savonniers, vitraux, bougies parfumées et bijoux. Le décor appelle au calme et au recueillement. D'ailleurs, les clients chuchotent instinctivement. Le silence rebondit contre les murs, comme les rayons de soleil. Même les présentoirs de la boutique s'amusent à emprisonner la lumière. Le maître verrier de ce brillant concept est Pierre Hivon entouré de jeunes disciples créateurs de l'École Espace Verre. Seule anicroche, les pièces fragiles qui peuvent si facilement se fracasser au sol.

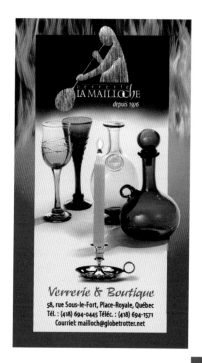

Verrerie & Boutique
58, rue Sous-le-Fort, Place-Royale, Québec
Tél. : (418) 694-0445 Téléc. : (418) 694-1571
Courriel: mailloch@globetrotter.net

VERRERIE LA MAILLOCHE
58, rue Sous-le-Fort
418-694-0445 / 1 866-694-0445
www.lamailloche.com
Été, ateliers : mer-dim 10h-12h, 13h-16h30; boutique 9h-22h. Hiver, ateliers : lun-ven 10h-12h,13h-16h30; boutique : sam-mer 9h30-17h30, jeu-ven 9h30 -21h. Toutes CC.
Y a-t-il meilleur souvenir que celui d'avoir assisté à la confection de la pièce qu'on vient d'acheter ? D'abord, le visiteur est invité à passer au sous-sol où l'artisan principal et fondateur de la galerie, Jean Vallière, s'essouffle près des fourneaux depuis 1976. De sa bouche il forme tantôt un vase, tantôt des personnages ou des animaux. Au premier étage, la boutique rassemble diverses pièces confectionnées par la maison ainsi que certaines importations étrangères. Avec leur ornement de feuilles d'or, les pièces ont un cachet particulier rappelant parfois des artéfacts retrouvés près des lieux même de cette boutique. Un cadeau souvenir intelligent et raffiné, qu'on ne saurait trop vous conseiller.

FLEURS

FLEUR CONCEPT

263, rue Saint-Paul
1 800-520-5040
*Lun-mer 8h30-17h30, jeu-ven 8h30-21h,
sam 8h30 -17h, dim 12h-17h, toutes CC.*
Il ne faut pas se laisser impressionner par la
taille des fleurs à l'entrée du magasin.
Inévitablement on croit être replongé dans
l'univers d'Alice au pays des merveilles. A
l'intérieur, les fleurs reprennent des
proportions plus classiques ! Les prix sont
sensiblement les mêmes qu'ailleurs mais on
obtient en plus un vaste choix et des
créations florales originales. Les fleurs sont
entreposées dans un immense frigo ouvert.
Des vases, des plantes vertes remplissent la
boutique. En prenant son temps et en tenant
compte de ses coups de cœur, le bouquet
prendra vie sous vos yeux émerveillés par
tant de grâce.

FLEUR D'EUROPE

916, av. Cartier
418-524-2418
Lun-ven 9h-18h, sam 9h-17h. Fermé dim.
Des fleurs, des plantes partout... un air de
savane savamment agencée règne chez ce
fleuriste. On y trouve de l'aide, des conseils,
un sourire. Pour vous ou pour offrir, vous
repartez avec un joli bouquet.

ORCHIDÉE

1068, av. Cartier
418-529-0739
*Lun-mer 9h-17h30, jeu-ven 9h-21h, sam 9h-
17h, dim 10h-17h.V, MC et AE.*
Des belles fleurs dont la fraîcheur est
garantie par un arrivage régulier. Elles
viennent de Hollande, d'Amérique du Sud
et d'ailleurs. Des roses, des iris …elles
peuvent être livrées dans le monde entier
grâce à Téléflora. Des bouquets de fleurs
séchées réalisés par la propriétaire
constituent une belle alternative. Un
réaménagement de la boutique laisse
maintenant voir les artisans à l'ouvrage.

AU SALON FLEURI

135, Saint-Joseph E.
418-524-5218
Lun-jeu 8h30-17h, ven 8h30-21h

et sam 8h30-17h.
Situé dans la basse-ville, le siège social de
cette entreprise qui compte plusieurs
adresses à Québec offre une large sélection
de plantes et de fleurs. Les arrangements
floraux sont magnifiques et le choix très
varié. Le service est impeccable et les
employés des passionnés.

LIVRES ET DISQUES

DISQUAIRES

ARCHAMBAULT

1095, rue Saint-Jean
418-694-2088
www.archambault.ca
*Lun-sam 9h30-21h30, dim 11h-21h30.
V, MC et Interac.*
Il n'est pas étonnant que cette filiale de
Quebecor Média soit la référence en musique.
Son choix de CD s'étend sur quatre étages. La
section de musique francophone n'est pas
laissée pour compte. Un certain choix de livres
et magazines est proposé. On peut s'amuser à
trouver où se cachent les quelques
instruments de musique. Autre succursale :
Place Sainte-Foy, 2450, boul. Laurier,
418-653-2387 et Galerie de la Capitale
418-380-8188.

HMV

Place Fleur de Lys, 550, boul. Hamel
418-524-3591
*Lun-mer 9h30- 17h30, jeu-ven 9h30- 21h,
sam-dim 10h-17h. Toutes CC et Interac.*
À l'intérieur de cette succursale, de jeunes
amateurs s'affèrent autour des comptoirs de
rap, alternatif, dance, electronica. On trouve
aussi de la soul et de la country, mais surtout
une importante sélection de disques heavy
metal qui attire les adeptes. Une section vend
aussi des films d'action, souvent assez
sanguinaires, en langue originale américaine.
Les beaux locaux de l'étage du haut
s'ouvrent au jazz et au classique.

PLATINE

115, ch. Sainte-Foy
418-529-8174

Lun-mer 11h-17h30, jeu-ven 11h-21h,
sam 11h-17h et dim 13h-17h.
V, MC, AE et Interac.
Difficile d'identifier clairement le genre
de musique : hardcore, techno ou punk.
Le jargon est l'excuse poussant le curieux
à se joindre à la conversation. Nul n'est
en reste devant le choix des CD. Quelques
tables tournantes servent davantage à être
exposées qu'à être vendues. À la sortie,
les « flyers » annoncent des expériences
encore plus enivrantes; à moins qu'on
se résigne à les garder en guise de
cartes-souvenirs.

SILLONS

1149, rue Cartier
418-524-8352
www.sillons.com
Lun-ven 10h-21h, sam 10h-17h
et dim 11h-17h. Toutes CC et Interac.
Un registre impressionnant de musique
du monde s'y concentre, précisément
délimité par des sections divisées d'après
les provenances : Europe, Afrique, Asie,
Océanie, etc. L'inventaire privilégie la
musique francophone, le pop et rock, le
jazz et le classique. Devant une sélection
aussi large, on s'étonne des quelques
postes d'écoute. Parce que la musique
emprunte souvent des routes sinueuses,
ce disquaire fait aussi connaître les artistes
locaux et indépendants. Un choix solide,
à en juger les affiches des diverses
formations et chanteurs irréductibles,
fièrement annoncés dans la boutique.

UN COIN
DU MONDE

1150, av. Cartier
418-648-1562
Ouvert tous les jours 9h-22h.
Toutes CC et Interac. Réservation,
mise de côté, commande spéciale.
Un petit coin où l'on vient feuilleter en
toute tranquillité le dernier numéro de son
magazine fétiche ou encore, découvrir les
nouvelles tendances de l'industrie
musicale. Grâce aux postes d'écoute, on
passe de la sélection des incontournables
du classique, de la pop franco et anglo au
blues et aux trames sonores.

LIVRES ET DISQUES USAGÉS

L'ANCRE DES MOTS

1319, av. Maguire, Sillery
418-681-5785
Lun-ven 10h-18h, sam 10h-17h et dim 12h-
16h. Argent comptant.
Une adorable boutique de la rue Maguire où
s'entassent des milliers de livres de tous les
styles et pour tous les prix. Ici, on achète et on
vend des livres depuis des années. Et c'est avec
le sourire que le propriétaire vous accueille et
vous conseille. Pour ceux et celles qui n'ont
pas peur de jeter l'ancre à la recherche du
trésor des mots.

CD MELOMANE INC.

248, rue Saint-Jean
418-525-1020
www.cdmelomane.com
Lun-mer 10h-18h, jeu-ven 10h-21h, sam 10h-
17h et dim 12h-17h. V, MC et Interac.
Un large répertoire de CD neufs et usagés,
mais aussi des DVD. Pour les amoureux de
vinyles, des pièces de collection sont
également disponibles. La maison propose le
service de vente et d'échange. Mais le plus
futé c'est la clinique du docteur mélomane.
Mélomane, un médecin spécialiste qui
répare vos CD, DVD et PlayStation. Sans
oublier l'option transfert de 33 tours, de
vidéo, sur CD ou DVD.

LE COLISÉE DU LIVRE

175, rue Saint-Jean
418-647-2594
Ouvert 7 jours de 10h-22h. V, MC et Interac.
Livres ou disques usagés à des prix
dérisoires, dont la majorité est
francophone. Pour les romans, ce sont de
vraies aubaines. On trouve des livres neufs
à prix réduits. On pratique l'échange. Pour
les vieux livres, soit on récupère la moitié
du prix de vente fixé en bon d'échange,
soit le quart en argent. On note un gros
effort au niveau du classement et de la
qualité des livres. À l'étage, on trouve une
section parfaite pour les étudiants :
sciences pures et humaines assez
d'actualité. Également une belle section
de livre pour enfants.

LE COMPTOIR DU LIVRE

726, rue Saint-Jean
418-524-5910
Lun-dim 10h-21h, été 10h-22h.
V, MC et Interac.
On y passe des heures de plaisir à fouiner, à trouver le livre que l'on cherche ou tout simplement à tomber sur le livre que l'on ne pensait pas lire de sitôt. C'est bien rangé, le propriétaire n'hésite pas à vous aider et à chercher avec vous. Des dictionnaires, des romans, des BD et des CD ainsi que des superbes livres de voyages et de photographies créent un ensemble très riche. Les gros consommateurs de livres ou les moins dépensiers opteront pour un ouvrage d'occasion.

LIBRAIRIE À LA BONNE OCCASION

24, boul. René-Lévesque E.
418-647-0477
Fermé le dim, lun 12h-17h, mar-mer 11h15-17h, jeu-ven 11h15-21h, sam 11h15-17h. Même horaire en hiver sauf les jeu-ven 11h15-17h.
Le bouquiniste donne d'emblée le ton avec son humour et ses jeux d'esprit. Il clame d'ailleurs qu'il préfère parler plutôt que de vendre et que « ce n'est pas les bons livres qui se raréfient mais l'être humain ». Et quand on s'attarde sur ses livres et quand on les aime… On ne peut être que ravi de la richesse de la collection, (théologie, mathématique, histoire, économie, science-fiction, BD, arts…), de ces belles reliures et de cette bonne odeur. Attention, des livres se cachent ! s'exclame un client. Bref, il faut prendre son temps pour dénicher son coup de cœur du moment ou pour retrouver un livre qui n'est plus publié. Il a aussi un grand choix de CD en musique classique, jazz…

LIBRAIRIE HISTORIA

155, rue Saint-Joseph E.
418-525-9712
Fermé le lun, mar-ven 11h-18h, sam 11h-17h, dim 11h-17h30. Interac.
Toute petite librairie qui sent bon la pipe et les vieux bouquins. Vous trouverez de tout ici mais essentiellement des livres d'histoire, romancés ou non, et même des périodiques comme les revues Historia ou Miroir de l'Histoire. Alors farfouillez un peu et vous dégoterez de petits trésors.

MUSIQUE DU FAUBOURG

623, rue Saint-Jean
418-529-4848
www.musiquedufaubourg.com
Ouvert 9h30-17h30, jusqu'à 21h30 jeu-ven, dim 12h-17h30.
Un magasin spécialisé dans la vente, achat et échange de CD, DVD. Mais aussi en instruments de musique à prix défiant toute concurrence. Ce qu'on apprécie ici en tant que consommateur c'est la fameuse formule de taxes incluses. Un répertoire intéressant et des prix futés.

LIVRES NEUFS

ARCHAMBAULT

1095, rue Saint-Jean
418-694-2088
www.archambault.ca
Lun-sam 9h30-21h30, dim 11h-21h30.
V, MC et Interac.
Archambault se spécialise dans la musique mais des livres y sont néanmoins vendus. Autre succursale : Place Sainte-Foy, 2450, boul. Laurier, 418-653-2387 et Galerie de la Capitale 418-380-8188.

LA BOUQUINERIE

1120, rue Cartier
418-525-6767
Lun-mer 9h30-18h, jeu-ven 9h30-21h, sam 9h30-17h30, dim 10h-17h30.
V, MC et Interac.
Cette jolie petite librairie généraliste est agencée avec goût. Les employés y sont particulièrement souriants. Les rayons de littérature étrangère et québécoise, de poésie, de roman, de science fiction et de philosophie sont très bien fournis. Les livres pour enfant sont nombreux. Si vous habitez le coin, vous risquez d'y croiser votre voisin : cette bouquinerie n'est plus un secret pour les résidents du quartier Montcalm.

LA BOUTIQUE DU LIVRE

Place Sainte-Foy, 2450, boul. Laurier
418-651-4935
Lun-mer 9h30-17h30, jeu-ven 9h30-21h, sam 9h30-17h, dim 10h-17h.
Ce spécialiste du livre d'art et d'œuvres littéraires se fait un plaisir de présenter ses

livres avec un certain cachet. Ainsi, les sections récits de voyages, romans historiques sont bien en vue. Les étudiants raffoleront de cette librairie qui propose un bon éventail de livres pour tous les domaines.

GLOBE TROTTER
Place de la Cité
418-654-9779
Lun-mer 9h-17h30, jeu-ven 9h-21h, sam 9h30-17h, dim 12h-17h. Toutes CC et Interac.
La librairie de voyage de référence : Pierre et Isabelle connaissent la planète comme leur poche et les catalogues des éditeurs de guides n'ont aucun secret pour eux.
Le nombre de titres proposés est impressionnant et même si vous projetez de partir en Arménie ou en Guinée Bissau, en Slovénie ou aux Açores, vous trouverez ici de quoi préparer votre voyage. Un grand coup de chapeau à cette librairie que tous les globe-trotters peuvent bénir.

LIBRAIRIE DU NOUVEAU-MONDE
103, rue Saint-Pierre
418-694-9475
Lun-ven 9h-18h, sam-dim 10h-18h.
Toutes CC et Interac.
Service de commandes et de recherches bibliographiques. Depuis 1980, cette librairie est la référence en édition québécoise. Aussi, ce local cumule les livres sur ses larges tablettes de bois massif : littérature, histoire générale et régionale, politique, anthropologie des autochtones, généalogie, arts de la table, objets de patrimoine et même jardinage. Elle relève tous les défis lancés par le lecteur. Le service ne fait pas languir, le personnel répond aux questions sans rougir. Une section est attribuée aux cartes. L'inventaire des dictionnaires permet de s'y retrouver. Une référence pour faire le tour des attraits du pays.

LIBRAIRIE PANTOUTE
1100, rue Saint-Jean
418-694-9748
www.librairiepantoute.com
Lun-sam 10h-22h, dim 12h-22h. Toutes CC.
Service de recherche bibliographique, vente en ligne ou par la poste.
D'après le registraire du gouvernement québécois, "pantoute" n'est pas un mot français. Les fondateurs ont donc justifié leur

verbiage en agglutinant les noms " Pandore ", " Toutankhamon " et "Thétis ". Un jeu de mots à l'image de l'humour de cette librairie digne d'être appelée " institution ", avec plus de 25 ans d'expertise dans le domaine. Le magasin tient avec ordre et rigueur tout ce que la littérature a pour caprice. En haut des jolies étagères, règne le regard critique des plus grands écrivains immortalisés sur clichés. La mezzanine offre un panorama sur la plus grande librairie à Québec. A l'entrée, une sélection d'ouvrages recommandés et commentés par les libraires est fort utile.
Autre adresse : 286, rue Saint-Joseph E., 418-692-1175.

LIBRAIRIE RAFFIN
Place Fleur de Lys
418-525-9909
Le personnel est expert dans tous les domaines, tant dans la littérature pour adulte que celle dédiée à la jeunesse.
Une véritable librairie de fond.

LIBRAIRIE VAUGEOIS
1300, av. Maguire
418-681-0254
Lun-mer 9h30-18h, jeu-ven 9h30-21h, sam 9h30-17h, dim fermé. V, AE, MC et Interac.
Une belle librairie dotée d'un répertoire des plus variés. Les bouquins sont choisis avec amour par la propriétaire qui est fière de sa section québécoise, l'une des plus riches en ville. Le rayon des livres pour enfants est très élaboré. On peut également commander les livres qui ne serez pas sur les étagères. Et pour les lecteurs assidus, le club 13/12 est une belle manière d'économiser : quand vous aurez acheté 12 livres, vous obtiendrez un bon cadeau d'une valeur d'un douzième de la totalité de vos achats.

RENAUD-BRAY
Galeries de la capitale
418-627-5480
www.renaud-bray.com
Lun-mer 9h30-17h30, jeu-ven 9h30-21h, sam 9h-17h et dim 10h-17h. Toutes CC et Interac.
Renaud-Bray reste une référence en matière de librairies au Québec. Une grande chaîne très bien approvisionnée dans pratiquement tous les types de littératures. Outre les livres qui occupent la plus grande place, on trouve

des espaces pour les disques, les jouets, les jeux, la papeterie, les revues et une section réservée aux enfants. Si vous êtes un peu déboussolé par tant de choix, Renaud-Bray vous propose une sélection de "coups de cœur" toujours très judicieux. Autres adresses : Place Laurier, 418-659-1021 et 880, av. Honoré-Mercier, 418-524-3773.

TOURISME JEUNESSE
94, boul. René-Lévesque O.
418-522-2552
www.tourismejeunesse.org
Lun-mer 10h-18h, jeu-ven 10h-21h, sam 10h-17h, dim (partie boutique seulement) 12h-17h en été. V, MC et Interac.
Pour les jeunes baroudeurs, ceux qui ont soif d'aventures et d'émotions fortes…mais en toute sécurité. Tourisme jeunesse vous procure, outre les vols, toute l'information nécessaire pour vous assurer un bon voyage. Jeunes et dynamiques, les membres de l'équipe ne demandent qu'à vous aider. La boutique est aménagée de façon intéressante, proposant un rayon important de guides de voyage.

VOYAGE GLOBE-TROTTER
970, av. Cartier
418-529-7717
www.voyagesglobetrotter.com
Lun-mer 9h30-17h30, jeu-ven 9h30-20h00, sam 10h-16h. Toutes CC et Interac.
Une agence de voyage certes, mais qui propose un grand nombbre de guides de voyage. Lina Audet et son équipe vous accueillent et sauront vous conseiller dans vos choix, quelle que soit la destination.

MAISON

AMEUBLEMENT

UN FAUTEUIL POUR DEUX
30, quai Saint-André
418-694-9449
Lun-mer 9h30-17h, jeu-ven 9h30-20h, sam 10h-17h, dim fermé.
Cette boutique possède une collection originale de meubles et d'accessoires : fauteuils, transats, chambre à coucher, tables,

luminaires… Mais elle cache aussi une véritable équipe de professionnels en matière de décoration intérieure spécialisée en cuisines et salles de bain. On n'est donc pas du tout étonné de tomber sur une gamme très riche de revêtements de canapés, de voilages, de papiers peints… Pour ceux qui ont envie de changer, de s'aérer, que vous soyez ou non un particulier, fermez les yeux et laissez-vous guider. Vous avez frappé à la bonne porte : on vous dispense de bons conseils et on mène à bien vos projets.

FUTON ETCETERA
441, rue Saint-Jean
418-640-0999
www.futonetcetera.com
Lun-mer 10h-17h30, jeu-ven 10h-21h, sam 10h-17h, dim 11h-17h. V, MC et Interac.
Spécialisée dans la conception de futon de tous genres, ce magasin d'ameublement dégage une allure jeune et branchée. Ici, à chacun son sofa, vous pouvez choisir la couleur et le tissu; les spécialistes se chargeront de la conception de votre meuble. Vous y trouverez également des éléments de décoration pour votre cuisine ou votre salle de bain. On aime les tapisseries et les coussins. Une boutique hautement futée !

NATASIA
774, rue Saint-Jean
418-523-5358
Une grande boutique baignée par une ambiance zen qui vient sûrement de la douceur de la musique. Les beaux masques, bijoux et autres meubles sont bien agencés et éclairés. Ils proviennent d'Asie (Inde, Indonésie, Bali et Java) et d'Afrique. Autre adresse : 2700, boul. Laurier, 418-653-8544.

SIGNATURE MAURICE TANGUAY
Place Sainte-Foy, 2e étage
418-650-6244 / 1 866-824-7848
Lun-ven 9h30-17h30, jeu-ven 9h30-21h, sam 9h30-17h, dim 10h-17h. Service de livraison gratuit partout au Québec.
Ameublement Tanguay possède déjà une certaine réputation; Signature Maurice Tanguay détient quant à lui tout le prestige ! Des meubles et accessoires en toute élégance, présentés dans un décor

RUE SAINT PAUL, LA RUE DES ANTIQUAIRES

LA GRANDE MAJORITÉ DES ANTIQUAIRES SE REGROUPE RUE SAINT-PAUL, DANS LE VIEUX PORT. UN LIEU SYMPATHIQUE POUR FAIRE DU LÈCHE-VITRINE.

envoûtant. Les colonnes, arches, fresques aux murs sont en accord avec l'opulence que dégage le style recherché de ces pièces d'ameublement. Le mobilier de salon et de salle à manger s'inspire tantôt du style édouardien, tantôt du style Renaissance. Les lignes plus rustres s'appellent champêtres. Le confort est exotique ou urbain.

MEUBLES VILLA IMPORT
600, Saint-Joseph E.
418-524-2666
Lun-ven 10-17h, jeu-ven 10h-21h, sam 10h-17h, dim 11-17h. Toutes CC.
Faire de sa demeure un espace d'évasion est l'une des missions que s'est données ce magasin de meubles et d'accessoires importés. Les objets sont divers et de toute beauté. Chaque meuble, tissu, lampe est digne des plus belles villas marocaines. Théières, plateaux, verres, abats-jours, poufs et la liste est encore longue. Quant aux meubles, le Maroc partage sa place avec l'Inde et Bali. Sur les deux niveaux, cette villa nous offre un voyage à travers le monde. On en sort enrichi, on souhaite apporter des éléments de cette belle escale chez nous, dans nos villas.

ANTIQUAIRES, BROCANTEURS

ANTIQUITÉS MAISON DAMBOURGÈS
155, rue Saint-Paul
418-692-1115
Lun 10h-17h, jeu-ven 10h-17h, sam 10h-17h, dim 11h-16h. Toutes CC.
Beau voyage dans le Québec du XIXe siècle à travers des meubles de campagne et une pléthore d'objets. On y trouve vraiment de tout : de la vieille boîte à cigarettes cartonnée jusqu'aux plus communes raquettes. Les propriétaires, Mona Gaumond et Patrick Zabé, sont des passionnés qui se plient en quatre pour satisfaire leurs clients. Autre originalité : la création design, qui consiste à assembler différents types de verres et les peindre pour en faire des abat-jour ou des tableaux très colorés.

CHARME ANTIQUE
133, rue Saint-Paul
418-694-9313
Lun-dim 9h30-17h. V, MC et Interac.
La toile de notre vie se retrouve ici, chez cet antiquaire spécialisé en textiles. Les courtepointes rendent hommages aux anciennes canadiennes qui ont survécu aux hivers rigoureux en tissant leur misère, leur caractère, leur solitude. Les dentelles témoignent de la vie bourgeoise. Des porcelaines et poteries, certains articles antiques de pêches et de sport complètent la collection. La propriétaire, Élisabeth Godin, parle d'aménager un coin consacré aux bijoux.

MACHIN CHOUETTE
225, rue Saint-Paul
418-525-9898
Lun-mar fermé, mer 10h-17h, jeu-ven 10h-18h, sam-dim 10h-17h d'avril à janvier : fermé en février, ouvert seulement le week-end en mars. V, MC et Interac.
Déplorant le nombre d'objets laissés à l'abandon, une équipe de quatre filles a cherché à les réintégrer tout en les rendant utiles et fonctionnels… Et ce, sans les altérer, juste pour leur donner une seconde vie. Et c'est ce qui rend cette boutique si originale. À partir d'objets sentant le vieux bois, récupérés d'un peu partout, on se retrouve avec des meubles pas banals du tout. Prenez une vieille boîte servant à transporter le beurre et vous vous retrouvez avec un tabouret tout confort. Avec beaucoup de doigté, un mannequin

devient lampadaire et une vieille valise se change en table. Que d'imagination ! Et attention, ces métamorphoses sont toujours différentes les unes des autres, ce qu'on précise avec courtoisie.

LOCATION D'OUTILS

LOU TEC
3425, boul. Hamel O.
418-871-6363
www.loutec.com
Lun-ven 7h-17h30, sam 8h-16h, dim fermé. Toutes CC. Plusieurs succursales dans la région. Service de livraison. Location à la journée, à la semaine ou au mois.
Une chaîne de centres de location fournissant le bricoleur en herbe en outillage complet et en équipement de construction, avec le mandat d'offrir un service de première qualité. L'inventaire est constamment modernisé et l'équipement est maintenu en excellent état d'utilisation. Il est préférable de réserver son matériel. Un catalogue couvre l'ensemble des équipements disponibles. À noter que la tarification est propre à chaque chaîne et que l'inventaire est variable d'une succursale à l'autre.

DÉCORATION

BALTAZAR
461, rue Saint-Joseph E.
418-524-1991
Lun-mer 10h-17h30, jeu-ven 10h-21h, sam 10h-17h, dim 11h-17h. Toutes CC.
Au premier niveau, les articles de vaisselle à la pointe de la mode se caractérisent par leurs nombreuses couleurs. Les accessoires de cuisine, aux couleurs vives, donnent au magasin un cachet bon chic bon genre. Au deuxième étage, les sofas blancs, la table haute et les poufs sont exaltants. On aime le design futé des fauteuils. Le personnel est très serviable.

OH ! BOIS DORMANT
175 A, rue Saint-Paul
418-694-7474
Des roses faites en copeaux de bois ne manqueront pas de surprendre et d'enchanter les passants romantiques …
Dans cette jolie boutique tout est fabriqué à partir du bois, au Canada, par des artistes et artisans du pays. La gamme de pièces est large : meubles, vases, tableaux, bijoux, etc. Beaucoup de pièces sont faites de bois recyclés, notamment des boites à crayon ou à thé. L'odeur d'essence de bois qui caractérise la boutique est très agréable.

ZONE
999, av. Cartier
418-522-7373
Lun-mer 10h-18h, jeu-ven 10h-21h, sam 10h-17h30, dim 10h-17h. Toutes CC.
Des idées de décoration à foison, de beaux objets pour ceux qui aiment les matières modernes : bois, verre, métal. Chez Zone, on trouve de tout, que ce soit pour le salon (tapis, coussins, cadres photos), la cuisine (carafes, assiettes, ustensiles), les chambres, dans des couleurs pastels, des matières nobles et pures comme le verre. Le seul problème, c'est que chacun des items aurait facilement une utilité chez soi… Alors on désire tout, y compris les coccinelles magnétiques à apposer sur le frigo.

MODE

GRANDS MAGASINS

LA MAISON SIMONS
20, côte de la Fabrique
418-692-3630
www.simons.com
Lun-mer 9h30-17h30, jeu-ven 9h30-21h, sam 9h30-17h, dim 12h-17h. Toutes CC.
Pourrait-on imaginer la mode québécoise sans Simons ? Non, c'est impossible. Il faut bien admettre que cette enseigne n'a pas froid aux yeux et offre une mode résolument moderne. On voit ici des choses que l'on ne verra nulle part ailleurs et d'autres beaucoup plus conventionnelles dès lors que l'on touche au linge de maison, aux accessoires, à la lingerie. Les marques Klein, Gauthier,

Smith y sont présentées. Plusieurs succursales dans la région. Autres adresses: Place Sainte-Foy, Galeries de la Capitale.

CENTRES COMMERCIAUX

GALERIES DE LA CAPITALE
5401, boul. des Galeries
418-627-5800
www.galeriesdelacapitale.com
Lun-mer 9h30-17h30, jeu-ven 9h30-21h, sam 9h-17h, dim 10h-17h.
Les Galeries de la capitale regroupent plus de 250 magasins (120 boutiques pour Madame, 75 pour lui et 20 boutiques pour la maison), le cinéma Imax, le Mégaparc, 12 salles de cinéma Famous Players et 30 restaurants. On y retrouve, entre autres, les magasins La Baie, Sears, Wal-Mart et une immense succursale Simons.

PLACE LAURIER
2700, boul. Laurier, Sainte-Foy
418-651-5000
www.placelaurier.com
Lun-mer 10h-17h30, jeu-ven 10h-21h, sam 9h-17h, dim 10h-17h.
Il est immense, éclairé, beau, c'est le plus grand centre commercial de l'Est du Canada. Les accros du magasinage trouvent leur bonheur parmi 350 magasins dont 40 restaurants. Sears, Zellers, La Baie, Renaud Bray y ont élu domicile. Juste après les ponts de Québec, au cœur de la nouvelle ville, Place Laurier réunit une multitude de services dont une halte-garderie, des bureaux de change et des guichets automatiques.

PLACE DE LA CITÉ
2600, boul. Laurier, Sainte-Foy
418-657-6920
www.placedelacite.com
Lun-mer 9h30-17h30, jeu-ven 9h30-21h, sam 9h30-17h, dim 10h-17h. Fermeture des halles d'alimentation à 18h du lun-mer, sam-dim.
Plus de 150 boutiques, services et halles d'alimentation, Place de la Cité abrite des boutiques exclusives (les bijoux Agatha, par ex.). Un centre récréo-sportif, un salon de quilles, des halles d'alimentation s'y trouvent aussi.

PLACE FLEUR DE LYS
552, boul. Wilfrid-Hamel
418-529-0728
www.placefleurdelys.qc.ca
Lun-mer 9h30-17h30, jeu-ven 9h30-21h,
sam 9h-17h, dim 12h-17h.
Dans un décor assez original, ce centre
commercial accueille plus de 250 boutiques
dont Sears, La Baie, Maxi, Zellers, Future Shop.
Grand, spacieux, il est situé à quelques minutes
de la Basse-ville et du centre-ville de Québec.

PLACE STE-FOY
2452, boul. Laurier, Sainte-Foy
418-653-4184
http://placestefoy.shopping.ca
Lun-mer 9h30-17h30, jeu-ven 9h30-21h,
sam 9h30-17h, dim 10h-17h.
Si vous faites dans l'ordre les trois centres
commerciaux de Sainte-Foy, armez-vous de
courage. On débute par Place Sainte-Foy qui
abrite un Simons et une multitude d'autres
boutiques.

CUIRS ET FOURRURES, MAROQUINERIE

ATELIERS
LA POMME
47, rue Sous-le-Fort
418-692-2875
www.lapomme.qc.ca
Lun-mer 9h30-17h30, jeu-ven 9h30-21h,
sam-dim 9h30-17h30. Et pendant la période
estivale de 9h-22h30. Toutes CC.
Une multitude de collections sont
présentées allant de la fourrure classique à
la moderne en passant par les manteaux
de cuir, la maroquinerie et des accessoires
(chapeaux, gants, parapluie). Avec plus de
25 ans d'expérience et plus de 1 000
manteaux répartis sur trois étages, l'atelier
la pomme est une référence représentant
parfaitement les créations des artisans
québécois. D'ailleurs, Huguette Fecteau,
une des créatrices, possède son atelier
dans le quartier. Notre coup de cœur, les
manteaux en fourrure recyclée de Marie
Gagné qui mènent à des créations

originales et, en plus, écolos. La collection
de sacs de Jean Verret apporte une
satisfaction intense pour les femmes et les
hommes qui passent leur temps le nez
dans leur sac à chercher leurs clés, leurs
papiers ou leurs briquets. L'atelier la
Pomme fabrique des produits sur mesure
et répond aux demandes à l'étranger.

FOURRURES
DU VIEUX-PORT
55, rue Saint-Pierre
418-692-6686 / 1 866-692-6688
www.quebecfourrure.com
Lun-sam 10h-17h, dim 12h-16h. Toutes CC.
Manteaux et accessoires de fourrures
fabriqués ici pour la plupart. On y trouve
quelques grandes marques : Gian Franco
Ferre, Louis Feraud, Zuki, Christ, Paula
Lichman. Design mode, réparations,
remodelage, entreposage. Véritable coup de
foudre pour cette boutique où deux
générations se bousculent pour vous
communiquer leur amour de la fourrure.
Sans parler de toute l'attention que les
propriétaires portent à leur clientèle : il est
si bon de se sentir choyée et si bien
conseillée. Sur un fond de musique
d'ambiance, nos yeux s'émerveillent devant
la richesse de la collection des propriétaires
et la diversité de leur gamme de manteaux et
d'accessoires. Vison, Castor, Agneau, loup
marin, cachemire… Possibilité d'entreposer
et de faire réparer ses fourrures.

PEAU SUR PEAU
70, boul. Champlain
418-692-5132
www.peausurpeau.qc.ca
Hiver, lun-mer 9h-18h, jeu-ven 9h-21h,
sam-dim 9h-18h, été 9h-22h. AE, V, MC et
Interac. Service de réparation sur place.
Cette boutique travaille le cuir de toutes
les provenances : agneau, chèvre, veau,
poney. Les pièces sont coupées de manière
traditionnelle. Bien entendu, les
mocassins, et autres cadeaux-souvenirs
attirent une part importante de la
clientèle. Il vaut la peine de visiter le
deuxième étage où se trouve une bagagerie
et une section attitrée aux chaussures
d'une qualité devenue la marque
du commerce.

LINGERIE ET MAILLOTS

FLIRT

525, Saint-Joseph E.
418-529-5221
Lun-mer 10h-17h30, jeu-ven 10h-21h,
sam 10h-17h, dim 12h-17h. V, MC et Interac.
Elle a tout pour plaire, cette nouvelle
enseigne spécialiste des broderies et des
dentelles que l'on porte en dessous. Les
lignes nous proviennent directement des
pays européens et sont exclusifs en
Amérique du Nord. Lingerie fine, sous-
vêtements et maillots de bain sont conçus
pour elle et lui. Personne n'est laissé en
reste puisque les tailles vont jusqu'au
bonnet H. Les salles d'essayage sont assez
vastes pour offrir un fauteuil à la personne
qui attend. Le plancher est chauffant et
l'éclairage est à point. Grâce au service
V.I.P, entre copains-copines, il est possible
de réserver la boutique, bénéficiant ainsi de
présentations privées et du service d'une
experte en ajustement. On se charge même
de votre voiture ! Un flirt de première
classe !

PRÊT-À-PORTER GÉNÉRAL

AUTREFOIS SAIGON

55, boul. René Lévesque E.
418-649-1227
Lun-mer 9h-17h, jeu-ven 9h-20h, sam 10h-
16h, fermé le dimanche pendant la période
estivale. Toutes CC.
Hoang Nguyen crée des vêtements pour
femmes depuis plus de neuf ans. Tailleurs,
robes, vestes, pantalons s'exposent dans des
couleurs variées et chatoyantes ou pures.
Chaque pièce possède un petit détail : un
idéogramme, une fleur…la griffe de la
designer. Clairement inspirées de l'Asie, les
collections possèdent toutes ce raffinement,
ce souci dans le choix des matières et des
lignes dessinées. Tout est très délicat,
travaillé… De beaux vêtements qui durent
longtemps, qui s'associent et rehaussent,
par leur particularité, n'importe quelle
veste ou jupe.

LA CACHE

1150, rue Saint-Jean
418-692-0398
Toutes CC.
Une célébration de la couleur, des fleurs, du
bon goût, dans une ambiance romantique.
Bien des dames et petites filles convoiteront ces
robes, vestes en velours, blousons et
accessoires, qui rappellent la mode, grandeur
nature, des poupées de porcelaine. Mis à part
les morceaux en réduction, La Cache laisse à
l'esprit des rêves plutôt dispendieux. Les
coupes, souvent amples et enveloppantes,
amalgamant les tricots et les tissus translucides,
dégagent une impression de confort. Les
coussins et autres accessoires de maison
renchérissent sur cette même impression. De
leur côté, les jupons, les robes de nuit toutes
blanches et les chapeaux de paille, accentuent
l'aspect romantique. Autre adresse : Galeries
de la Capitale 418-651-1305

EXIL

714, rue Saint-Jean
418-524-4752
V, MC et Interac.
Se détacher un court moment de la morosité
du jour, plonger dans l'exaltation de ce prêt-
à-porter féminin, aux modèles québécois et
européens exclusifs : voilà ce qu'on appelle «
exil » ! En toute quiétude, il est agréable
d'essayer différentes coupes, de se voir
transformée par le jeu d'une couleur
audacieuse ou d'un motif particulier.
Chaque pièce semble particulière. Le choix
est imposant, compte tenu de l'espace. On
est facilement dépaysée et c'est agréable !

MCX

1328, av. Maguire, Sillery
418-527-1100
Lun-mer 10h-17h30, jeu-ven 10h-21h, sam
10h-17h, dim 12h-17h. Toutes CC sauf AE.
Magnifiquement disposés sur l'espace de la
boutique, les vêtements optent pour des
courbes et des couleurs résolument modernes
pour ne pas dire très très fashion. Les
marques Nolita, Rudsak, In wear font partie
des collections présentes. On vous conseille de
prendre votre temps, d'admirer et d'essayer
ces vêtements. Pour parfaire la tenue, les
bijoux du créateur Kien s'accordent à
merveille avec votre choix.

MICHAEL FEMME

1066, rue Saint-Jean
418-692-5666
Dim-mer 9h30-17h et jeu-sam 9h30-21h.
Toutes CC.
Récemment ouverte, cette boutique de prêt-à-porter pour femme se décline en trois styles différents. Une ligne d'un designer québécois qui suit la mode nord-américaine, une ligne espagnole teintée d'influence française et enfin une ligne d'importation à dominance indienne. La ligne du designer espagnol est hautement futée et vaut le détour; le reste ne se distingue pas de la concurrence.

ROOTS

Galeries de la Capitale
418-657-4000
www.roots.com
Lun-mer 9h30-17h30, jeu-ven 9h30-21h,
sam 9h30-17h, dim 11h30-17h. Toutes CC.
La principale raison qui nous motive à vous parler de Roots : c'est une marque canadienne (Ontario). Les vêtements sont fabriqués en partie au Canada et en partie en Chine, dans des conditions respectueuses des droits de l'enfant. Autre aspect à souligner : la qualité des vêtements, pré-rétrécis. Ils ne seront pas modifiés par les lavages. Niveau style, les vêtements de Roots, pour femme, homme, enfant et bébé s'adapteront aux goûts de voyageurs ou de vacanciers à la recherche de confort.

VOYAGE

CAA-QUÉBEC

444, rue Bouvier
418-624-2424 / 418-624-8222
Lun-mer 9h-17h30, jeu-ven 9h-20h,
sam 10h-16h. Toutes CC et Interac.
Le CAA offre des services pour les automobiles mais aussi pour le touriste. Une agence de voyage mais aussi d'assurances, des cartes et des itinéraires pour les voyages et des chèques de voyage American Express sans frais y sont disponibles.

VOYAGE GLOBE-TROTTER

970, av. Cartier
418-529-7717
www.voyagesglobetrotter.com
Lun-mer 9h30-17h30, jeu-ven 9h30-20h et
sam 10h-16h. Toutes CC et Interac.
Un coup d'œil aux guides de voyage présents sur les tablettes suffit à nous convaincre que cette agence dessert toutes les destinations de la planète. Un service vraiment parfait y est offert par l'équipe de Lina Audet. On cherche le meilleur prix, on vous fait parvenir vos billets même si vous êtes à Tombouctou. Bref, ils se démènent avec sourire. Le résultat est évident, on en fait SON agence de voyage.

VOYAGE SILLERY

1660, ch. Saint-Louis,
Sillery
418-687-4172
www.voyages-sillery.com
Lun-ven 9h-17h30, sam et dim fermé (un
conseiller est disponible sur réservation).
Toutes les CC et Interac.
En Europe, dans le Sud, partout dans le monde, cette agence regorge d'idées et de destinations. Très sérieuses, les conseillères ne sont pas avares en conseils. Elles rassurent les anxieux sur les conditions de vols et l'hébergement, elles vous expliquent tout. Serviables et attentionnées, les membres de cette petite équipe vous étonneront.

VOYAGE VASCO

2500, ch. des Quatre-Bourgeois,
Sainte-Foy
418-653-6110
www.voyagevascostefoy.com
Votre petit coin de paradis est à portée de main ! Ces spécialistes du voyage et des croisières vous promettent mers et mondes. Le personnel est à l'écoute afin de s'ajuster au goût du voyageur. On y va pour les forfaits vacances, les circuits, les croisières mais aussi pour les occasions de dernière minute, très avantageuses, et les vols secs. L'équipe a un penchant pour les destinations en Europe, Asie, Mexique, aux Caraïbes, en Amérique du Sud et du Nord et en Afrique. Le monde est à vous !

LOISIRS

ACTIVITÉS PLEIN AIR

D'ARBRE EN ARBRE
Parc d'aventure Duchesnay, 143, Duchesnay,
Sainte-Catherine-de-la-Jacques-Cartier
418-875-4522
www.arbreenarbre.com
Adulte : 27 $, 12-17 ans : 22$, enfant : 15 $.
Grimper dans les arbres n'est plus un
interdit mais une activité de plein air qui
gagne de plus en plus d'adeptes. Grâce à un
équipement d'escalade, les participants
imitent Tarzan et se déplacent d'arbres en
arbres en toute sécurité. Diverses activités
ludiques et sportives s'enchaînent. Le
parcours se rend jusqu'à la cime des arbres,
déployant ainsi un panorama grandiose sur
le lac Saint-Joseph.

CENTRE D'AVENTURES LE RELAIS
1084, boul. du Lac, Lac-Beauport
418-849-1851
www.skirelais.com
*Déc-avr. selon la saison. Tarifs de ski : avant
15h, adulte 30 $, étudiant/aîné 24 $ et enfant
16 $ taxes incluses. Après 15h adulte 19 $,
étudiant/aîné 26 $ et enfant 13 $. Été : tarifs
d'hébertisme et autres : 5-26 $.*
D'abord renommée en tant que station de
ski (25 pistes toutes accessibles pour les
amateurs de surf) ce centre offre aussi en
saison estivale une aire de 150 jeux : tours
d'escalade, tyrolienne, ponts et câbles
suspendus, etc.

CLUB FAMILLE
Station touristique Stoneham, 1420, av. du
Hibou, Stoneham
418-848-2415
www.ski-stoneham.com
*Du 23 juin-21 août. Forfait de 2 à 7 jours à
partir de 388,40 $ (repas et activités inclus).*
Ces vacances énergisantes s'adressent autant
aux parents qu'aux enfants. Des activités
tout azimuts : soupers thématiques, bal
costumé, feux de camp, kayak, escalade,
trampolines acrobatiques, planche de
montagne, cinéma plein air, piscine chauffée,
spa extérieur, mini-golf, tennis, etc. Un
camping rustique est en train de s'implanter,
une option plus abordable.

LES GLISSADES DE LA TERRASSE
76, rue Saint-Louis
418-692-2955
*Voisines du Château Frontenac. Ouvert 15
déc-15 mars, tous les jours de 11h-23h. 2 $ par
descente, 1,25 $ pour les moins de 6 ans. Prix
de groupes disponibles pour une demi-journée
ou au nombre de glissades.*
Gardez les yeux grands ouverts ! Attachez
vos bonnets… à bord d'une traîne à neige
allant jusqu'à 70 km/h, vous ressentirez une
bouffée de plaisir accompagnée d'une vue
imprenable sur le fleuve et le Château. Deux
patinoires et une mini-cabane à sucre sont
installées à proximité. Il est aussi permis de
succomber à un chocolat chaud !

LA VALLÉE SECRÈTE
1010, ch. de la Traverse, Saint-Raymond
418-875-4408
www.valleesecrete.com
*Sur réservation. Tarif : 2-12 ans 7 $, 13 ans
et plus 8,50 $, gratuit pour les moins de 2 ans.*
Les gnomes existent pour de vrai ! Ils se
cachent dans la Vallée Secrète depuis 500
ans et ne demandent qu'à être retrouvés.
Armés d'une boussole, de clés et d'un
chapeau de gnome, les visiteurs partent à
leur recherche à travers une randonnée en
forêt remplie de surprises. Le trajet dure
près de deux heures et s'adresse
principalement aux plus petits et à ceux,
bien sûr, qui ont gardé leur cœur d'enfant.

ACTIVITÉS PHYSIQUES

ESCALADIUM
6280, boul. Hamel, Ancienne-Lorette
418-872-0111
www.escaladium.com
*Lun-ven 6h30-22h, sam-dim 8h-19h. 30 $:
cours d'initiation, 10 $: montée. Forfaits
escapade dix pers. et +.*
Apprendre à monter les échelons, ça
commence tôt ! Le centre propose

VILLAGE VACANCES
VAL-CARTIER

1860, BOUL. VALCARTIER, VALCARTIER

418-844-2200

WWW.VALCARTIER.COM

OUVERT TOUS LES JOURS DÈS 10H. PARC AQUATIQUE : ADULTE 26,34 $,
ENFANT 20,18 $, AÎNÉ 20,18 $. CENTRE DE JEUX D'HIVER : ADULTE À PARTIR
DE 19,13 $, ENFANT À PARTIR DE 15,65$, 3-4 ANS À PARTIR DE 6,95 $.
CAMPING À PARTIR DE 23,95 $/NUIT.

ÉTÉ COMME HIVER, LE VILLAGE VACANCES
PROPOSE UNE MULTITUDE D'ACTIVITÉS. SES CIRCUITS DE
GLISSADES THÉMATIQUES VOUS PLONGENT TANTÔT DANS
UNE AMBIANCE FANTASTIQUE MÉDIÉVALE, TANTÔT DANS
L'EXOTISME D'UN PARCOURS D'UN DEMI-KILOMÈTRE APPELÉ
L'AMAZONE. AU TOTAL, 25 GLISSADES DE TOUTES FORMES EN
ÉTÉ, 42 PISTES DE GLISSADE EN HIVER. L'ÉTÉ, LA PISCINE À
VAGUES ET LES DESCENTES EN BOL, EN CHAMBRE À AIR SIMPLE
OU DOUBLE VOUS EN FONT VOIR DE TOUTES LES COULEURS.
L'HIVER, LE RAFTING ET LE KARTING DE GLACE SE JOIGNENT
À LA PARTIE.

DIVISION AVENTURE
VILLAGE VACANCES VALCARTIER

DU 7 MAI-28 AOÛT, RAFTING À PARTIR DE 39,95 $, LUGE D'EAU 49,95 $, AQUA-BALADE 14,95 $-19,95 $
CENTRE DE JEUX D'HIVER : ADULTE À PARTIR DE 19,13 $, ENFANT À PARTIR DE 15,65 $, 3-4 ANS À
PARTIR DE 6,95 $. CAMPING À PARTIR DE 23,95 $/NUIT.

POUR VIVRE L'AVENTURE SAUVAGE ET SES GRANDS ESPACES, LES EXCURSIONS
GUIDÉES SUR LA RIVIÈRE JACQUES-CARTIER EN RAFTING, AQUA-BALADE OU
EN LUGE D'EAU S'AJOUTENT AU PROGRAMME.

SOUS LA TENTE
VILLAGE VACANCES VALCARTIER

TARIFS : TENTES À PARTIR DE 23,95 $, TIPIS 45,95 $. UNE JOURNÉE NE SUFFIT PAS !
PROLONGER LE PLAISIR ! UN CAMPING TOUT AMÉNAGÉ PROPOSE 700 SITES OÙ
PLANTER SA TENTE OU SA ROULOTTE.

UN SERVICE DE NAVETTE FAIT LE RELAIS JUSQU'AU PARC AQUATIQUE.
PARALLÈLEMENT, IL EST POSSIBLE DE PASSER LA NUIT DANS UN TIPI
ACCUEILLANT DE 8 À 12 PERSONNES. ON NE S'ENNUIE PAS SUR LE SITE :
KARTING, MAXI-GOLF, ESCALADE, CINÉMA, ETC. POUR LE SERVICE HÔTELIER,
LE SAINT-GABRIEL EST PARTENAIRE. DES FORFAITS SONT DISPONIBLES.

maintenant aux parents et enfants de s'initier ensemble à la passion des hauteurs. Les techniques de base de l'escalade y sont enseignées dans un climat de complicité familiale propice au développement de la confiance en soi et à la réalisation de nouveaux défis. Les adeptes peuvent s'inscrire aux cours de différents niveaux. Les blocs d'entraînements permettent à ceux qui veulent escalader librement la multitude de voies, d'angles, de station de rappel. Le plus haut point de la structure atteint 40 pieds.

ROC GYMS
2350, av. Du Colisée
418-647-4422 / 1 800-762-4967
www.rocgyms.com
Lun-ven 10-20h, sam-dim 10h-18h, accès : 10h-16h : 6,95 $, journée et fin de semaine : 9,95 $. Forfait enfants 6-12 ans : 9 enfants et moins : 99 $, 10 enfants et plus : 149 $.
Grimper n'aura jamais été aussi amusant ! La mission est la suivante : atteindre le sommet, soit 39 pieds de hauteur et 75 parcours aménagés dans un centre intérieur hautement sécuritaire. Une fois les barrières intérieures franchies, on affronte le réel : escalade de rocher, de glace et d'alpinisme. Mais avant de jouer les aventuriers, il est possible d'initier en toute sécurité les enfants. Le forfait adapté aux groupes de 6-12 ans prévoit 2 heures d'activités, d'exercices, de jeux et d'histoire de l'escalade.

ACTIVITÉS EDUCATIVES

LA FERME L'ÉMEULIENNE
307, rang Petit-Capsa, Neuville
418-876-2788
www.emeulienne.com
Adultes 5 $, enfants 3 $, famille 14 $. Durée : 90 minutes.
L'émeu fascine petits et grands. Pour tout savoir sur cet animal connu des aborigènes australiens depuis des siècles, une visite guidée du centre d'interprétation des ratites s'impose. Tout le processus de l'élevage de l'émeu est révélé au visiteur. Le circuit mène à la salle d'incubation, à l'observation d'un

embryon. Les enfants peuvent nourrir les animaux, ramasser les œufs… Tous les animaux sont de la partie : émeu, autruche, nandou, poney, chèvre, mouton, cochon vietnamien, paon, faisan, lama, vache, etc.

PARC AQUARIUM DU QUÉBEC
1675, av. des Hôtels
418-659-5264
www.sepaq.com/aquarium
Ouvert tous les jours (à l'exception du 25 décembre). Mai-oct : 10h-17h, oct-avril : 10h-16h. Tarifs : adulte 15,50 $, forfait famille pour 2 adultes et leurs enfants de moins de 17 ans : 54,50$ taxes incluses.
Des travaux titanesques ont modernisé ce site pour le rendre encore plus ludique et attrayant. Des phoques et des morses vivant dans de grands bassins extérieurs nous accueillent dans le parcours-découverte explorant la faune marine, du Saint-Laurent à l'Atlantique Nord. Les ours blancs sont nourris devant le public tout au long de l'année. A l'intérieur, un immense tunnel (350 000 litres d'eau) souterrain regroupe 4 000 spécimens appartenant à 96 espèces différentes. Commence ensuite le parcours intérieur menant des cours d'eau aux marais puis à la rivière avant d'arriver au fleuve puis de finir par l'océan. Pour profiter de votre visite, comptez au moins une demi-journée. Des animations ont lieu toute l'année avec les phoques et les morses. Les plus curieux opteront pour la visite guidée, passionnante.
Bon plan : le brunch du dimanche matin à 22 $ comprend la visite et le brunch sur la terrasse avec vue sur le fleuve.

SUPER LABYRINTHE DE LA JACQUES-CARTIER
143, route Duchesnay
418-875-0434
www.sepaq.com/duchesnay
En répondant aux questions de ce rallye éducatif et humoristiques, les visiteurs s'enfoncent dans les sentiers d'un labyrinthe dodécagonale, qui ressemble à un fort. Le but : trouver le centre et la sortie. Le parcours dure 2h30 et il est constamment modifié. Un passage où on perd la notion du temps tout en s'amusant.

DIVERTISSEMENT

MÉGAPARC DES GALERIES
DE LA CAPITALE
Galeries de la Capitale
418-627-5800
www.mega-parc.com
17 juin-2 sept. : lun-mer 10h-17h, jeu-ven 10h-21h, sam 9h30-17h, dim 11h-17h. 3 sept.-16 juin : lun-mer 12h-17h, jeu-ven 12h-21h, sam 9h30-17h, dim 11h-17h. Manège : 40 ¢ pour 1 point. Patinoire 1,60 $.
Plus de 17 manèges, une patinoire, un mur d'escalade, une aire de jeux électroniques, un cinéma Imax, 12 salles de cinéma Famous Players… Enfin, des tas d'activités pour s'amuser en un seul endroit, pendant que maman ou papa fait la tournée des 250 magasins et restaurants.

ANIMATIONS CULTURELLES

Pour voir les commentaires généraux sur les musées, rendez-vous dans la partie Découvrir Québec. Ici, nous abordons seulement les ateliers pour enfant.

BIBLIOTHÈQUE GABRIELLE ROY PLACE DES ENFANTS
350, rue Saint-Joseph E.
418-641-6789
Lun-ven 10h30-17h, sam 10h-17h, dim 12h-17h. Été : lun-ven 10h30-19h30, sam-dim 12h-17h.
Dans cette immense bibliothèque, une section est réservée aux jeunes : la Place des enfants. Des spectacles, des activités intelligentes et ludiques sont spécialement conçus pour eux. Même les poupons se joignent à la famille des membres grâce au programme « Une naissance, un livre ». Les tout-petits (un an et moins) deviennent, du coup, bébés-lecteurs ! Dans ce contexte propice à l'éveil de la connaissance, lire est un vrai plaisir.

MUSÉE DE LA CIVILISATION
85, rue Dalhousie
418-643-2158
www.mcq.org
Du 24 juin à la fête du travail : tous les jours de 9h30-18h30, sept-juin fermé le lundi, mar-dim 10h-17h. Adulte : 8 $, étudiant 5 $, aîné : 7 $, moins de 12 ans : 3 $. Ateliers pour les 3-10 ans. Mar : 12h30-16h, sam-dim 10h-17h.
Le musée organise de nombreux ateliers pour enfants, en rapport avec les expositions temporaires. Des guides spécialisés leur présentent en une courte visite les points essentiels des expositions.

MUSÉE NATIONAL DES BEAUX-ARTS DU QUÉBEC
Parc des Champs-de-Bataille
418-643-2150 / 1 866-220-2150
www.mnba.qc.ca
De juin à la fête du travail : tous les jours de 10h-18h et jusqu'à 21h le mercredi. Sept-mai, mar-dim de 10h-17h et 21h le mercredi. Fermée le lundi. Adulte 10 $, aîné 9 $, étudiant 5 $, enfant 12-16 ans 3 $, enfant 12 ans et moins : gratuit. Réservation pour groupes.
Les enfants s'initient à l'histoire de l'art et au langage plastique par des visites thématiques et des ateliers d'art. Les activités varient en fonction des expositions temporaires.

CENTRE D'INTERPRÉTATION DE PLACE-ROYALE
27, rue Notre-Dame
418-646-3167
www.mcq.org
Ce centre d'interprétation fait revivre les 400 ans d'histoire de la Place Royale de façon très ludique. En plus, il propose deux ateliers pour les familles. Sam-dim 10h-17h : les familles enfilent les habits de Charles Édouard Grenier, tonnelier et de sa famille. Ils revivent ainsi une tranche d'histoire. Du 15 oct à début mai : dim 13h15-15h15 : Pierre de Sales Laterrière, célèbre médecin de Québec au tournant du XIXe siècle, conte les bienfaits des herbes médicinales.

LIEU HISTORIQUE CARTIER-BRÉBEUF
175, rue de l'Espinay
418-648-4038
www.parcscanada.gc.ca/brebeuf
Tous les dim, début juill-début août.
On goûte à des mets traditionnels amérindiens et on découvre d'une nouvelle façon le jardin amérindien et la maison longue. Selon les séances, les enfants assistent à la fabrication de masques de maïs et de paniers, d'hameçons en os et en corde, etc.

JUNIOR

Atelier Place au Moyen-Âge, MCQ © Idra Labrie

FETES D'ENFANTS

Voilà une liste non exhaustive de lieux organisant des fêtes pour enfants.

TOUR MARTELLO
Plaines des champs de bataille nationaux
418-648-5371
www.ccbn-nbc.gc.ca
A partir de 95 $ pour 2 heures.
Un anniversaire intéressant pour les 8 à 11 ans, en compagnie du soldat le Breton. Les jeunes découvrent la vie militaire de 1813 et devront relever plusieurs défis, sous forme de jeux, d'épreuves, d'énigmes, etc.

FETE D'ENFANTS
CHEZ LES SAINT- LAURENT
Plaines des Champs de bataille nationaux
418-648-5371
www.ccbn-nbc.gc.ca
Les 8-11 ans se transforment en petits domestiques au service de la famille Saint-Laurent. Par des jeux, des défis et une course aux trésors, ils se familiarisent avec la vie bourgeoise des années cinquante.

SPECTACLES

AUDITORIUM JOSEPH-LAVERGNE DE LA BIBLIOTHÈQUE GABRIELLE-ROY
350, rue Saint-Joseph E.
418-691-7400
www.icqbdq.qc.ca
Tarifs billets : enfant 7,75 $, adulte 9 $ (+ frais de service). Abonnement : 3 spectacles 24,75 $. 219 places.
Aux Dimanches-famille, les tout-petits (3 à 10 ans) assistent souvent pour la première fois à un spectacle de danse, de musique ou encore de marionnettes. Tout le monde est heureux car la forte pente permet de bien voir, aussi bien à l'arrière qu'à l'avant. Attention, pour cause de travaux, il n'y a pas de spectacles en 2007.

FERGHANA
418-469-3934
www.luna-caballera.com
Cette première troupe de cirque équestre du Québec est sise dans la région mais elle se produit un peu partout. Quel spectacle que cette fusion entre les arts équestres, le théâtre et les arts du cirque !

SALLE DINA-BÉLANGER
2047, ch. Saint-Louis, Sillery
418-687-1016
www.sdb.qc.ca
Une salle de spectacles qui s'ouvre aux jeunes lors des concerts de musique classique des Jeunesses Musicales du Canada. Les familles sont conviées, avec leurs enfants de 3 à 10 ans aux soupers-spectacles en famille. Une activité très originale !

THÉÂTRE-DANSE

CERCLE DES JEUNES CRITIQUES
418-522-7880
www.lesgrosbecs.qc.ca
Apprendre à être critique de théâtre commence tôt. Les 9 à 14 ans peuvent ici s'initier à l'envers de la scène culturelle et commenter à leur façon les pièces qu'ils ont vu.

LES GROS BECS
1143, rue Saint-Jean
418-522-7880
www.lesgrosbecs.qc.ca
240 sièges. Billetterie : lun-ven 8h30-17h. Enfant 12 $, adulte 15 $. Abonnement : 49% de rabais.
Le théâtre pour l'enfance, c'est jongler avec les mots et l'imaginaire. Initier les 3-15 ans aux arts de la scène est un véritable plaisir pour ce groupe qui se produit au Théâtre Périscope (2, rue Crémazie E., et à l'ancien Théâtre de la Bordée, 1143, rue Saint-Jean). Le site Internet est particulièrement bien fait. Les enfants y verront des pièces virtuelles et les parents y liront des conseils sur la façon d'aborder le théâtre avec ses enfants.

CAMPS DE JOUR

CAMP BOURG ROYAL
11, Rue Crémazie E
418-529-5323 / 1 888-699-9091
www.camps-odyssee.com
Plein air, sports et culture pour les 4 à 11 ans adeptes d'activités variées. Au programme,

de deux à trois heures par jour d'activités autour du théâtre, de la musique, du cirque, de la menuiserie, de la magie, radio, cyclisme, photo, danse, couture, anglais, découverte de la ferme et plusieurs autres activités au choix, dans un grand domaine boisé à proximité de la ville.

COLLÈGE JÉSUS-MARIE DE SILLERY
2047, ch. Saint-Louis
418-529-5323
www.camps-odyssee.com
Service de garde gratuit 7h30-8h30 et 16h30-17h45. 160 places.
Les 3 à 12 ans apprécieront l'esprit familial qui règne entre les moniteurs et les jeunes. Affilié aux Camps Odyssée, le camp de jour est renommé pour son encadrement et pour le milieu sécuritaire qu'il propose aux campeurs. Plusieurs profils proposés: touche-à-tout, sports et arts et culture, anglais, danse jazz et hip-hop. Quelques activités proposées : production de spectacles, sciences naturelles, sports, ateliers scientifiques, arts visuels et de la scène, anglais.

KÉNO
4950, Lionel Groulx, Saint-Augustin-de-Desmaures
418-872-9949
www.campkeno.com
600 places. 4-17 ans.
Bénéficiant de plus de 65 programmes, Kéno sait divertir les jeunes : anglais, sciences, équitation, cirque, sports, arts de la scène, arts créatifs, aventure-nature, formation aide-moniteur et moniteur, danse, multi-sports, football, basket-ball, peinture, photos … Keno, c'est des camps vacances et des camps de jours, dans de nombreux endroits : le lac Saint-Augustin, le lac-long Portneuf, Saint-Romuald, Sillery.

LE SAISONNIER
78, ch. du Brûlé, Lac-Beauport
418-849-2821 / 1 800-766-2821
www.lesaisonnier.net
5-8, 7-12, 12-15 ans. 250 places.
Subvention pour les familles à faible revenu (Secrétariat aux loisirs et aux sports) CLSC et centre jeunesse. Ce camp propose de vivre intensément l'été au rythme d'activités variées en groupe : escalade, hébertisme, interprétation de la nature, aqua-jeux, sentier écologique, survie et orientation en forêt…
Programmes spécialisés offerts : jeunes-vidéastes arts, danse et théâtre, canot, vélo, aventurier, immersion anglaise.
Programme d'intégration pour les jeunes en difficulté d'apprentissage et pour les sourds. Camp de jour et camp de vacances de mai à septembre.

CAMP ST-FRANÇOIS
383, route Lemelin,
Saint-François-île-d'Orléans
418-829-2453
www.campst-francois.com
84 places.
Découvrir le plaisir de la vie de groupe et des activités en plein air est tellement agréable quand il est transmis par une équipe chevronnée qui poursuit sa mission auprès des jeunes de 5 à 12 ans depuis plus de 50 ans. Dans ce site enchanteur au bord du fleuve Saint-Laurent, les enfants participent avec plaisir aux nombreuses activités : escalade, canot/kayak, camping, hébertisme, baignade, loisirs scientifique, magie, cuisine, tir à l'arc, etc. Camp de jour et camp de vacances.

CAMP DE VACANCES

LE CAMP DES ARTISTES
LES ATELIERS PATRICK LABBÉ
1, des Érables, Beaupré
418-529-5323
www.lecampdesartistes.qc.ca
9-17 ans. 90 places.
Hébergement : chambre dans un beau domaine au bord d'un lac. Voir l'envers du décor du cinéma et du théâtre est chose possible pour les jeunes de ce camp animé par des professionnels du milieu artistique. Les activités permettent de réaliser des courts métrages, vidéoclips, pièces de théâtre, improvisation, émissions de télévision, publicités et divers sports et loisirs de plein air.

Promenade en forêt.
Station touristique Duchesnay
© Steve Deschênes - Sépaq

CAMP DE PORTNEUF
4229, Lac Sept-Îles, Saint-Raymond
418-337-2529 / 1 866-337-2529
www.espacesjeunesse.qc.ca
5-14 ans, 140 places. Hébergement : dortoir,
chambre, chalet.
En bordure du Lac Sept-Îles se trouve un
lieu paradisiaque pour les jeunes friands
d'aventures. Quelques-unes des activités
organisées : glissades d'eau, kayak, canot,
hébertisme, wakeboard, "bananaboat",
pêche, baignade, tir à l'arc, rabaska, plongée
en apnée, camping, feux de camp, grands
jeux, mascarade et déguisement, etc.
Activités hors site : spéléologie, descentes de
rivières, labyrinthe, équitation, visites
touristiques, etc.

MAGASINAGE

AMEUBLEMENT

CLÉMENT COLLECTION BÉBÉ
5830, boul. Pierre-Bertrand
418-623-0531
www.clement.qc.ca
Lun-mer 9h-17h30, jeu-ven 9h-21h, sam 9h-
17h-dim 11h-17 h.
Couleurs et courbes du temps habillent
chacune des 22 à 25 pièces témoins de
cette boutique de meubles et d'accessoires
branchés pour enfants. Clément ne se
contente pas d'exposer des vêtements
tendance de qualité pour 0-20 ans. Il
s'impose également dans les accessoires
pour bébé : sièges d'auto, chaises-hautes,
poussettes et parcs de marque Perego.
Autre adresse : Place Sainte Foy,
418-653-1602

ROYAUME DU BÉBÉ
5200, Armand Viau
418-652-1118
Lun-mer 9h30-17h30, jeu-ven 9h30-21h, sam
9h30-17h, dim 11h-17h. V, MC et Interac.
Trouver au même endroit le bureau,
l'étagère, le lit, la literie, la poussette, le
papier peint, les mobiles et les lampes et les
vêtements derniers cris, c'est ce qu'on
appelle un royaume, ou encore mieux : le

paradis pour les parents soucieux
d'économiser temps et énergie. Le magasin
équipe bébé et le petit junior. Les camion-
neurs se font les bras jusqu'en Beauce,
Rimouski et Montréal en échange de 25 $
(installation comprise). Un service de
réparation après vente fait aussi le bonheur
des parents dont les bambins sont un peu
destructeurs !

COIFFURE

LA FÉE DES BOIS
999, av. de Bourgogne, Sainte-Foy
(Place des Quatre-Bourgeois)
418-652-1771
Lun-mer 9h-17h30, jeu-ven 9h-21h, sam-dim
9h-17h. Coupe : 9,99 $ et plus.
Une fois de plus, parents et enfants
s'entendent: la magie des ciseaux fait le
bonheur de tous. Dans un décor
enchanteur où les jouets se transforment
en siège à coiffer, la coupe devient un jeu.
Le salon s'anime au son des éclats de rire
des enfants qui rôdent autour des jeeps et
des tracteurs, des livres et des joujoux. Des
produits de beauté pour le bain et une
collection de vêtements tenteront les
adultes qui attendent de voir la nouvelle
frimousse du moussaillon.

JEUX

E-B GAMES
Place Laurier, Sainte-Foy
418-658-3663
www.ebgames.com
Lun-mer 9h30-17h30, jeu-ven 9h30-21h,
sam 9h30-17h, dim 10h-17h. Vente-Achat-
Échange.
Qui a dit que les jeux-vidéo n'avaient rien
de spirituel ? Ici la console électronique
devient un produit réutilisable, écologique
et économique ! Le pré-joué est revendu
pour toutes les plates-formes : PlayStation
2, Xbox, PC ou GameCube. La boutique
planche sur la vente à rabais. Les
promotions sont généreuses : « Achetez-en
3, obtenez-en 1 », « Garantissez votre copie
pour 5$ », « Obtenez-en 1 en échange de 3 ».
Le jeu peut aussi être sérieux !

L'IMAGINAIRE
Place Laurier (3e étage), Sainte-Foy
418-658-5639
www.imaginaire.com
Lun-mer 9h30-17h30, jeu-ven 9h30-21h,
sam 9h30-17h, dim 10h-17h. Toutes CC.

Un monde féerique de 7500 pieds carrés où l'imaginaire vagabonde dans dix univers différents : BD, comics books, mangas, jeux de rôles, figurines, épées, cartes de sports, cartes de jeux, timbres et monnaies, livres de science fiction, etc. Visiter la boutique ou le site Internet est tout aussi époustouflant. Le plaisir est garanti !

JOUETS

ATELIER TOUTOU
28, côte de la Fabrique
418-692-2599
Lun-mer 10h-18h, jeu-ven 10h-21h, sam-dim
10-18h. V, MC et Interac.

Comme par magie, cet atelier/usine permet de créer à sa façon son animal de peluche. Parmi une vingtaine de modèles de toutous, on fixe son choix, procède au rembourrage, y insère une âme, prête serment de fidélité. Le tout certifié sur un passeport où figure la photo du toutou de son nouveau maître. Il va sans dire que l'achat de vêtements et d'accessoires est fortement conseillé. Pour habiller Teddy, tous les fantasmes sont permis : pyjama, pantoufles en forme de toutou, bikini, costume d'Halloween, etc. On quitte la boutique la valise bien remplie. Toutes les fantaisies sont de mise dans cet univers féerique !

BENJO
543, Saint-Joseph E. ou 550, Charest E.
418-640-0001
www.benjo.ca
Lun-mer 9h30-17h30,
jeu-ven 9h30-21h, sam 9h-17h,
dim 9h30-17h.

Est-ce un rêve ou la réalité ? Celui qui franchit la porte de cet univers du règne de l'enfant ne restera pas indifférent devant autant de merveilles. Des jouets à perte de vue s'étalent sur 25 000 pieds carré. Un train électrique sillonne le magasin. A son bord, on traverse les quinze départements de cette grande surface. Une piste de course géante, un théâtre de marionnette, une fabrique de toutous, un cirque miniature, une maison de poupée géante, un mur de Lite Brite sont quelques-uns des attraits de cet univers magique. Benjo c'est aussi un atelier Resto Brico où les petits et grands artistes bricolent, peignent sur de la céramique, du papier mâché, des boîtes décoratives et le lieu privilégié des fêtes d'enfants. Attention ! Le retour à l'enfance est contagieux !

BOUTIQUE L'ÉCHELLE
1039, Saint-Jean
418-694-9133
Lun-mer 10h30-17h, jeu-ven 10h30-21h,
sam 10h-17h, dim 12h-17h. Toutes CC.

Sans doute s'agit-il de l'échelle menant dans ce grenier à merveilles. Enfants comme adultes s'emballent pour les mille babioles entassées dans ces deux boutiques côte à côte. Les étagères sont accessibles aux petites mains curieuses d'attraper les marionnettes, les camions, les voitures miniatures. Plus haut, on trouve divers papiers de collection, plumes et crayons. Quelques bracelets et bijoux de fabrication artisanale attirent une clientèle branchée. Le choix des autocollants rappelle l'époque des collections. Les grands enfants optent pour les pantins et les masques de carton victorien. Le personnel oriente le client dans ce qui pourrait être l'atelier du Père-Noël.

CLUB JOUET
1100, rue Bouvier
418-624-9451
Lun-mer 9h-17h30, jeu-ven 9h-21h,
sam 9h-17h, dim 11h-17h. Toutes CC.

Le toboggan de Simon, les balançoires de Noémie ou l'attirail de la parfaite cuisinière dont Catherine rêve depuis des mois, c'est chez Club Jouet que vous les trouverez. Toutes les marques de jouets s'y réunissent : de l'artisanat aux casse-têtes, des blocs de constructions à la poupée, de la poussette au vélo. Si finalement, cela ne fait pas l'affaire, la gamme des toutous réduira les larmes des petits et soulagera les grands.

JUNIOR

ROSALINE… POUR CONTER FLEURETTE
199, rue Saint-Joseph E.
418-694-1566
Lun-dim 9h30-17h30 et l'été lun-dim 9h30-20h selon l'achalandage. Toutes CC.
À peine entré, on replonge agréablement dans le monde magique de l'enfance. Dans cette boutique règne une ambiance joyeuse et ensoleillée. Les objets nous accueillent avec un grand sourire. Et nous avons rapidement envie de les toucher et de se mettre à jouer. Les jouets en bois, spécialité de la maison, sont de toute beauté. On craque très vite pour Pinocchio, et nos enfants tombent en amour avec les peluches ou encore les manches à vents. Les objets de décoration sont eux aussi teintés de rêve. Pour les collectionneurs, des tableaux de papillons et la collection du Petit Prince sont disponibles. On aime l'esprit innocent que dégage cette boutique. Rosaline réveille l'enfant qui dort en chacun de nous.

JOUETS EN FÊTE !
Galeries de la Capitale
418-628-1789
Lun-mer 9h30-17h30, jeu-ven 9h30-21h, sam 9h-17h, dim 10h-17h.
Quelle agréable surprise d'entrer dans un magasin contenant un tel choix de jouets de qualité. De l'artisanat aux modèles réduits, du jeu d'échec haut de gamme à celui transportable en voiture, des poupées aux peluches, des blocs de constructions, du camion aux ballons et balles rebondissantes, tout y est.

TOYS R US
Place Laurier
418-656-8697
Lun-mer 9h30-17h30, Jeu-ven 9h30-21h, sam 9h-17h, dim 10h-17h. Toutes CC.
Un immense magasin, idéal pour trouver des jouets, des livres, des jeux de société et divers accessoires. Les plus grands opteront pour des cartes géographiques, des microscopes, des marionnettes… Il y a tout pour les enfants : du monstre intersidéral au poupon en passant par les Barbies et les héros de films. Petits conseils : évitez de vous y rendre trop souvent avec les enfants ou d'y aller la veille de Noël, car on y laisse son porte-feuille.

MODE FUTURES MAMANS

THYME MATERNITÉ
Place Laurier
418-650-5097
www.maternity.ca
Lun-mer 9h30-17h30, jeu-ven 9h30-21h, sam 9h-17h, dim 10h-17h. Toutes CC.
Une chaîne de boutiques consacrée uniquement à la femme enceinte, qui tente de présenter le panorama le plus vaste de vêtements ajustables. La sélection ratisse pour tous les goûts, avec une prédilection pour l'allure jeune et active. Côté tenue de soirée, la gamme se veut un peu mince. Mais, les fringues mettent en valeur l'état de grâce de la maman en formation et lui garantissent un confort. La majorité des vêtements se tiennent hors des courants de la mode, leur donnant un caractère de permanence qui sera fort utile lors de la seconde grossesse. Une sélection de soutiens-gorge de maternité pour aller avec les nouveaux-nés voraces...

MODE ENFANT

CLÉMENT
Place Sainte-Foy
418-653-9363
Lun-mer 9h30-17h30, jeu-ven 9h30- 21h, sam 9h30-17h, dim 12h-17h. Toutes CC.
La mode c'est délirant ! Une ligne de vêtements bigarrés pour les 0-20 ans. Des pièces de tous styles, dans tous les coloris possibles. Passer dans la salle d'essayage tout en regardant la télé, c'est génial. Sans parler du coin de colliers à assembler. Les bambins ont leur département, les pré-adolescentes ont leur ligne Mady en annexe. La section des gamins sportifs s'intitule Mad Max. Que d'inspiration pour cette entreprise familiale de Québec fondée en 1920 !

THE CHILDREN'S PLACE
Place Laurier
418-652-3589
www.childrensplace.com
Lun-mer 9h30-17h30, jeu-ven 9h30- 21h, sam 9h30-17h, dim 12h-17h. Toutes CC.
Des vêtements colorés et de qualité pour les

0-14 ans. Petites filles et petits garçons sortiront avec une tenue très à la mode. Les parents se raviront devant les promotions régulières dans la boutique.

CHEZ CHRISTOFFER

Place Laurier
418-650-5982
Lun-mer 9h30-17h30, jeu-ven 9h30-21h, sam 9h-17h, dim 10h-17h. Toutes CC.
Dans un décor campagnard, Christoffer présente aux 0-6 ans des vêtements solides leur permettant d'aller gambader dans les prés. La boutique a pris la peine de proposer les articles en ensemble. Pour chacune des tenues, des chaussons, bonnets et autres accessoires sont assortis. Ainsi, le magasinage est efficace, et le look toujours réussi. Attention, les prix sont aussi offerts en combo!

LAURALIE

84 1/2, rue du Petit Champlin
418-694-2228
Lors d'une randonnée dans le chic quartier du Petit Champlin, il est incontournable de s'arrêter chez Lauralie. Afin de choyer les 0-12 ans à leur juste valeur, la boutique tient des marques québécoises de prestige. "Deux par Deux", "Le Grenier des Frimousses" , les chaussons Robeze et la ligne Layette ont pignon sur rue. Pour une idée-cadeau ou un vêtement griffé, il fait bon venir fouiner ici.

GAP

Galeries de la Capitale
418-624-2862
Lun-mer 9h30-17h30, jeu-ven 9h30-21h, sam 9h-17h, dim 10h-17h. AE, V, MC et Interac.
Plusieurs succursales dans la région. Pour habiller les tout petits de la même manière que les parents, puisque les coupes se ressemblent tant, du nouveau-né à l'adolescence, jusqu'aux fringues pour adulte. Gap Kid témoigne d'une qualité supérieure. Qui ne craquerait pas pour un bambin ainsi vêtu ? Disons que les parents doivent frissonner d'envoyer jouer leurs enfants dans de telles fringues, mais l'effet esthétique donne le vertige. Une section nouveau-né assez bien garnie, avec les accessoires d'usage.

JACOB JR

Place Sainte-Foy
418-659-7146
Lun-mer 9h30-17h30, jeu-ven 9h30- 21h, sam 9h30-17h, dim12h-17h. Toutes CC sauf AE.
Comme bien d'autres chaînes de prêt-à-porter, Jacob a lancé ses boutiques Junior pour habiller la progéniture à l'image de marque que veulent revêtir les parents. Toujours le tranchant nettement Jacob, de beaux vêtements pour les bambins.

CHAUSSURES PANDA

Place Laurier
418-651-7928
Lun-mer 9h30-17h30, jeu-ven 9h30-21h, sam 9h-17h, dim 10h-17h.Toutes CC. Plusieurs succursales dans la région.
Quelques succursales en moins au fil des ans, mais toujours la même diversité de modèles offerts, d'une qualité faisant la renommée de la maison. Un personnel attentionné venant à bout des humeurs enfantines avec sourire et compréhension, quitte à y mettre le temps voulu. On y trouve son compte, et le pied sera bien chaussé. Sélection idéale de bottes d'hiver.

OURAGAN

Galeries de la Capitale
418-624-1112
Lun-mer 9h30-17h30, jeu-ven 9h30-21h, sam 9h-17h, dim 10h-17h.
Des vêtements québécois qui résistent aux frimousses les plus actives. Les tissus sont pré-usés et très robustes. Les adultes ont aussi leur ligne. Le personnel est tout disposé au moindre conseil. L'ingrédient d'un tel succès : l'amour des enfants. Autre adresse place Laurier.

SOURIS MINI

Galeries de la Capitale
418-624-1112
www.sourismini.com
Lun-mer 9h30-17h30, jeu-ven 9h30-21h, sam 9h-17h, dim 10h-17h.
Des boutiques avec des vêtements aux chauds coloris pour les bébés de 3 à 24 mois et les filles et garçons de 2 à 12 ans. Collection de baptême, maillots de bains et accessoires disponibles. Une mode à des prix corrects. La franchise signe aussi un magazine pour parents et enfants. Autre boutique : 1470, rue Esther-Blondin, 418-266-1150.

JUNIOR

ZARA

Place Sainte-Foy
418-984-1689
www.zara.com
*Lun-mer 9h30-17h30, jeu-ven 9h30-21h,
sam 9h30-17h, dim 10h-17h.*
Tout le glamour de ce designer espagnol à la
portée des mousses nord-américains
branchés. Une belle boutique au design
épuré tout comme les modèles de vêtements.
Les prix sont intéressants.

INFORMATIONS UTILES

SITES INTERNET POUR LES ENFANTS

www.petitmonde.com
Des jeux, une section de questions-réponses
et des liens vers d'autres sites fort à propos.

www.lesdebrouillards.com
Une réponse aux pourquoi du pourquoi émis
par tellement d'enfants. Des idées d'expériences
pour les scientifiques en devenir, les curieux et
tous les dégourdis. Une adaptation intéressante
du magazine en version électronique.

www.radio-canada.ca/jeunesse
Vulgariser l'information en fonction des
jeunes internautes n'aura jamais été aussi
dynamique. Des jeux, des concours des
activités, un forum et des liens vers les
émissions jeunesse du radiodiffuseur public
national du Canada.

SITES INTERNET POUR LES PARENTS

www.famillesdaujourdhui.com
Conseils, adresses incontournables, idées
d'activités ou de sorties, tout y est. Chaque
semaine, le site se renouvelle.

www.enfantsquebec.com
Le magazine Enfant Québec propose sa
version électronique. La section Question-
Débats permet aux internautes de s'exprimer
en toute discrétion sur les petites et grandes
questions que se pose un parent.

GARDERIES

RÉPERTOIRE DES SERVICES DE GARDE AU QUÉBEC

**MINISTÈRE DE L'EMPLOI,
DE LA SOLIDARITÉ SOCIALE
ET DE LA FAMILLE (MESSF)**
www.mapanswer.com/mfe/index.jsp
Trouver le service de garde adapté aux besoins
de son enfant peut signifier de laborieuses
recherches. Le site Internet du MESSF fournit
une liste complète de centres de la petite enfance
qui répondent aux critères gouvernementaux.
La recherche est simple et efficace. On vous
propose également une liste des questions à
poser pour s'assurer du meilleur service.

HÔPITAUX POUR ENFANTS

Trouver le bon pédiatre demande un certain
magasinage. La Société canadienne de pédiatrie (SCP) (www.cps.ca) fournit une liste de
2 000 pédiatres membres. Mais il est aussi
agréable de chercher soi-même la perle rare.

UMF DE L'ENFANT-JÉSUS
2480, de la Canardière
418-661-2428
Possibilité de choisir son médecin de famille
parmi une équipe de médecins-accoucheurs
spécialisés en obstétrique et périnatalité. Le
service offre un suivi de grossesse, des visites
pré-grossesse, l'accouchement (selon un
système de garde en rotation), un suivi post-
natal et pédiatrique.

HÔPITAL DU ST-SACREMENT
1050, ch. Sainte-Foy
418-682-7511
Un programme de maternité permet à plus
de 4000 naissances d'avoir lieu chaque année
dans cet établissement.

CENTRE MÈRE-ENFANT DE QUÉBEC
2705, boul. Laurier, Sainte-Foy
418-525-4444
www.chuq.qc.ca
Les soins de pédiatrie, d'obstétrique et la
néonatologie se retrouvent dans la nouvelle
aile du centre hospitalier.

étudiants

INSTITUTIONS MAJEURES

UNIVERSITÉ LAVAL
418-656-3333
www.ulaval.ca

L'université de la capitale, située sur un grand campus, un peu à l'extérieur du centre-ville. Les formations offertes sont réputées pour leur qualité. On y retrouve les disciplines classiques, arts et sciences, administration, sciences infirmières… et des programmes un peu plus novateurs. Pour en savoir plus, visiter le site Internet.

ECOLE NATIONALE D'ADMINISTRATION PUBLIQUE
555, boul. Charest E.
418-641-3000
www.enap.uquebec.ca

L'ENAP est un établissement d'enseignement supérieur qui est voué à la formation et au perfectionnement des gestionnaires publics. Elle dispense un enseignement de deuxième et de troisième cycle. Trois champs principaux caractérisent cet enseignement : l'analyse des politiques, l'analyse des organisations et l'évaluation des processus et des techniques de gestion. L'ENAP collabore également avec d'autres institutions universitaires et est largement impliquée dans divers projets de coopération, notamment en Afrique et en Amérique latine.

INSTITUT NATIONAL DE LA RECHERCHE SCIENTIFIQUE (INRS)
490, rue de la Couronne
418-654-4677
www.inrs.uquebec.ca

Consacré à la recherche, l'INRS offre aux étudiants une formation de haut niveau. Avec plus de 20 programmes d'enseignement, quatre centres de recherche et 350 professeurs, l'INRS saura satisfaire la soif de connaissance et de recherche de tout jeune scientifique dans des domaines aussi variés que l'environnement, les télécommunications, l'urbanisation ou la virologie.

TÉLÉ-UNIVERSITÉ (TELUQ)
455, rue du Parvis
418-657-2262 / 1 800-665-4333
www.teluq.uquebec.ca

Avec la Télé-Université vous pouvez acquérir une formation universitaire à partir de chez vous. Avec 65 programmes et plus de 350 cours, le retour aux études n'aura jamais été aussi facile !

LES COLLÈGES

CÉGEP DE SAINTE FOY
2410, ch. Sainte-Foy
418-659-6600
www.cegep-ste-foy.qc.ca

Avec ses 130 ans d'histoire, le Cégep de Sainte-Foy accueille chaque année plus de 6300 étudiants. Soucieux de l'épanouissement de l'étudiant, le collège a mis en place tout le nécessaire pour concilier études et vie sociale stimulante ! Sans oublier la panoplie d'activités parascolaires qui leur est suggérée. Avis aux intéressés : un programme sport-étude y est offert. Une institution dynamique pour des jeunes à la recherche de défis.

CÉGEP LIMOILOU
1300, 8e Avenue
418-647-6600
www.climoilou.qc.ca

L'émancipation de sa personne passe par un enseignement de qualité visant à parfaire ses connaissances, favoriser un mode de vie sain pour mieux s'engager dans la société. Ce cégep sait comment former ses quelques 9000 élèves. Avec près de 30 programmes pré-universitaires ou techniques, il propose aussi un volet sport-étude et un enseignement coopératif. Chef de fil en technologie de pointe, il se spécialise en optique/photonique.

COLLÈGE FRANÇOIS-XAVIER-GARNEAU
1660, boul. de l'Entente
418-688-8310
www.cegep-fxg.qc.ca

Un collège spécialisé dans la santé, la justice, les affaires internationales et les arts. La qualité de l'enseignement et le professionna-lisme du personnel de ce cégep lui valent sa

renommée. Un établissement qui concilie modernité et excellence.

COLLÈGE MÉRICI
755, Grande Allée O.
418-683-1591
www.college-merici.qc.ca
Fondé en 1930 afin d'accueillir les Ursulines, ce collège est un établissement de renom, situé dans un décor enchanteur, en bordure des plaines d'Abraham. Un maximum de 1 200 étudiants bénéficient d'un enseignement privé et mixte à dimension humaine. En plus des programmes pré-universitaires, le collège se spécialise dans les techniques de tourisme, de gestion des services alimentaires et de restauration, des techniques de gestion hôtelière, d'orthèses et de prothèses orthopédiques, de recherche sociale et d'éducation spécialisée. Il est toujours bon d'avoir plus d'une corde à son arc !

LES ARTS DE LA SCÈNE

CONSERVATOIRE D'ART DRAMATIQUE DE QUÉBEC
31, rue Mont Carmel
418-643-2139
www.conservatoire.gouv.qc.ca
Le Conservatoire d'art dramatique de Québec dispense une formation complète et post-collégiale aux personnes qui désirent faire une carrière d'acteur. Deux champs de spécialisation : la formation de comédiens professionnels et la scénographie, qui mène aux métiers de décorateur de théâtre et de dessinateur de costumes. Le corps professoral, constitué de grandes vedettes, accompagne les jeunes artistes durant trois années.

CONSERVATOIRE DE MUSIQUE DE QUÉBEC
270, rue Saint-Amable
418-643-2190
www.conservatoire.gouv.qc.ca
Institution d'enseignement qui a vu le jour en 1943, et dont Wilfried Pelletier fut le fondateur et le directeur de 1942 à 1960. De nombreux professionnels de la musique y ont été formés depuis, instrumentalistes, chanteurs et compositeurs. On y suggère un éventail de cours les uns plus intéressants que les autres : alto, violon, violoncelle, contrebasse, piano, orgue, clavecin, guitare, harpe, flûte, basson, clarinette, cor, hautbois, saxophone, trombone, trompette, percussions, chant, direction d'orchestre, composition, composition électroacoustique.

ÉCOLE DE DANSE DE QUÉBEC
310, boul. Langelier
418-649-4715
www.ecoleded ansedequebec.qc.ca
Un programme de technique de danse contemporaine en collaboration avec le Cégep de Sainte-Foy et reconnu par le ministère de l'Éducation, du Loisir et du Sport. En partenariat avec la commission de la capitale, un programme danse-étude (niveau primaire et secondaire) est disponible. Enfin, pour les amateurs de danse des cours de différents niveaux sont proposés et ce, pour tous les âges.

LANGUES

BERLITZ
880, av. Honoré-Mercier,
bureau 193
418-529-6161
www.berlitz.ca
Un incontournable dans l'enseignement des langues. Toutes les majeures y sont représentées au sein de l'équipe permanente; pour les besoins plus pointus, on se charge de trouver un prof qualifié qui enseignera sa langue maternelle. Les cours sont individuels ou donnés en petit groupe; on se déplace même pour des besoins d'entreprise. Pour des besoins spécifiques et des objectifs précis, le programme sera personnalisé à souhait. Mais toujours, l'emphase est mise sur une approche conversationnelle facile, où prime l'acquisition des connaissances linguistiques pratiques. S'y donnent également des cours d'orientation interculturelle, de même que des évaluations linguistiques au profit d'entreprises voulant évaluer des employés potentiels.

DONNEZ UNE NOTE
À VOTRE PROF !

WWW.RATEMYPROFESSORS.COM/CANADA
AU TOUR DES ÉLÈVES DE DONNER UNE NOTE À LEUR PROFESSEUR. MÊME SI CET EXERCICE N'A RIEN DE SCIENTIFIQUE – PARFOIS LE VERDICT NE REPOSE QUE SUR UN OU DEUX COMMEN-TAIRES - IL EST INTÉRESSANT DE SE PRÉPARER MENTALEMENT À L'ANNÉE SCOLAIRE QUI NOUS ATTEND. DE NOMBREUX PROFS QUÉBÉCOIS SONT RÉPERTORIÉS SUR LE SITE.

CENTRE DE LANGUES INTERNATIONAL CHARPENTIER
1135, ch. Saint-Louis, Sillery
418-780-2200
www.clicnetwork.com
Une approche agréable pour apprendre les langues, la méthode Charpentier, un outil pédagogique testé depuis 25 ans et continuellement amélioré. Cette formule permet à l'étudiant de recevoir des cours en petits groupes ou encore des cours privés s'il le souhaite. Il s'agit d'un programme d'enseignement sur mesure qui respecte les particularités du jeune apprenti.

ECOLE DES LANGUES VIVANTES
Université Laval, Québec, Sainte-Foy
418-66-2321
www.elv.ulaval.ca
L'École des langues enseigne le français (langue seconde ou étrangère et langue maternelle) et d'autres langues : allemand, anglais, arabe, chinois, espagnol, italien, japonais, polonais, russe et vietnamien. Le nombre élevé de professeurs étrangers vous permettra de pratiquer votre nouvelle langue et de vous améliorer en continu.

INFORMATIQUE ET MULTIMÉDIA

COLLÈGE BART
751, côte d'Abraham
418-522-3906
www.bart.qc.ca

Situé dans le Vieux-Québec, ce collège a été fondé en 1917. Traditionnellement voué à la formation de techniciens administratifs, il vient d'élargir ses horizons en intégrant un D.E.C. en programmation web et réseau, en gestion de réseaux et enfin en animation 2D/3D.

COLLÈGE CDI
905, av. Honore-Mercier, Bureau 20
418-694-0211
www.collegecdi.com
Alors que les logiciels de toutes sortes envahissent le marché, les besoins du milieu des affaires pour des programmeurs qualifiés ne cessent de croître. Selon un concept de flexibilité tout à fait unique, l'enseignement y est personnalisé, et les horaires de cours d'une souplesse rarement vue dans le monde de l'enseignement. De plus, les 32 campus formant le réseau de ce collège partout au Canada permet à l'étudiant de se rapprocher de l'employeur éventuel. Une aide à la recherche d'emploi ciblé selon les forces de l'étudiant complète le panorama des services offerts.

COLLÈGE O'SULLIVAN DE QUÉBEC
840, rue Saint-Jean
418-529-3355
www.osullivan-quebec.qc.ca
Connu depuis plus de 60 ans comme expert en formation de personnel de soutien administratif, le collège s'adapte aux besoins du monde actuel. Preuve en est, son nouveau programme d'informatique, de grande qualité. Différents A.E.C sont offerts. Le collège forme des webmasters, infographistes et animateurs 3D, programmeurs et concepteurs en solutions.net et enfin des spécialistes en réseautique. Des diplômés hautement qualifiés, prêts à travailler.

CYCLONE ARTS ET TECHNOLOGIES
751, côte d'Abraham
418-522-3906
www.cyclone.qc.ca
Cette école spécialisée en animation 2D et 3D forme les futurs grands créateurs en

infographie pour le cinéma et la télévision. Les cours de Softimage XSI, MAYA, 3DsMAX y sont enseignés en petits groupes, permettant une approche personnalisée.

FORMATIONS DIVERSES

L'ATTITUDE
71, rue Crémazie O.
418-522-0106
www.attitudemassotherapie.com
La formation professionnelle conçue par le professeur et fondateur Michel Van Waeyenberge est une reconnue par le ministère de l'Éducation, du Loisir et du Sport. Elle est conforme aux exigences de la Fédération des massothérapeutes de Québec. Son équipe forme des spécialistes des massages Amma, Californien et Esalen. Enfin, pour les amateurs, des cours d'initiation sont également disponibles.

COLLÈGE DE COIFFURE DE QUÉBEC
334, rue Saint-Vallier O.
418-522-9944
www.collegecoiffurequebec.com
Une formation privée sur mesure. Les sessions débutent au mois de septembre et de février et les cours ont lieu le jour ou le soir. Une formation rapide et de qualité. Vous terminerez celle-ci par un stage en milieu d'affaires et le service de placement vous accompagnera dans votre recherche d'emploi.

COLLÈGE RADIO TÉLÉVISION DE QUÉBEC
751, Côte d'Abraham
418-647-2095
www.crtq.net
La formation au CRTQ se conclut par une attestation d'étude collégiale en animation radio télévision. Le personnel enseignant est constitué de professionnels qui vous introduisent au monde réel des studios de la radio. Vous participerez à l'enregistrement d'émissions variées et vous apprendrez à évoluer dans le monde des communications. Votre formation durera deux sessions de neuf mois. Les conditions d'admissibilité sont très exigeantes. Mais vous sortez avec un diplôme reconnu par l'Etat et prêt à commencer votre vie active.

ÉCOLE MKO
2336, ch. Sainte-Foy
418-659-5553
www.masso-mko.com
Fondée en 1984, cette école se spécialise dans la formation de professionnels en massothérapie, kinésithérapie et orthothérapie. Avec un équipement à la fine pointe de la technologie et un personnel enseignant compétent, l'école a construit sa notoriété.

MAGASINAGE

MAISON

EMMAÜS
915, Saint-Vallier E.
418 692-0385
Lun-mer 8h30-17h30, jeu-ven 8h30-21h, sam 9h-17h, fermé dimanche. Toutes CC.
D'accord il faut s'armer de patience pour venir à bout des quatre étages bien garnis du fameux comptoir Emmaüs : vêtements, accessoires, articles ménagers. Au dernier étage, les électroménagers sont stratégiquement alignés. Le choix faramineux permet de bien choisir son morceau. Le service est très chaleureux, on cherche avec vous et on repère pour vous.

ARMÉE DU SALUT
225, rue Saint-Joseph E.
418-525-4910
Plusieurs succursales.
Les meubles et les électroménagers y sont presque donnés. C'est l'endroit tout indiqué pour trouver la bonne affaire ! Les plus démunis pourront bénéficier d'une foule de services . L'achat devient ici acte de solidarité.

SOCIÉTÉ SAINT-VINCENT-DE-PAUL
Comptoir chez Frédérique, 2901, ch. Sainte-Foy
418-651-3993
Plusieurs succursales. Lun-ven 10h-16h30, sam 10h-16h.
Meubles, électroménagers et petits

RETROUVAILLES !

appareils trouvent ici facilement preneur.
Un organisme qui a beaucoup de cœur et
qui vient en aide à tous types de personnes
dans le besoin.

BOUCLAIR

Place Laurier
418-657-1321
www.bouclair.ca
*Plusieurs succursales. Lun-mer 9h30-17h30,
jeu-ven 9h30-21h, sam 9h30-21h, dim 10h-
17h. Toutes CC.*
Pour ceux qui disposent de temps, Bouclair
peut être une alternative économique et
originale. Confectionner soi-même une
nappe, des rideaux, quelques coussins,
agrémente intelligemment son logis.
Également des accessoires de cuisine, de
salles de bain et quelques lampes et petits
meubles à prix compétitifs.

 ### ZONE

999, av. Cartier
418-522-7373
www.zonemaison.com
*Lun-mer 10h-18h, jeu-ven 10h-21h,
sam 10h-17h30, dim 10h-17h. Toutes CC.*
Des idées de décoration à foison, de beaux
objets pour ceux qui aiment les matières
modernes : bois, verre, métal. Les articles de
cuisine et de décoration (lampes, rideaux,
vases, chandeliers) suivent la tendance et
s'échangent à bon prix.

HI-FI

CLEF DE SOL

840, rue Bouvier
418-627-0840
www.clefdesol.com
*Lun-mer 9h-17h30, jeu-ven 9h-21h, sam 9h-
17h, dim 12h-17h.
Toutes CC. Livraison et
installation gratuites.*
Ce spécialiste de
l'électronique et de matériel
informatique tient à
satisfaire les étudiants. Des
tarifs spéciaux leur sont
réservés. Sans compter
l'excellence du service après-
vente de ce géant de la chaîne
stéréo et du téléviseur. Également, une autre
part du magasin est consacré au matériel
informatique. Les ventes annuelles de janvier
valent le détour. Peu importe votre achat, on
l'accompagne toujours d'un sourire.

MODE

L'AUBAINERIE

5700, boul. des Gradins, Charlesbourg
418-634-0922
*Lun-mar 9h30-18h, mer-ven 9h30-21h, sam
9h-17h, dim 11h-17h. V, MC et Interac.*
On y vient d'abord et avant tout pour les
petits prix, disposés au-dessus des piles de
vêtements pliés. Oui, vraiment le magasinage
s'oriente ici en fonction des offres
alléchantes. Les tissus de fabrication
semblent bien sensibles sous les doigts. Il est
vrai que l'Aubainerie cible d'abord sa
clientèle, c'est-à-dire les familles qui se
doivent de vêtir leurs enfants à prix
inférieurs. Toutefois, les étudiants y trouvent
aussi leur compte. Après tout, la mode a des
goûts qui se lassent rapidement.

WINNERS

Place des Quatre-Bourgeois,
999, rue de Bourgogne
418-654-1186
www.winners.ca
*Lun-mar 9h30-18h, mer-ven 9h30-21h,
sam 9h-17h, dim 10h-17. Toutes CC.*
Les vêtements sont disposés de manière
arbitraire et la sélection aussi. On y trouve
toutes les tailles sauf la nôtre. Mais quel
plaisir de dénicher finalement une pièce
griffée à bon prix. La section bijouterie et
accessoire vaut également le coup. Alors
allez… un peu de courage, les efforts seront
généreusement récompensés.

LA MAISON SIMONS
2450, boul. Laurier
450-692-3630
www.simons.ca
Lun-mer 9h30-17h30, jeu-ven 9h30-21h,
sam 9h30-17h, dim 10h-17h. Toutes CC.
Des vêtements qui suivent les tendances
mais aussi des coupes bien ficelées,
répondant à un certain rapport qualité-prix.
On voit ici des choses qu'on ne verra nulle
part ailleurs, et d'autres beaucoup plus
conventionnelles dès lors que l'on touche au
linge de maison, aux accessoires, à la
lingerie. Les marques Klein, Gauthier, Smith
y sont présentes. Plusieurs succursales dans
la région. Autres adresses : Place Sainte-Foy,
Galeries de la Capitale et 20, côte de la
Fabrique 418-692-3630.

VOYAGE

Voici quelques agences spécialisées dans les
voyages pour étudiants.

TOURISME JEUNESSE
94, boul René-Lévesque O.
418-522-2552
www.tourismejeunesse.org
Lun-mer 10h-18h, jeu-ven 10h-21h, sam 9h-
17h, dim (partie boutique seulement) 12h-
17h. MC, V et Interac.
Pour les jeunes baroudeurs, ceux qui ont
soif d'aventures et d'émotions fortes…
mais en toute sécurité. Tourisme Jeunesse
vous procure, outre les vols, toute
l'information possible pour vous assurer
un bon voyage. Jeunes et dynamiques, les
membres de l'équipe ne demandent qu'à
vous aider. La boutique toute réaménagée
présente un rayon de guides de voyage
très bien garni.

VOYAGE CAMPUS
Université Laval, Pavillon Pollack
418-654-0224
www.voyagecampus.com
Ouvert tous les jours de 9h30-17h.
Ça voyage au bureau. Le service n'en
demeure pas moins attentif aux moindres
volontés des étudiants. L'agence négocie
directement avec les lignes aériennes.
Malgré la queue au comptoir, on prend le

temps de planifier. La carte ISIC permet
d'économiser près de 40% sur les tarifs
ferroviaires et aériens et bien d'autres
surprises. Le programme Vacances Travail
permet de prendre de l'expérience à
l'étranger tout en s'amusant.

RESTAURANTS

RESTOS POUR BOUQUINER

AU BONNET D'ÂNE
298, rue Saint-Jean
418-647-3031
Ouvert tous les jours de 8h-23h. Petit-déjeuner
de 8h-11h et 9h-14h la fin de semaine. Menu
midi 8 $-11,50 $. TH soir 17 $-21 $. Carte
8 $-18 $; V, MC et Interac. Plats à emporter.
Ce bistro est tout simplement adorable.
Pour les écoliers en herbe ou permanents,
le menu permet de faire quelques
révisions de ses connaissances. Pour
parfaire sa géographie, des burgers et des
frites du monde, l'écologie propose des
salades repas, mais on trouve aussi du
magret et du veau saveurs de Charlevoix.
L'histoire et la rentrée sont bien abordées.
Pour passer un bon moment de plaisir et
ne pas devenir un cancre !

LA BOITE À PAIN
289, rue Saint-Joseph E.
418-647-3666
Lun-ven 6h30-20h, sam-dim 6h30-17h30.
Argent comptant et Interac.
Cette boulangerie artisanale du quartier
Saint-Roch fabrique l'un des meilleurs
pains en ville. La sélection est riche et
variée pour le plus grand plaisir de nos
papilles gustatives. Des baguettes
blanches, belges, au levain en passant par
les pains aromatisés et les fameux pains
desserts, tout est délicieux. Pour
commencer la journée nous vous
suggérons une bonne brioche aux trois
chocolats, le muffin choco-poire s'il est
disponible ou toute autre viennoiserie.
Une adresse hautement futée !

COMMUNAUTÉ VIRTUELLE D'ÉTUDIANTS

WWW.RATEMYPROFESSORS.COM/CANADA

AU TOUR DES ÉLÈVES DE DONNER UNE NOTE À LEUR PROFESSEUR. MÊME SI CET EXERCICE N'A RIEN DE SCIENTIFIQUE – PARFOIS LE VERDICT NE REPOSE QUE SUR UN OU DEUX COMMEN-TAIRES - IL EST INTÉRESSANT DE SE PRÉPARER MENTALEMENT À L'ANNÉE SCOLAIRE QUI NOUS ATTEND. DE NOMBREUX PROFS QUÉBÉCOIS SONT RÉPERTORIÉS SUR LE SITE

LE COMMENSAL

418-47-3733
860, rue Saint-Jean
www.commensal.com
Dim-mer 11h-21h30, jeu-sam 11h-22h. Buffet chaud ou froid : 1,69 $/100 g, buffet desserts : 1,29 $/100 g, soupe : 2,59 $. Apportez votre vin. Plats pour emporter.
Calmer une faim de loup ou un appétit d'oiseau sans remord et sans gaspillage, voilà ce que ce restaurant végétarien propose avec son buffet au poids. Plus de quarante mets froids et chauds, sans OGM et sans huiles hydrogénées, sont disposés sous les yeux des clients. Les plats sont préparés avec saveur : gratin de légumes dans une béchamel au lait de soya, seitan chinois, chili sin carne au cumin, fournée de tomates à la provençale. Et dire qu'il reste encore un peu de place pour le dessert sans sucre raffiné ! Un buffet qui se visite les yeux fermés !

RESTAURANT FLASH CAFÉ

2600, boul. Laurier, Sainte-Foy
418-651-2526
Ouvert 24 heures. Toutes CC.
Ce retour dans le passé des années 50 est un excellent prétexte pour passer la nuit à étudier son examen. Sur deux étages, on vous y sert une cuisine très américaine où les burgers portent le nom de vedettes. À trois heures du matin, les oiseaux de nuits sortant du Liquor Store et du Beaugarte butinent autour des illustres poutines, nachos et sandwichs clubs. Un petit clin d'œil entre nous, sur chaque table se trouve un juke-box. Une soirée mémorable !

CHEZ TEMPOREL

25, rue Couillard
418-694-1813
Dim-jeu 7h-1h30, ven-sam 7h-2h30. Carte 2 $-10 $, TH 8,95 $ (pas été). V et Interac.
Rue calme, coin tranquille où, même quand on vient pour la première fois, on se sent chez soi. À s'y méprendre, la clientèle semble être constituée d'habitués et pourtant il y a des touristes, échoués là on ne sait comment. On est attirés par ce bistro de bois intemporel (si, si), où l'on peut méditer, bouquiner, observer notre petit monde. Et on savoure la carte et ses breuvages : chocolat ou café à l'ancienne, chocolat à la guimauve...

LE GRAND MÉCHANT LOUP

585, rue Saint-Jean
418-524-7832
Lun fermé, mar-dim 11h-22h. V, MC et Interac. 26 places. TH midi : 7,95 $-8,25 $. TH à partir de 13,95 $.
Le repère de ceux qui aiment bien se réchauffer autour d'une soupe. En louche ou en repas, elle est servie généreusement, quel que soit l'appétit. La convivialité des lieux permet de sortir cahiers et crayons allègrement.

PREMIÈRE MOISSON EXPRESS

840, rue Honoré Mercier
418-522-1117
Lun-mer 7h-18h, jeu-ven 7h-19h, sam-dim 7h-18h. V ; MC et Interac.
Avant d'attraper l'autobus jusqu'à l'école, pour un petit-déjeuner sur le pouce ou un sandwich à apporter, c'est la référence. Ce magnat de la boulangerie artisanale propose une quarantaine de pains, des croissants et des chocolatines à la chaîne. On peut consommer sur place, au deuxième étage, où on a confortablement pignon sur rue. Avec ses bouquins, une pâtisserie à la main, les études prennent des airs de détente !

ÉTUDIANTS

PRESSE CAFÉ

2825, boul. Laurier
418-658-9885
Ouvert 7 jours 7h-23h. Toutes CC. Carte 2-8.
Nul besoin d'être pressé pour fréquenter ce café. Ici le temps se prélasse au rythme auquel on tourne les pages. Cahiers, livres, journaux à la main, une faune estudiantine semble avoir fait de ce lieu son quartier général. On y mange vite et bien. Des sandwichs savoureux et santé, servis dans des pains ciabatta, sont principalement au menu. Bien entendu, les desserts et les cafés sont onctueux.

STAR CAFÉ

2480, ch. Sainte-Foy
418-651-2323
Ouvert 24 heures. Carte : 4 $-7 $.
V, MC et Interac.
Les étudiants des cégeps environnants et de l'Université Laval ont fait de ce bistro leur second salon. Les banquettes de cuir moelleux et l'ambiance urbaine électronique encouragent la cogitation des cellules cervicales. Le café à volonté servi entre minuit et 11h est le carburant par excellence. Dans un cadre moins sérieux, c'est aussi le lieu pour relaxer en toute convivialité autour d'une bière, d'un morceau de gâteau qui brise tout interdit. Le menu est léger : salades, paninis, gyros et sous-marins. Avec son choix de crêpes, le petit-déjeuner attire sa part de lève-tôt. Assis près du foyer ou à l'air frais sur la terrasse, pour rien au monde on ne céderait sa place !

RESTOS-BISTROS AMBIANCE

CHEZ VICTOR

145, rue Saint-Jean
418-529-7702
Lun-dim 11h30-21h30, jusqu'à 22h jeu-sam.
Hamburgers 9,75 $, salades 4,50 $-10,75$,
sandwichs 7,25 $-11,25 $. Spécial du midi
8,50 $-10,50 $. TH 17,95 $. V, MC et Interac.
80 places.
Ils sont certes réputés pour leurs hamburgers et leurs frites mais n'hésitez pas à laisser de la place pour le dessert car leurs gâteaux sont divins (et faits maison). Le cadre est superbe : avec ses murs de pierres brunes, ses miroirs, sa musique zen, son ambiance tamisée, plein à craquer... victime de sa célébrité ? Il y a même des journaux et des magazines à disposition des clients. D'ailleurs, ce sont de habitués, et sinon ils le deviendront vite. Bref, on adore cette ambiance jeune et super sympa. Autre adresse : 2778, ch. Sainte-Foy, Sainte-Foy, 418-651-8187.

LES COLOCS

400, 3e Avenue
418-648-8614
Fermé le dimanche, sauf l'été. Lun-ven 6h30-
21h, sam 8h-19h. Carte 3,99 $-7 $. Argent
comptant et Interac. 35 places (intérieur),
25 places (extérieur). Permis d'alcool.
Des petits restos de quartier comme ça, pas chers, bons, sympas, on en voudrait plus. Les colocs sentent bon le café du matin, celui qu'on nous porte au lit et qui nous met de bon poil. Les sandwichs, avec pain cuit sur place, débordent de salade, de carotte, de viande ou de thon. Ils font des petits plats à emporter. C'est chaleureux, mignon et rassurant comme le meilleur des colocs. Et puis, à l'achat de 10 sous-marins, on en obtient un gratuit. On y amène nos colocs et nos voisins.

LE FASTE FOU

1380, ch. Sainte-Foy
418-686-2067
www.fastefou.qc.ca
Lun-Jeu 11h-23h, ven 11h-24h, sam 9h-
23h30, dim 9h-23h. 90 places à l'intérieur, 12
sur la terrasse. Carte 2,25 $-13,95 $. Petit-déj'
4,25 $-12,75 $. 4 à 7 en semaine.
On est fous de ce resto où il fait bon s'attabler sous le soleil de la terrasse festive. Lors des célèbres 4 à 7 ou pour un petit-dej' de roi, ce rendez-vous du quartier Saint-Sacrement concocte une cuisine ensoleillée. Les burgers tentent à la fois les végétariens et les carnivores. Les frites belges sont accompagnées d'une mayonnaise maison dont on choisit la saveur : miel ou thym et romarin, ça vous dit ? Que dire du choix des 35 pizzas à la pâte mince ! Les hot-dogs européens et sandwichs clubs en demi-portion ou entiers contribuent eux aussi au ton allègre de ce bistro.

OEUFORIE

888, rue Saint-Jean
418-521-4044
Lun-ven 7h-22h, sam-dim 8h-22h.
Carte 7 $-12 $.
L'endroit tout indiqué pour se remettre
d'aplomb et s'enfiler un petit-déjeuner à
toute heure du jour. Les étudiants
connaissent cet endroit pour l'ambiance
sympathique et les assiettes bien remplies.
Ce resto se transforme en bistro dès que
midi sonne. Avec son concept « cuisine du
marché », on prépare soi-même son assiette
en choisissant ses condiments, sauces et
pâtes. Les burgers, les grillades et le menu
oriental en soirée contribuent à la réussite
d'une soirée décontractée. Autre adresse : 850,
boul. Pierre-Bertrand, 418-681-4419.

RESTAURANT SADEC

229, rue Saint-Vallier O.
418-523-4459
Ouvert mar-mer 17h-21h, jeu-ven 17h-22h,
sam 17h-23h, dim 17h-21h, lundi fermé. TH
midi 6,95 $-8,95 $, TH soir   12,95 $-14,95 $.
Carte 7,50 $-10,50 $. Apportez votre vin.
Quelle surprise de découvrir ce bistrot de
fortune ! Même un dimanche soir, ce resto
grouille de monde ! Au premier coup d'œil,
il ne faut surtout pas s'arrêter à la décoration
kitch propre aux tables « apportez votre vin
» vietnamiennes : lanternes pendouillant au
plafond, papier peint suranné… Au
contraire, le menu est surprenant de
fraîcheur. Le poulet du général Tao est
subtilement frit, les rouleaux impériaux
croustillants à point et les brochettes de
crevettes laissent échapper des notes épicées.

SOL LATINO

184, rue Saint-Vallier O.
418-649-9333
Lun-ven 11h30-14h, 16h30-22h, jeu-sam
16h30-23h, dim fermé. Soirée combo 8,99 $-
9,99 $. Menu midi 5,99 $. Carte 2,50 $-3,99 $.
Argent comptant. 20 places environ. Soirée
espagnole entre 18h-20h le mardi.
Avec ses parfums exotiques, la rue Saint-
Vallier donne une couleur cosmopolite à
Québec. La référence en cuisine mexicaine
c'est le Sol Latino. On y mange à petits prix
et sans ennui. Les portions sont généreuses,
le menu est simple : enchiladas, tacos, fajitas

etc. Mais c'est bon, très bon. Pour reproduire
l'expérience à la maison, un détour s'oblige
au Marché latino, à quelques pas du resto :
101, Saint-Joseph E., 418-522-4675.

SORTIES

BARS, PUBS ET DISCOTHÈQUES

**Il n'y a pas de meilleure thérapie que celle
de s'éclater entre amis. Sur la piste de danse
ou autour d'un bock de bière, il est facile de
se laisser aller. Pour éviter de vider son
porte-monnaie, surveiller les spéciaux des
5 à 7. Plusieurs endroits proposent des
2 pour 1 sur les alcools.**

LA BARBERIE

310, rue Saint-Roch
418-522-4373
www.labarberie.com
Tous les jours de 12h-1h. Interac et argent
comptant. Sélection de bières brassées sur place.
Le bonheur est contagieux dans cette
coopérative de travail loin d'être barbante !
Le personnel jeune et coloré cultive le plaisir
et le sert allègrement. Les quelques 130
recettes de bières sophistiquées coulent à
flot, c'est la fête! Le décor rappelle la chaude
maison familiale où il fait si bon s'y
retrouver. Entre amis, pour jouer aux échecs
ou déguster des saveurs originales grâce au
carrousel de bières, l'ambiance est
jubilatoire.

LE CACTUS

814, rue Myrand, Sainte-Foy
418-527-9111
Tous les jours 11h-3h.
Cuisine, terrasse, télévision.
Une faune estudiantine y afflue, venue
profiter du célèbre spécial sur les ailes de
poulet à 0,25 $. Il semblerait que les
étudiants de l'Université Laval aient
commencé cette tradition il y a plusieurs
années lorsque la populaire émission de
télévision « La petite vie » était diffusée le
lundi soir. Sinon, l'endroit se trouve parmi

ÉTUDIANTS

les plus fréquentés par les 20-25 ans de Sainte-Foy qui viennent y manger et boire de façon très animée. L'ambiance y est !

PUB-X

2003, ch. Sainte-Foy, Sainte-Foy
418-653-5250
Lun-ven 17h-3h, sam-dim 19h-2h.
De l'extérieur, le pub-X, ancien entre-cours, se fait très discret, soustrait à la vue, dans le sous-sol de l'hôtel Universel. Par contre, situé entre deux cégeps et l'Université, il est un des endroits de prédilection des initiations et autres partys d'étudiants. Conseillé seulement si vous êtes étudiant ou si vous avez le goût de revivre vos 18 ans.

LE PUB

Cité Universitaire, Sainte-Foy
418-656-7075
www.lepubuniversitaire.com
Ouvert lun-ven 7h30-2h, sam-dim 17h-2h.
Bar, terrasse, billard, cuisine, et D.J. du mardi au samedi.
Situé à l'intérieur du pavillon Alphonse-Desjardins, c'est l'alternative idéale à la bibliothèque, pour faire la pause entre deux cours. Mais attention, le pub n'est pas seulement un endroit pour venir discuter de philosophie après les classes, car certains soirs, plus de 400 personnes, étudiantes ou non, s'y réunissent pour faire la fête, de quoi rendre jalouse la clientèle des autres universités de la province. La rumeur veut qu'après le Centre Bell, ce soit au Pub qu'il se vende le plus de bières Molson au Canada. Un petit arrêt le jeudi soir porte à croire que cette rumeur est fondée. Des spéciaux très compétitifs sont en vigueur chaque soir et la cuisine reste ouverte jusqu'à 21 h.

CONCERTS ET SPECTACLES

Surveiller les concerts gratuits. L'été, la ville s'anime de festivals, plusieurs spectacles sont gratuits. **Voir sections festivals.** Plusieurs salles de spectacles proposent des tarifs étudiants. Renseignez-vous !

CONSERVATOIRE

Pour encourager les finissants et surtout pour assister à un spectacle à moindre coût, le conservatoire de musique et d'art dramatique est la référence. Pour se procurer un laissez-passer, il suffit de contacter les conservatoires, dont les adresses sont indiquées dans la section apprendre de ce même chapitre.

CINÉMA

Plusieurs cinémas proposent des rabais les mercredis et jeudis, en soirée. Il est aussi possible d'avoir des réductions sur les projections qui se font avant 16h.

CINÉPLEX ODÉON PLACE CHAREST

500, rue du Pont
418-529-9745
www.cineplex.com
Mar-mer et tous les jours avant 18h : 5,49 $.
Adulte 6,99 $, 12 ans et moins et 65 ans et plus:
5,49 $. Lun, mer-jeu fermé en après-midi.
Même si on n'y présente pas de cinéma de répertoire, les prix sont alléchants.

LE CLAP

2360, ch. Foy, Sainte-Foy
418 650-2527
www.clap.qc.ca
Adultes ven-sam après 18h : 9 $, mar-mer :
6,50 $, 65 ans et + : 6,25 $, étudiants 6,75 $,
après 21h : 5$.
Ce cinéma installé dans « la pyramide » est une véritable institution : nouveautés, films d'avant-garde, classiques, films cultes. Une programmation qui sort des sentiers battus. Le ciné a son propre journal, à parcourir avant de faire son choix. Belles salles, son parfait et tous les services pour combler un petit creux avant la prochaine représentation.

ALIMENTATION

BOULANGERIES

LA BOULE-MICHE
1483, ch. Sainte-Foy
418-688-7538
Lun-mer 7h-18h, jeu-ven 7h-19h, sam 7h-17h, dim 9h-17h. Toutes CC.
À l'origine, une boulangerie artisanale dont les multiples pains ont pour points communs d'être cuit sans sucre ni gras ni levure. Il y a même des pain tel le kamut ou l'épeautre spécialement faits pour ceux qui éprouvent des difficultés à digérer le blé. Et bien entendu, en plus de pain, on nous régale de pâtisseries. A noter : il y a un calendrier pour les muffins en été avec cinq variétés différentes par jour. Vous salivez ? Alors on continue. Des prêts-à-manger peuvent être déguster sur place : salade, sandwichs, terrines, tartes… Et en plus d'être une simple boulangerie, la boule miche propose aussi des produits certifiés bio en légumes, fruits, jus, céréales... Et une section est même réservée au commerce équitable avec son café, thé en vrac ou chocolat.

LA FOURNÉE BIO
1296, 3e Avenue
418-522-4441
Dim-lun fermé, mar-mer 7h-18h30, jeu 7h-19h, ven 7h-19h30, sam 7h-17h30. Argent comptant seulement.
Cette petite boulangerie a tout d'une grande. Les habitants de Limoilou ne sont pas les seuls à profiter de ce pain si bon, de ces viennoiseries ou de ces jolis gâteaux. On n'hésite pas à aller en basse ville ! La fournée bio est une excellente boulangerie qui fait du pain au levain naturel, qui vous met vos baguettes de côté, qui propose des pains différents chaque jour (blé sésame, blé tournesol, pain aux noix), qui vous sert avec gentillesse et qui vous donne des suggestions d'accompagnements. Une très bonne adresse à conserver précieusement.

LE PAINGRÜEL
375, rue Saint-Jean
418-522-7246
Dim-lun fermé, mar-jeu 6h30-19h, ven 6h-19h, sam 6h-17h. Hiver, mar-jeu 6h30-18h30, ven 6h-18h30, sam 9h-17h. Possibilité de réserver son pain. Argent Comptant et Interac.
On a eu un gros coup de cœur pour cette boulangerie bio. C'est simple, ils ont réinventé le pain. Dès le chant du coq, on voit à travers la vitrine le boulanger faire son pain. La variété qui est proposée est incroyable, des suggestions d'accompagnements très précieuses contreront les pannes d'inspiration. Pour l'apéro, des petites brioches au parmesan et ciboulette, pour les fromages bleus, on achète le noisette ou l'épicurien. Les propriétaires ont beaucoup d'humour, ils cherchent toujours à faire plaisir. Ainsi pour les fans de pique-nique, un pain aux pistaches a été créé. Il se marie tellement bien avec les pâtés et un pique-nique sur les plaines... Une boulangerie créative qui pense bien à nous.

BOUCHERIES

MARCHÉ PLUS
245, rue Soumande, Vanier
418-681-4351
Lun-ven 9h-21h, sam-dim 8h30-18h.
V, MC et Interac.
La section boucherie vous propose du poulet biologique. D'autre part, même si le bœuf n'est pas bio, il est garanti sans hormones de croissance, ni antibiotiques.

BOUCHERIE VERRET VIC
494, rue Notre-Dame, Charlesbourg
418-849-4481
Ouvert tous les jours : lundi 13h-18h, mar-mer 9h30-18h, jeu-ven 9h-21h, sam-dim 9h-17h. Interac et comptant.
Le bœuf bio étant rare, on vend ici du bœuf naturel et non pas bio. Par contre, vous trouverez du poulet certifié biologique.

CAFÉS & THÉS

LBRULERIE ROUSSEAU
1191, rue Cartier
418-522-7786
Lun-sam 7h-21h, dim 7h30-19h. V, Interac et comptant. Prix : 3,80-7 $ les 100g.

194

LE BOOM DE L'AGRICULTURE BIOLOGIQUE

UN DES OBJECTIFS DU MINISTÈRE DE L'AGRI-CULTURE EST DE QUINTUPLER LE NOMBRE DE FERMES BIOLOGIQUES AU QUÉBEC ENTRE 2004 ET 2009.

SOURCE : WWW.MAPAQ.GOUV.QC.CA

Cette maison torréfie sur place plusieurs cafés. Vous y trouverez plusieurs cafés biologiques en provenance de Sumatra, du Guatemala, du Pérou et du Mexique, ainsi que du thé biologique. Autre adresse : 2500, ch. des Quatre-Bourgeois, Sainte-Foy, 418-659-7786.

BRÛLERIE TATUM CAFÉ
1084, rue Saint-Jean
418-692-3900
www.tatum.qc.ca
Dim-jeu 8h-23h, ven-sam 8h-24h. V, MC, AE, DC et Interac. Prix du café : 6,45 $-7,56 $ les 250g.
Cet immense comptoir vous donne une vue imprenable sur les quelques soixante-dix sortes de cafés, dont du café équitable en provenance de Colombie (Excelso), du Costa Rica (Terrazu) et du Mexique (Altura Pluma). En plus de vendre du café et du thé, cette maison de torréfaction est également un bistro-café fort chaleureux qui propose repas, viennoiseries, ainsi que des accessoires et des machines à café de la marque Saeco.

CAMELLIA SINENSIS
624, rue Saint-Joseph E.
418-525-0247
www.camelia-sinensis.com
Lun fermé, mar-mer 11h-18h, jeu-ven 11h-20h, sam 11h-18h, dim 12h-17h.
Ah ! Le lent plaisir de délecter la divine feuille ! Cette boutique de thé est un havre de paix et de tranquillité. La liste des thés est longue et les recettes variées, du Darjeeling au thé à la menthe, on goûte la maîtrise de cet art ancestral. À noter, une sélection de thés bio et équitables.

ÉPICERIES

ALIMENTEX INC
1188, 1 re Avenue
418-529-7988
Lun-mer 9h-18h, jeu-ven 9h-21h, sam 9h-17h. Toutes CC.
Alimentex fonctionne comme une épicerie, à une différence près et non des moindres : « c'est tout naturel ». Elle propose en effet une large gamme de produits bio : des fruits et légumes jusqu'aux jus et ce, en passant par des produits de beautés ou des détergents écolo. Cette boutique est affiliée à une clinique de naturopathie, on y trouve donc des suppléments alimentaires, des livres santé, un filtreur d'eau et toute une gamme de produits fabriqués maison, comme le thé ou le café. Enfin, on retrouve aussi des produits issus du commerce équitable. Allez donc y faire un petit tour…

ALIMENTS DE SANTÉ LAURIER
Place Laurier, 2700, boul. Laurier
418-651-3262
www.alimentssante.com
Lun-mar 9h30-17h30, mer 9h30-18h30, jeu-ven 9h30-21h, sam 9h-17h, dim 11h-17h. Toutes CC.
C'est vraiment un endroit étonnant. Tout d'abord avec ce décor bleu effet plastique et ce plafond greffé de tuyaux qui détonnent totalement avec le concept bien-être. Mais on est surtout frappé par l'organisation du magasin. On se croirait dans une ville à échelle humaine avec sa rue principale, et à sa perpendiculaire les rues de l'alimentation, des suppléments alimentaires, de l'aromathérapie… Il révèle aussi d'autres ressources puisqu'il abrite un salon de coiffure, une section musique et livres zen, idées cadeaux et accessoires, comme les oreillers ou bandes énergies. Et ce toujours dans cette même perspective de recherche du bien-être, de communion avec la nature.

CRAC / LA CAROTTE JOYEUSE
690, rue Saint-Jean
418-647-6881
Lun-sam 10h-21h, dim 11h-19h. V, MC et Interac.

LES PRODUITS ÉQUITABLES À QUÉBEC

WWW.EQUITERRE.QC.CA/EQUITABLE/ACHETEZ
SUR CE SITE, UN MOTEUR DE RECHERCHE PERMET DE TROUVER TOUTES LES BOUTIQUES VENDANT DES PRODUITS ÉQUITABLES, QUE CE SOIT DES VÊTEMENTS, DE L'ARTISANAT OU DES ALIMENTSGARANTISSENT QU'ILS VOUS LIVRENT CE QU'ILS ONT CUEILLI LE MATIN MÊME !

Des aliments sains et savoureux est-ce possible ? D'un côté, la boutique fait miroiter ses fruits et légumes « certifiés bio » ; ses volailles et viandes toujours bio dont l'arrivage est judicieusement affiché aux yeux des clients. Un arrêt s'impose devant le comptoir des petits plats préparés et des boulangeries riches et santé : croissants de blé bio ou au levain, muffins sans sucre, carrés aux dattes. De l'autre côté, la boutique on pioche de tout en vrac : mayonnaise, miel, mélasse, mélanges de noix préparés par la maison, café de céréale etc. À surveiller, les étiquettes de certains produits aux vertus, il faut l'avouer, parfois surnaturelles. Heureusement, de nombreux commis au tablier vert sont disponibles pour aider le client dans son choix.

ESPACE SANTÉ BEAUTÉ JOHANNE VERDON
2750, ch. Sainte-Foy, Sainte-Foy
418-656-1266
www.johanneverdon.com
Lun-mer 9h-17h30, jeu 9h-21h, sam-dim 9h-17h. Toutes CC.
Un espace alimentaire pourvu d'étals de fruits et légumes biologiques renouvelés tous les jeudis et vendredis. Le personnel qualifié vous renseignera sur les suppléments nutritionnels divers qui occupent une grande place sur les tablettes.

GIROFLÉE
3320, ch. Sainte-Foy, Sainte-Foy
418-658-7780
Lun-mer 9h30-18h, jeu-ven 9h30-21h, sam 9h30-17h, dim fermé. V, MC et Interac.
Établie depuis plus d'une vingtaine d'année, cette boutique regroupe alimentation, produits biologiques et santé

divers, cela sur deux étages. Au rez-de-chaussée, vous trouverez une section fruits et légumes, une sélection de viandes de bœuf, de poulet ainsi que des saucisses, mais aussi des farines, des céréales, des œufs, des fruits secs en vrac ou encore des confitures. Au deuxième étage, c'est l'espace beauté et santé avec une gamme de suppléments alimentaires, de produits cosmétiques et d'huiles essentielles.

LE JARDIN MOBILE
1191, av. Cartier
418-529-5674
Sam-mar 8h-21h30, mer-ven 8h-22h. V, MC et Interac.
Une multitude d'adresses pour ce maraîcher de proximité. Un éventail important de fruits et légumes, en général de première fraîcheur. Quelques items exotiques flirtent avec les produits de chez nous, ce qui crée un drapeau végétal multicolore. La maison vend à prix plus que spéciaux les denrées endommagées, ce qui est très socio-écolo-économique. On peut compléter ses emplettes avec quelques produits santé, du fromage, de la charcuterie et un important rayon boulangerie... bio bien entendu. Autres adresses : 3440, rue de la Perade, Sainte-Foy 418-657-7717; 1363, av. Maguire, Sillery 418-688-7727; 1047, boul. du Jardin, Charlesbourg 418-627-0344; 585, route 116, Saint-Nicolas 418-831-4611; 51, route du Président-Kennedy, Lévis 418-835-5526.

LA MAISON LORLAN INC
1554, 3ᵉ Avenue
418-523-0009
Lun 9h-17h, mar-ven 9h-18h, sam-dim fermé. Toutes CC.
Toute petite boutique qui propose avant tout des prêts-à-manger végétariens et des produits biologiques. La chef-propriétaire, Lorraine Langevin est aussi conseillère en santé et donne des cours de cuisine végétarienne le week-end. Elle accueille des produits issus du commerce équitable, comme le café Nagua, et elle l'annonce fièrement sur son enseigne. Laissez-vous donc tenter…

S'HABILLER ÉTHIQUE

LE VÊTEMENT ÉCOLO, UNE NOUVELLE TENDAN-CE ! QUI PLUS EST, IL RISQUE DE DEVENIR LE PROCHAIN PHÉNOMÈNE MAJEUR DE L'INDUS-TRIE DE LA MODE. AVEC DES LIGNES COMME AMERICAN APPAREL ET EDUN, LES DESIGNERS « ÉQUITABLES » SE TAILLENT UNE PLACE DU CÔTÉ DES GRANDS NOMS. PLUSIEURS BOUTIQUES PROPOSENT DES VÊTEMENTS QUI RÉUTILISENT DES MATIÈRES USAGÉES. D'AUTRES SE SPÉCIALI-SENT DANS LES FIBRES BIOLOGIQUES (SANS PES-TICIDE), DURABLES ET SOCIALEMENT RESPON-SABLES ENVERS LE TRAVAILLEUR. ENFIN, LES FRI-PERIES DONNENT AUSSI LA NOTE.

Apportez votre vin. Plats pour emporter.
Calmer une faim de loup ou un appétit d'oiseau sans remord et sans gaspillage, voilà ce que ce restaurant végétarien propose avec son buffet au poids. Plus de quarante mets froids et chauds sans OGM et sans huiles hydrogénées. Les plats sont préparés avec saveur : gratin de légumes dans une béchamel au lait de soya, seitan chinois, chili sin carne au cumin, fournée de tomates à la provençale. Et dire qu'il reste encore un peu de place pour le dessert sans sucre raffiné !
Un buffet qui se visite les yeux fermés !

PRODUITS DE SANTÉ L.D.

1200, boul. Alphonse-Desjardins, Lévis
418-837-2340
Situé dans les Galeries Chagnon, cette boutique regorge de produits sans gluten, biologiques, de suppléments alimentaires et de produits homéopathiques, ainsi que des livres. Un naturopathe et un phytothérapeute sont disponibles sur place.

LA ROSALIE

1646, ch. Saint-Louis, Unité C, Sillery
418-683-1936
Lun-mer 9h-18h, jeu-ven 9h-21, sam 9h-17h30, dim 11h-17h. MC et Interac.
Une grande variété de produits biologiques (fruits et légumes, viandes et poissons) et santé, des suppléments naturels, des farines, du café, mais également des produits cosmétiques.

RESTAURANTS

LE COMMENSAL

860, rue Saint-Jean
418-647-3733
www.commensal.com
Dim-mer 11h-21h30, jeu-sam 11h-22h.
Buffet chaud ou froid : 1,69 $/100 g, buffet desserts : 1,29 $/100 g, soupe : 2,59 $.

MILLE FEUILLE

1394, ch. Sainte-Foy
418-681-4520
Lun-mer 11h-22h, jeu-ven 11h-23h, sam 8h-21h, dim 8h-21h. V, MC et Interac.
Menu midi 9,95-10,25 $, TH soir 15,50 $. Carte
7,25 $-8,95 $. 60 places à l'intérieur, 24 places en terrasse.
Vous n'êtes pas encore initié au plaisir de la cuisine purement végétarienne… C'est l'occasion de faire le grand saut. Cette table savoureuse apprête avec goût des moussakas végétariennes, des lasagnes, des feuilletés de seitan et gingembre qui laissent un plaisir inouï en bouche. Les gâteaux maison sont gourmands. L'ambiance légère de bistro européen permet de prolonger agréablement la soirée. En attendant la prochaine représentation au cinéma du Clap, à deux pas du resto, ou entre amis, c'est l'endroit tout indiqué pour se détendre sainement.

RESTAURANT ZEN

966, boul. René-Lévesque O.
418-687-8936
Ouvert tous les jours 11h30-14h30 et 17h30-21h30, sam-dim 17h30-20h30. V, MC et Interac. Menu midi 10,99$, TH soir 14,99$.

Idéal pour les végétariens fatigués de refuser d'accompagner leurs amis aux restos de sushi. Une adresse à retenir. Délicieuse cuisine asiatique centrée sur le sushi qui a l'honneur d'être végétarien et même végétalien sur demande ! Ambiance feutrée, dans un décor à l'ancienne convenant à toutes les occasions, repas d'affaires, fête, rencontre intime. On trouve aussi une adresse à Toronto (192, Augusta Ave 416-591-1340).

COMMERCE ÉQUITABLE

TRANSFAIR CANADA
1 888-663-3247
www.transfair.ca
Le logo de certification équitable apposé par Transfair Canada garantit aux consommateurs que le produit acheté répond en tous points aux principes du commerce équitable. Cette organisation fait partie d'un réseau d'organismes de certifications équitables, regroupés au sein d'une même structure baptisée Fairtrade labelling (FLO-International.) Lorsque vous verrez le logo de Transfair Canada sur les emballages de café, vous pouvez être certain que les coopératives de petits producteurs ont reçu un prix équitable pour leur produit et qu'ils pratiquent une agriculture respectueuse de l'environnement. Les torréfacteurs, pour apposer ce logo, doivent se conformer à des conditions strictes dont celles d'acheter le café vert à un prix équitable fixe aux coopératives de petits producteurs inscrites dans le registre tenu par FLO-International.

BOUTIQUES

EQUIMONDE
418-647-5853
365, boul. Charest E.
www.carrefour-tiers-monde.org
Lun-mer 9h-17h, jeu-ven 9h-21h, sam 9h-17h. Horaire sujet à changement pendant les fêtes. Toutes CC.
Cette boutique est située à l'intérieur de l'auberge l'Autre Jardin. Elles font toutes deux parties d'un projet d'économie sociale

développé par l'organisme non gouvernemental Carrefour Tiers Monde. Cette boutique se fait le chantre du commerce équitable. On y trouve de nombreux objets, en provenance d'une trentaine de pays. Ici on respecte scrupuleusement les conditions de travail les plus élémentaires et on achète aux fournisseurs au prix le plus juste. C'est dans cette même perspective que des étiquettes sont accolées à chaque objet indiquant le pays de provenance et le nom du fournisseur. Sachez aussi que l'argent, provenant de la vente de ses objets, est reversé à Carrefour Tiers Monde pour financer ses projets d'éducation et de sensibilisation au commerce équitable. N'hésitez pas à discuter avec les bénévoles qui se feront un plaisir de vous éclairer sur le fonctionnement de l'organisme.

AMERICAN APPAREL
Place Laurier , 2700, boul. Laurier
418-650-0428
www.americanapparel.net
Lun-mer 9h30-17h30, jeu-ven 9h30-21h,

sam 9h-17h30, dim 10h-17h30.

Impossible de ne pas craquer pour ces vêtements d'intérieur taillés pour la plupart dans un coton bio. Le concepteur, un Montréalais d'origine, Doy Charney prône des valeurs sociales et écologiques en ayant choisi d'ouvrir son usine à Los Angeles plutôt que dans les pays du Tiers-monde. Les employés ont le double du salaire minimum et un plan d'assurance-maladie! En plus, American Apparel est reconnu pour ses t-shirts aux coloris gais et ses fibres douces. Des pantalons pour sportifs, des robes-camisoles, des sous-vêtements et accessoires se partagent aussi l'étal.

BOUTIQUE SÉRAPHIN

738, rue Saint-Jean
418-522-2533
Lun-mer 10h-18h, jeu-ven 10h-21h, sam 10h-18h, dim 11h-17h30. V, MC et Interac. Jeans recyclés : 26-35 $.

Être gratteux est loin d'être honteux à la boutique Séraphin. On y propose plus de 800 jeans recyclés de la compagnie Levi's. Avant de se retrouver sur les cintres et les tablettes, ils sont lavés, teints et réparés. Aussi, est-il préférable de bien les essayer avant de les acheter. Le personnel est tout enthousiaste à vous aider. Pour une tenue encore plus décontractée, on agence le tout à des hauts neufs importés, ou à des confections québécoises. À noter que la boutique tient les lignes équitables American Apparel.

L'ÉCHOLOGIK

829, côte d'Abraham
418-648-8288
Lun-mer 12h-17h, jeu-ven 12h-21h et sam-dim 12h-17h. V, MC et Interac.

Le chanvre prend ici la forme du vêtement. Cette matière est jusqu'à sept fois plus résistante que le coton. On y trouve néanmoins bien plus que des vêtements. Des paréos peints à la main que l'on appelle les primitifs, mais aussi des tentures indiennes typiques. Un éventail de pipes et de tabac de différents pays. À tout ceci s'ajoutent des produits biologiques pour entretenir vos plantes. J'ai bien dit plantes et pas cannabis ! Autre boutique Echologik au 789, rue Saint-Jean.

MYCO ANNA

616, rue Saint-Vallier O.
418-522-2270
www.mycoanna.com
Lun-mer 9h-17h, jeu-ven 9h-17h, sam 10h-17h. V, MC, AM et Interac.

Une griffe à l'image de sa designer Marie-Chantal Le Breton, au caractère unique avec sa ligne composée de 20 à 100% de matières recyclées. Un joli patchwork où les imprimés se mélangent aux textures. Le style décontract, confortable et avantageux plaît autant aux 20 qu'aux 40 ans. Par exemple, ses minuscules tops et robes originales aux coloris pimpants portant le nom de bonbons.

RÉUTILISATION OU RÉEMPLOI

En matière de réemploi, de nombreux commerces et institutions proposent l'achat ou la location d'innombrables produits et articles usagés. Des livres ou disques usagés jusqu'aux meubles en passant par les jouets ou les vélos de seconde main, agir dans la logique de la réutilisation est à la portée de tous et toutes, d'autant que cela signifie souvent réaliser des économies par rapport au prix du neuf. Sans aucune volonté d'exhaustivité, les quelques adresses suivantes ne veulent que mettre en relief des lieux ou des services qui sortent de l'ordinaire par leur originalité ou leur caractère social.

FRIPERIES

Par conscience écologique, pour s'enticher d'une pièce unique ou encore pour le plaisir d'économiser, les friperies gagnent de plus en plus d'adeptes. Armez-vous de patience et soyez prêts à fouiner…

LA COMMODE FRIPES ET TROUVAILLES

1975, rue Fleur de Lys, Vanier
418-660-6000
Lun-mer 9h-17h, jeu-ven 9h-21h, sam 9h-17h, dim 10h-17h.

Avoir l'œil c'est aussi avoir la conscience environnementale. Qui plus est, cette boutique propose des vêtements, parfois même griffés, accessoires et articles ménagers qui dépassent rarement les 20 $. En plus des fripes, on y fait provisions de denrées équitables : café, chocolat, chocolat chaud, sucre et thé.

FRIPERIE LES DÉGRIFFÉS
1065, route de l'Église, Sainte-Foy
418-654-1054
Lun-mer 10h-17h, jeu-ven 10h-21h, sam 10h-17h, dim fermé. V, MC et Interac.
Cette friperie est surtout fréquentée par une clientèle de jeunes femmes professionnelles, début trentaine, venues y chercher des marques de renom tel Liz Clairborne, Jean-Claude Poitras ou encore Alfred Sung. Les grandes griffes sont délicatement posées sur des tringles. On y trouve aussi des vêtements neufs provenant de fin d'inventaires de couturiers. Il est possible de laisser ses vêtements en consignation contre un retour de 40% du prix de vente.

FRIPERIE LES FILLES DE CALEB
23A, rue Saint-Louis, Lévis
418-833-6910
Argent comptant uniquement.
Vêtements et accessoires de fripe et neufs pour femmes et enfants essentiellement (avec un coin pour les grandes tailles). Selon la période de l'année, on peut y trouver des robes de mariées ou encore des déguisements pour l'Halloween.

FRIPERIES A BUT NON LUCRATIF

ARMÉE DU SALUT
1125, ch. de la Canardière
418-641-0050
www.armeedusalut.ca
Ouvert lun-mer 9h-18h, jeu-ven 9h-21h, sam 9h-17h, dim 12h-17h.
Véritable institution connue mondialement. Cette œuvre de charité fondée en 1878 propose du chic à prix choc pour toute la famille. Dans ses allées

conviviales la simplicité et la modestie des petites marques voisinent avec la qualité et l'originalité des grandes griffes. Le personnel est courtois. La maison accueille vos dépôts avec affabilité, mais refusera indiscutablement tout article décousu, troué ou sale.

LE COFFRE DE M. VINCENT
909, boul. Pie-XII, Sainte-Foy
418-657-3206
Organisme de charité qui vend des vêtements usagés pour femmes, hommes et enfants. On peut y trouver des vêtements presque neufs selon les arrivages. Attention, mieux vaut téléphoner pour connaître les heures d'ouverture, qui sont irrégulières.

CARTOUCHES D'IMPRESSION

Une liste très complète des compagnies qui réalisent la récupération et le recyclage des cartouches vides d'imprimantes (lasers ou à jet d'encre), des toners de photocopieurs et des rouleaux encreurs de télécopieurs est disponible sur le site de Recyc-Québec, la société québécoise de récupération et de recyclage. De manière générale, ces compagnies proposent un service de collecte des cartouches à partir d'une certaine quantité et remboursent un petit montant unitaire selon l'origine de la cartouche. Il est aussi possible de porter ses cartouches dans certains commerces spécialisés qui en offrent le service.

VOICI UNE LISTE D'ENTREPRISES QUI RÉCUPÈRENT ET RECYCLENT VOS CARTOUCHES D'IMPRIMANTES :

A.R.C.
2800, rue Jean-Perrin
418-845-4114
www.precijet.com
Récupération et recyclage de cartouches d'imprimantes (laser, à jet d'encre) seulement.

RECYC-QUÉBEC

FOURNITURE D'IMPRESSION N.F
1545, rue Duvernay, L'Ancienne-Lorette
418-990-5959
Récupération et recyclage de cartouches
d'imprimantes (laser, à jet d'encre) et de
photocopieurs seulement.

OLYMPIQUE 2000
2175, place Côté
418-681-6385
www.pap-olympic.com
Récupération et recyclage de cartouches
d'imprimantes (à poudre, laser) seulement.

TECKNO-O-LASER
1900, place Côté, bureau 116
418-688-1523
www.teckn-o-laser.com
Récupération et recyclage de cartouches
d'imprimantes (laser, à jet d'encre) et de
télécopieur seulement.

PILES RECHARGEABLES

**SOCIÉTÉ DE RECYCLAGE
DES PILES RECHARGEABLES
(RBRC)**
1 800-822-8837
www.rbrc.org
Depuis 1997, cet organisme à but non
lucratif a mis en place un concept original
de recyclage des piles rechargeables : la
collecte, le transport et le recyclage de la
plupart des piles et accumulateurs
(étampés de son logo). Les consommateurs
peuvent visiter le site Internet ou appeler le
numéro d'information sans frais pour
connaître le magasin le plus proche
participant à la collecte.

ORDINATEURS

C.T.O.U. INFORMATIQUE
1265, chemin de la Canardière
418-525-5959
www.ctoucanada.com
*Lun-mer 9h-17h, jeu-ven 9h-
21h, sam 9h-17h, dim fermé.
V, MC et Interac.*
L'entreprise récupère et
recycle du matériel
informatique et de composantes électriques
de toutes sortes. Ordinateurs usagés, potables,
disques durs, moniteurs, imprimantes, cartes
de son, souris optique etc., vous y trouverez
forcément votre bonheur pour des prix
avantageux. Recyclage et récupération de tout
matériel informatique et des composantes
électroniques.

VÉLOS

LE VÉLO VERT
3030, boul. Sainte-Anne
418-661-1661
http://levelovert.com
*En saison, lun-mar-mer-sam 9h-17h,
jeu-ven : 9h-12h, dim 12h30-16h30.*
Le Vélo Vert est un organisme à but non
lucratif et une entreprise d'insertion
spécialisée dans le recyclage de vélos. Dans la
boutique, on vous propose des vélos usagés
ou recyclés de divers modèles pour adultes et
enfants, et à tous prix : hybrides, tout-
terrains, vélos de course, BMX etc.

ÉNERGIE ET HABITAT

« L'Efficacité énergétique » est un concept
de rationalisation des sources d'énergies de
consommation au quotidien destiné à
réduire d'une part la pollution liée à la
production de cette énergie et à son usage,
et d'autre part la facture de consommation.
Il est donc important de se prémunir
contre tout dysfonctionnement du système
de chauffage, une fuite du conduit d'eau,
une isolation inefficace etc. Afin de
prévenir ces situations, une analyse
détaillée du domicile selon les standards de

l'Office de l'efficacité énergétique, de Ressources Naturelles Canada et de l'Agence de l'Efficacité Énergétique du Québec peut s'avérer indispensable.

AEE AGENCE DE L'EFFICACITÉ ÉNERGÉTIQUE

1 877-727-6655
www.aee.gouv.qc.ca

Grâce à son programme " Novoclimat ", cette agence québécoise permet de se faire construire une maison au rendement énergétique supérieur, grâce au conseil d'un spécialiste indépendant qui tracera l'adéquation entre vos besoins résidentiels et un plan d'efficacité énergétique.

ÉNERGIES ALTERNATIVES

SOLAIRE

Que ce soit dans le domaine résidentiel, nautique, agricole (chauffage des serres en hiver), les cellules solaires photovoltaïques sont des semi-conducteurs capables de convertir directement la lumière en électricité.

ÉNERGIE SOLAIRE QUÉBEC

514-392-0095
www.esq.qc.ca

Organisme sans but lucratif dont le mandat est de promouvoir l'utilisation de l'énergie solaire au Québec. Ses actions s'adressent au public en général et aux divers intervenants des secteurs de l'énergie et du bâtiment. L'Association regroupe des utilisateurs et des fournisseurs de biens et de services liés à l'énergie. Des ateliers sont régulièrement organisés.

ÉOLIENNES

Les éoliennes sont installées individuellement pour alimenter une maison ou un village, mais on les regroupe souvent en grand nombre. Situées dans un endroit bien exposé aux vents, près d'une ligne à haute tension par exemple, elles deviennent alors une véritable centrale éolienne électrique

ENVIRONERGIE

561, rue Pacifique, Lac-Saint-Charles
418-849-5221
www.environergie.com

Panneaux photovoltaïques, éoliennes PV sur mesure.

SE DÉPLACER AUTREMENT

L'idéal en matière de déplacement écologiquement viable consisterait à procéder à une association entre les sociétés de transport public (bus, trains de banlieue, chemins de fer etc.) et les transports "privés" tels le vélo, le taxi, la voiture de location, la coopérative de propriété d'auto, entreprise de covoiturage.

CO-VOITURAGE ET LOCATION

ALLO-STOP

418-522-0056
www.allostop.com

COMMUNAUTO

418-523-1788
www.communauto.com

NUMÉROS UTILES

SERVICES MUNICIPAUX

HÔTEL DE VILLE
2, rue des Jardins
418-641-6000
www.ville.quebec.qc.ca

COMMISSION DE LA CAPITALE NATIONALE
525, boul René-Lévesque E.
418-528-0773
www.capitale.gouv.qc.ca
Créée en 1995, sa mission est de promouvoir le rôle de la Ville de Québec comme capitale et contribuer à son développement. Elle conseille ainsi le gouvernement sur des questions telles la localisation des ministères et organismes et l'aménagement. La Commission œuvre dans tous les domaines de la ville, que ce soit dans les institutions nationales, les biens historiques ou les espaces publics.

NUMEROS D'URGENCE

POLICE – POMPIERS – AMBULANCE
911
SÛRETÉ DU QUÉBEC
310-4141
INFO-CRIME
1 800 711-1800
RECHERCHE & SAUVETAGE AÉRIEN
1 800 267-7270
RECHERCHE & SAUVETAGE MARITIME
1 800 463-4393
CENTRE ANTI-POISON
1 800 463-5060
GAZ – DÉTECTION D'ODEUR
911
GAZ MÉTROPOLITAIN (FUITES, 24H/24)
1 800 361-8003
HYDRO-QUÉBEC (PANNES & URGENCES, 24H/24)
1 800 790-2424

SERVICES GOUVERNEMENTAUX

FÉDÉRAL

AGENCE DU REVENU DU CANADA
1 800 267-6999
www.ccra-adrc.gc.ca

PASSEPORT CANADA
2640, boul. Laurier,
bureau 200, 2e étage
1 800 567-6868 / ATS 1 866 255-7655
www.ppt.gc.ca
Le délai de délivrance d'un passeport est normalement de quatre semaines. Dans les cas d'urgence, le délai de traitement peut être réduit. Pour un service « urgent », le passeport sera délivré la journée ouvrable suivant la réception de la demande (frais de 70 $ + droits de passeport). Pour un service « express », deux à neuf jours ouvrables suivant la réception de la demande (30 $ + droits de passeport).

PROVINCIAL

CENTRES LOCAUX D'EMPLOI
www.mess.gouv.qc.ca
Vous trouverez une liste détaillée de tous les centres locaux sur le site Internet du ministère de l'Emploi et de la Solidarité sociale.

DIRECTEUR DE L'ÉTAT CIVIL
2535, boul. Laurier, Sainte-Foy
418-643-3900
www.etatcivil.gouv.qc.ca
Depuis 1994, le Directeur de l'état civil est le seul officier de l'état civil habilité à dresser les actes de naissance, de mariage, d'union civile et de décès, et à délivrer des documents authentiques relativement à ces événements. Coûts : certificat de mariage, d'union civile ou de naissance 15 $, copie d'un acte 20 $. Les délais réguliers sont de 12 à 20 jours, mais si vous souhaitez obtenir vos documents rapidement (trois jours), il faudra payer 35 $.

INSTA-CHÈQUES

662, BOUL. WILFRID-HAMEL
418-527-5440
ENCAISSEMENT DE CHÈQUES. DE JOUR COMME
DE NUIT, LORSQUE LES BESOINS SONT
PRESSANTS. CONTRE UNE COMMISSION DE 3%
DE LA VALEUR DU CHÈQUE ET DES FRAIS
ADMINISTRATIFS, ON CHANGE LE CHÈQUE,
ILLICO PRESTO.

**BANQUE NATIONALE
DU CANADA**
1 888 835-6281
www.bnc.ca

BANQUE ROYALE
1 800 769-2511
www.banqueroyale.com

BANQUE SCOTIA
1 888 615-8991
www.scotiabank.ca

MINISTÈRE DU REVENU DU QUÉBEC
www.revenu.gouv.qc.ca
418-659-6299 ou 1 800 267-6299
Québec : 200, rue Dorchester
Sainte-Foy : 3800, rue de Marly

BANQUE TD CANADA TRUST
1 800 895-4463
www.tdcanadatrust.com

CAISSES DESJARDINS
1 800 224-7737
www.desjardins.com

RÉGIE DU LOGEMENT
900, boul. René-Lévesque E.
1 800 683-2245
www.rdl.gouv.qc.ca

ING DIRECT
1 866 464-3473
www.ingdirect.ca

SERVICES AUX CONSOMMATEURS

**OFFICE DE LA PROTECTION DU
CONSOMMATEUR**
400, boul. Jean-Lesage, bureau 450
418-643-1484
www.opc.gouv.qc.ca
Informations, conseils et soutien aux
victimes de fraudes (tant le consommateur
que le commerçant) vers des ressources
judiciaires.

CARTES PERDUES

AMERICAN EXPRESS
1 800 869-3016

CARTES MASTERCARD PERDUES
1 800 6227757

CARTES VISA PERDUES
1 800 847-2911

BUREAUX DE CHANGE

Face à la multitude de bureaux de change
truffant le Centre-ville, il vaut mieux bien
magasiner les taux avant de sortir quelques
billets que ce soit. Ils varient d'un bureau à
l'autre, et peuvent prendre une tournure
plutôt avantageuse si on change un magot
plutôt qu'une poignée de rien. Voici deux
adresses de qualité.

BANQUES

**BANQUE CANADIENNE IMPÉRIALE
DE COMMERCE (CIBC)**
1 800 465-2422
www.cibc.com

BANQUE DE MONTRÉAL
1 800 363-9992
www.bmo.ca

CAISSE POPULAIRE DESJARDINS
19, rue des Jardins
418-522-6806
www.desjardins.com/fr/taux/change

BANQUE LAURENTIENNE DU CANADA
1 800 522-3863
www.banquelaurentienne.ca

BANQUE NATIONALE DU CANADA
1199, rue Saint-Jean
418-647-6986
150 boul. René-Lévesque E.
418-647-6100

HABITATION

ASSURANCES

Bien qu'il ne soit pas obligatoire d'assurer ses meubles, son appartement ou sa maison, il est fortement conseillé de le faire. Courtiers et compagnies d'assurance privées proposent toute une gamme de protections contre le feu, le vol et la responsabilité civile. Par ailleurs, si vous bénéficiez d'un prêt hypothécaire, le prêteur exigera que l'immeuble soit assuré. Pour une même couverture générale, le prix des primes peut varier beaucoup. Renseignez-vous au centre d'information du Bureau d'assurance du Canada. Attention, il peut s'avérer difficile d'assurer un appartement situé dans le même édifice qu'un magasin ou un restaurant. À vérifier avant de signer.

BUREAU D'ASSURANCE DU CANADA
1 877 288 4321
www.ibc.ca

COMPAGNIES D'ASSURANCES PRIVÉES

LA CAPITALE ASSURANCE
525, boul. René-Lévesque E., 5e étage
418-266-1700
www.lacapitale.com

DESJARDINS ASSURANCES GÉNÉRALES
1 800 463-5666
www.desjardinsassurancesgenerales.com

INDUSTRIELLE ALLIANCE
1080 Grande Allée O. , Sillery
418-684-5000
www.inalco.com

STANDARD LIFE
150-1126 ch. St-Louis, Sillery
418-684-2400
www.sunlife.ca

WAWANESA ASSURANCES
4715 des Replats, bureau 252
418-661-7741
www.wawanesa.com

AUTO-MOTO

**ASSOCIATION POUR
LA PROTECTION
DES AUTOMOBILISTES (APA)**
292, boul. Saint-Joseph O.
514-272-5555
www.apa.ca
L'Association de Protection des Automobilistes est LA référence absolue de tout conducteur digne de ce nom. Des renseignements à la tonne, allant de répertoires de garagistes avec cote de fiabilité, jusqu'aux célèbres guides de voitures neuves et d'occasion (les Lemon Aid). On peut devenir membre (74,77 $) et profiter de la kyrielle d'informations, à coût moindre, telles les fiches signalétiques de chaque modèle de voiture présente sur nos routes, avec valeur des diverses options pour les négociateurs invétérés.

**CENTRE
DE VÉRIFICATIONS TECHNIQUES
DU CAA-QUÉBEC**
980, av. Saint-Jean-Baptiste
418-872-6666
www.caaquebec.com
Lun-ven 7h30-17h30. Sur rendez-vous.
Pour une estimation plus neutre avant de se lancer dans les visites hautement émotives des mécaniciens aux dents longues. Un service aux gants blancs qui va dans le détail. L'estimation finale peut parfois faire frémir, mais puisque les réparations ne se feront sur place, force est d'admettre l'objectivité du processus. Il s'agit ensuite d'établir une liste de priorités et de se lancer à la recherche de l'atelier digne de Choupette. Avant de vendre ou d'acheter une voiture d'occasion, la vérification à bien meilleur ton !

TROUVER UN CODE POSTAL !

WWW.POSTESCANADA.COM

LE SITE DES POSTES VOUS DONNERA LE CODE PÔSTAL QUE VOUS RECHERCHEZ. IL VOUS SUFFIT DE TAPER UNE ADRESSE ET IL RESSORT. PRATIQUE !

INFOROUTIÈRE - SAISON HIVERNALE
1 888 355-0511
www.mtq.gouv.qc.ca
Informations 24h/24 sur l'état des routes et sur le site internet, conditions routière par numéro de route et caméras de circulation. Mise à jour régulière, pour les grands axes routiers de la province. Quant aux routes secondaires, vive la découverte sur le terrain ! Fonctionnel du 8 nov. au 31 mars.

SOCIÉTÉ DE L'ASSURANCE AUTOMOBILE DU QUÉBEC
787, boul. Lebourgneuf
418-643-7620 / 1 800 361-7620
www.saaq.gouv.qc.ca
Lun- ven 8h30-12h , 13h-16h30. Pour les renseignements généraux, les prises de rendez-vous pour examens de conduite, les permis de conduire et les immatriculations. Bref, un incontournable qui se présente tous les deux ans, lorsqu'on doit faire renouveler son permis. Mandataires : pour les transactions des immatriculations : 787, boul. Lebourneuf. Pour les examens de conduite, les permis de conduire et les immatriculations : 1400, av. Saint-Jean-Baptiste, suite 180. Autre mandataire : 2012, Jean-Talon Nord, Place de la Cité, 2600, boul. Laurier.

DÉMÉNAGEMENT

Le grand mal québécois. Une infection hautement saisonnière qui frappe la population et pousse à la bohème. Comme de raison, une myriade d'entreprises se charge du lest, à des prix variants hautement. Le magasinage est fortement recommandé, surtout que la norme est d'offrir une estimation gratuite. Ne pas négliger non plus de payer le petit supplément pour l'assurance; un bris est si vite arrivé.

A PRIX MODIQUE DÉMÉNAGEMENT
4864, av. des Giroflées, Charlesbourg
418-622-4932
www.dem-prixmodique.com
Depuis plus de 20 ans, cette entreprise familiale vous déménage avec soin de la cave au grenier. Elle emballe pour vous et fournit tous les cartons. Assurances, transport locale et de longue distances, peu importe vos besoins.

DÉMÉNAGEMENT CÔTÉ
2890 av Kepler, Sainte-Foy
418-652-8222
Au Canada ou aux États-Unis une équipe aux gros bras qui vous porte main forte depuis plus de 100 ans ! Minutieux, ils ne négligent aucune des étapes du déménagement : emballage, déballage, entreposage, nettoyage et assurances. De vraies petites fourmis à l'ouvrage !

DÉMÉNAGEMENT LA CAPITALE
1-800-888-7128
Pour un déménagement résidentiel ou commercial, La Capitale propose une estimation gratuite et des services très pratiques tels que l'emballage et le déballage des boîtes, des couvertures pour protéger vos effets personnels et bien d'autres. Service d'entreposage également disponible.

EUROPACK
514-633-8583
www.europack.ca
Déménageurs et transporteurs internationaux, ils vous permettent de préparer en toute quiétude le grand départ vers l'étranger. De la porte de départ à la porte d'arrivée, ils s'occupent de tout, et vous fournissent l'information nécessaire pour passer les douanes sans encombre. Une compagnie très professionnelle pour ces occasions où l'on ne veut rien laisser au hasard.

U-HAUL
2495, boul. Henri Bourassa
418-524-7868
www.uhaul.com
Pour économiser et lorsque l'effort ne vous fait pas peur (ou que le cercle d'amis est important), U-Haul s'impose comme une solution aux coûts du déménagement. Plusieurs volumes de camions disponibles à la location, de même que des remorques et des chariots. La ligne complète des fournitures pour un déménagement organisé et bien planifié. Pour les longues distances, un supplément permet de couvrir la location à sens unique, et ce pour l'ensemble de l'Amérique du Nord. Ouvert 7 jours, avec un service routier gratuit en cas de pépins.

ENTREPÔTS

Un entreposage peut vous sauver lorsque vous avez une forte tendance à accumuler les biens matériels. À moins que vous vous envoliez pour de longs moments. Dans ces cas, les effets personnels cherchent logis et l'entreposage permet de tout conserver à petit prix. L'idéal est de louer un espace approprié, chauffé et surveillé 24 heures, avec accès en tout temps. Voici une sélection des entrepôts de la région les plus recommandés, sélectionnés tant pour la sécurité offerte que l'accessibilité 24h/7 jours semaine.

A PRIX MODIQUE DÉMÉNAGEMENT
4864, av. des Giroflées, Charlesbourg
418-622-4932
www.dem-prixmodique.com

DÉMÉNAGEMENT CÔTÉ
2890 av. Kepler, Sainte-Foy
418-652-8222

ENTREPOSAGE DOMESTIK
2383, Galvani, Sainte-Foy
418-683-8333
www.domestik.qc.ca
Entreposage Domestik est un système d'entreposage « libre service » qui vous permet de louer un espace correspondant à vos besoins et ce, pour aussi longtemps que vous le désirez.

U-HAUL
2495 boul. Henri-Bourassa
418-524-7868
www.uhaul.com

SERRURIERS

A À Z SERRURIER
4461, 1e Av., Charlesbourg
418-622-4720
Lorsque vous avez oublié vos clés, perdu ce fameux trousseau, le service d'urgence 24h sur 24 de cette boutique sauvera votre soirée.

BÉDARD SERRURIER
2842, ch. Sainte-Foy, Sainte-Foy
418-653-8877
La confection de clés et serrures ainsi que les coffres-forts pour le commercial et le privé, Bédard serrurier offre un service d'urgence pour un déverrouillage rapide.

ORGANISMES & SERVICES

BÉNÉVOLAT ENTRAIDE

CENTRE D'ACTION BÉNÉVOLE DE QUÉBEC
245, rue Soumande, local 285, Vanier
418-681-3501
www.cabqinc.net
Fondé en 1976, le Centre regroupe 340 organismes. Il apporte du support aux bénévoles en les formant. Cet organisme tient également un répertoire de 700 organismes à but non-lucratif de la région.

CENTRE D'AIDE ET D'ACTION BÉNÉVOLE DE CHARLESBOURG
7260, boul. Cloutier, Charlesbourg
418-622-5910
www.caabcharlesbourg.org
Vous voulez sauver le monde ! Faites-le concrètement en prêtant main-forte aux plus démunis et aux personnes en difficulté.

RACCOMPAGNEMENT À DOMICILE

CE N'EST PAS UNE NOUVEAUTÉ, ON PEUT TRÈS BIEN S'AMUSER SANS BOIRE. MAIS AU CAS OÙ VOUS N'AURIEZ RIEN VU VENIR ET POUR ÉVITER LE MASSACRE SUR LES ROUTES, VOICI QUELQUES ALTERNATIVES EFFICACES ET DRÔLEMENT PRATIQUES. À UTILISER SANS MODÉRATION. ET CE N'EST PAS PARCE QU'ON A DU MAL À MARCHER QU'IL FAUT OUBLIER LE TIP!

TOLERANCE ZERO

418-861-9590
WWW.TOLERANCEZERO.CA
PRÉCURSEUR EN LA MATIÈRE, LES SERVICES DE RACCOMPAGNEMENT DE TOLÉRANCE ZÉRO, À VOTRE DOMICILE, À BORD DE VOTRE VÉHICULE, OSNT DISPONIBLES PARTOUT AU QUÉBEC, TOUTE L'ANNÉE. TRANSPORT BÉNÉVOLE. POUR ÊTRE BÉNÉVOLE, IL SUFFIT DE FAIRE UNE DEMANDE D'INSCRIPTION AU MÊME NUMÉRO.

L'action bénévole est aussi un moyen d'échanger et de vivre des expériences stimulantes et enrichissantes !

CROIX-ROUGE CANADIENNE
325, rue de la Croix-Rouge
418-648-9066
www.croixrouge.ca
La Croix-Rouge intervient dans des situations d'urgence et des sinistres. Elle offre également des programmes de secourisme et de prévention pour tous les âges.

CÉLIBATAIRES

LAVALIFE
www.lavalife.ca
Lavalife est un groupe international de rencontres par téléphone et par Internet. On vante les mérites des services offrant un milieu sécuritaire et divertissant.

RENCONTRES TRAIT D'UNION
www.traitdunion.ca
Pour discuter en ligne, se faire des amis ou encore trouver l'âme sœur, il suffit d'un clic et le tour est joué.

COMMUNAUTÉ GAY

CHAMBRE DE COMMERCE GAIE DU QUÉBEC
1 888 595-8110
www.ccgq.ca
Service d'information et de réseautage pour communauté d'entrepreneurs gais.

GROUPE DE RECHERCHE ET D'INTERVENTION SOCIALE GAIS ET LESBIENNES DE QUÉBEC (GRIS)
265, de la Couronne, bureau 271
418-523-5572
Démystification de l'homosexualité en milieu scolaire auprès des adolescent(e)s et jeunes adultes. Activités et partenariat avec les écoles secondaires et cégeps.

GAI ÉCOUTE
1 888 505-1010
www.gai-ecoute.qc.ca
Gai Écoute dispense gratuitement des services d'aide et de renseignements à l'intention des personnes intéressées par les questions relatives à l'orientation sexuelle.

FEMMES

CONSEIL DU STATUT DE LA FEMME
1 800 463-2851
www.csf.gouv.qc.ca
Cet organisme gouvernemental a pour mission de promouvoir et de défendre les droits et les intérêts des Québécoises. C'est une source d'information pour les femmes et le public dans son ensemble.

PERSONNES SOUFFRANT DE DÉFICIENCE

ASSOCIATION CANADIENNE POUR LA SANTÉ MENTALE
325, rue Ste-Thérèse
418-529-1979
www.acsmquebec.org
Organisme sans but lucratif qui œuvre à la promotion de la santé mentale et à la prévention de la maladie depuis 1979.

ASSOCIATION DES MALENTENDANTS QUÉBÉCOIS
7260, boul Cloutier
418-623-5080
www.amq1985.org
Services d'aide et d'information à l'audition lors d'activités de loisirs.

LA FÉDÉRATION DES FAMILLES ET AMIS DE LA PERSONNE ATTEINTE DE MALADIE MENTALE (FFAPAMM)
1990, rue Jean-Talon Nord, bureau 203
418-687-0474/ 1 800 323-0474
www.ffapamm.qc.ca
Depuis sa fondation, en 1986, le FFAPAMM travaille à sortir de l'isolement ses membres. De plus, cet organisme sensibilise la population et les instances décisionnelles aux problèmes reliés à la maladie mentale et aux impacts sur les familles et amis. Son porte-parole est ni plus ni moins que Rémy Girard !

FONDATION MIRA
2700, rue Jean-Perrin, bureau 115
418-845-6472
www.mira.ca
À but non lucratif. Mira fait don de chiens-guides aux non-voyants. Cause des plus nobles, et la générosité à leur égard est de mise!

OFFICE DES PERSONNES HANDICAPÉES
979, av. de Bourgogne, bureau 400, Sainte-Foy418-643-1599
www.ophq.gouv.qc.ca
L'Office a pour mission de s'assurer que les droits des personnes handicapées sont respectés et d'améliorer leur intégration sociale. Service de soutien et d'accompagnement aux personnes handicapées et à leur famille.

VAN-ACTION
1 800 668-8705
www.van-action.com
Entreprise adaptant les véhicules, commerciaux ou privés, aux besoins des handicapés. Aussi aménagement des domiciles avec ascenseurs et rampes. Bonne réputation dans le milieu.

RÉSEAU DE TRANSPORT ADAPTÉ
418-627-2511
www.stcuq.qc.ca
Le service de transport adapté est offert aux personnes qui ont une déficience significative et persistante, les rendant incapables d'utiliser le transport collectif régulier. Les personnes désireuses de bénéficier du service de transport adapté doivent se procurer et compléter le formulaire de demande d'admission.

TROISIÈME ÂGE

LE PORTAIL DES AÎNÉS
www.aines.qc.ca
Une source d'information inépuisable peu importe où que l'on soit au Québec. Ce portail accompagne très bien les aînés dans leur périple sur la toile. On y trouve aussi des sujets vedettes, des coups de cœur etc.

CONSEIL DES AÎNÉS DU QUÉBEC
www.conseil-des-aines.qc.ca
1 877 657-2463
Organisme gouvernemental qui a principalement pour fonction de promouvoir les droits des aînés, leurs intérêts et leur participation à la vie collective ainsi que de conseiller la ministre sur toute question qui concerne ces personnes.

FÉDÉRATION DE L'ÂGE D'OR DU QUÉBEC
1098, rte de l'Église
418-650-3552
www.fadoq-quebec.qc.ca
Regroupement de plusieurs organismes dont la mission est de fournir des informations sur les droits des aînés, leurs besoins et qui

propose également des activités et des services divers.

POUR LES 55 ANS ET PLUS

www.55ans.info.gouv.qc.ca

Site Internet du Gouvernement québécois fournissant des informations utiles sur divers sujets, tels que l'habitation, les voyages, la santé, les impôts et bien d'autres.

RETRAITE-QUEBEC.CA

www.retraites-quebec.ca

Plus d'une centaine de sites informatifs pour les retraités, pré-retraités et leurs familles. Une foule de sujets disponibles tels que l'alimentation, la culture, la famille, les gouvernements, l'immobilier, le jardinage, les sports, les loisirs, les voyages etc.

LES RETRAITÉS FLYÉS

http://pages.riaq.ca/flyes/

Les retraités et préretraités dynamiques ont leur site Internet qui leur permet de se retrouver et de se regrouper à travers le Québec. Ils organisent plusieurs activités de groupes, comme des cours de langue, du bénévolat, de la coopération internationale, de la marche, du vélo, du ski etc.

RÉSEAU D'INFORMATION DES AÎNÉS DU QUÉBEC (RIAQ)

www.riaq.ca

Informations variées pour les 50 ans et plus. Organisation d'activités.

INFORMATIONS & SERVICES JURIDIQUES

GÉNÉRAL

BUREAU D'INFORMATION JURIDIQUE DE L'UNIVERSITÉ LAVAL (BIJ)

Pavillon Maurice-Pollack (Local 2231)
418-656-7211

Oct.-avr., lun-ven 8h30-16h30. Pour avoir l'heure juste et tout à fait gratuitement concernant vos droits. Des étudiants de 2e et 3e année sont disponibles sur place et vous orientent.

AIDE JURIDIQUE

8500, Boul Henri Bourassa
418-643-3334

Si vous avez besoin d'informations juridiques ou bien d'une aide, des professionnels agréés sont disponibles et l'aide juridique peut être gratuite ou à frais réduit, selon votre situation.

COMMISSION DES DROITS DE LA PERSONNE ET DES DROITS DE LA JEUNESSE

575, rue Saint-Amable, bureau 4.31
418-643-1872/ 1 800 463-5621
www.cdpdj.qc.ca

La commission s'assure de veiller au respect des principes de non-discrimination et d'égalité dans tous les domaines. Si vous souhaitez obtenir plus d'information sur vos droits, la commission est là pour vous aider.

ÉDUCALOI

www.educaloi.qc.ca

Un site Internet qui répond à toutes vos questions concernant vos droits, le système judiciaire et autres ressources, de façon claire et dans plusieurs catégories (habitation, famille, consommation, pénal etc.)

MINISTÈRE DE LA JUSTICE DU QUÉBEC

1 866 536-5140
www.justice.gouv.qc.ca

Pour obtenir plus de renseignements sur des lois, des procédures etc.

PALAIS DE JUSTICE DE QUÉBEC

300, boulevard Jean-Lesage
418-649-3400

COURS MUNICIPALES

300, boulevard Jean-Lesage
418-649-3400

Les cours municipales ont une compétence limitée en matière civile. Celle-ci porte notamment sur les réclamations de taxes. Elles ont également compétence en matière pénale pour les infractions aux règlements municipaux et pour les infractions aux lois québécoise tel que le Code de sécurité routière.

COURS DES PETITES CRÉANCES

300, boul. Jean-Lesage
418-649-3508

La Division des petites créances entend des causes où une somme d'argent est en litige ainsi que d'autres causes visant l'annulation ou la résiliation d'un contrat, lorsque l'objet du contrat et la somme réclamée n'excèdent pas chacun 7 000 $. C'est une division de la Cour du Québec où les gens se représentent seuls et sans avocat.

LE CURATEUR PUBLIC
400, boul. Jean-Lesage, Hall Ouest, bureau 22
418643-4108/ 1 800 463-4652
www.curateur.gouv.qc.ca
Le curateur public a pour mission de gérer la protection de citoyens inaptes, et de s'assurer que toute décision relative à leur personne ou à leurs biens est prise dans leur intérêt, le respect de leurs droits et la sauvegarde de leur autonomie.

INFO-NOTAIRES
1 800 668-2473
Service d'informations juridiques gratuit tenu par la chambre des notaires du Québec.

RESSOURCES POUR LES VICTIMES D'ACTES CRIMINELS

CENTRE D'AIDE POUR LES VICTIMES D'ACTES CRIMINELS (CAVAC)
1167, ch. Sainte-Foy
418-648-2190/1 888 881-7192
www.cavac.qc.ca
Le cadre de leur intervention englobe une prise en charge de la victime afin de lui expliquer toutes les démarches à suivre, d'assister aux rendez-vous avec les procureurs et les enquêteurs référés sur le dossier d'une victime, de rencontrer et d'orienter la victime vers des ressources sur un plus long terme selon ses besoins.

SANTÉ

RÉGIE DE L'ASSURANCE MALADIE DU QUÉBEC (RAMQ)
1125, Grande Allée O.
418-646-4636
www.ramq.gouv.qc.ca

Ouvert les lun-mar-jeu-ven de 8h30 à 16h30 sans interruption et le mer de 10h à 16h30.

CENTRE LOCAL DE SERVICES COMMUNAUTAIRES (CLSC)

Vous pouvez recevoir des services médicaux de base soit dans les cabinets de médecins privés, les cliniques ou polycliniques privées, soit dans un Centre Local de Services Communautaires (CLSC), un établissement public qui dispense à la fois des services de santé et des services sociaux. Certains CLSC offrent leurs services dans plusieurs langues.

CLSC DE QUÉBEC

CENTRE DE SANTÉ ET DE SERVICES SOCIAUX DE LA VIEILLE-CAPITALE
1, av du Sacré-Coeur
418-529-4777
www.csssvc.qc.ca

CLSC BASSE-VILLE - VANIER
50, rue Saint-Joseph E
418-529-2572

CLSC CAP-ROUGE - SAINT-AUGUSTIN
1100, boul. de la Chaudière,
418-651-2572

CLSC DES-RIVIÈRES
1720, boulevard Père-Lelièvre
418-688-9212

CLSC HAUTE-VILLE
55, chemin Sainte-Foy
418-641-2572

CLSC HAUTE-VILLE, PAVILLON COURCHESNE
383, chemin Sainte-Foy
418-641-2572

CLSC DE L'ANCIENNE-LORETTE
1320, rue Saint-Paul
418-651-2572

CLSC LIMOILOU
825, boulevard des Capucins
418-529-2572

CLSC SAINTE-FOY - SILLERY
3108, chemin Sainte-Foy
418-651-2572

HÔPITAUX

**CENTRE HOSPITALIER
UNIVERSITAIRE DE QUÉBEC**
11, Côte du Palais
418-525-4444
www.chuq.qc.ca

**CENTRE HOSPITALIER DE
L'UNIVERSITÉ LAVAL (CHUL)**
2705, boul. Laurier
418-525-4444

**CENTRE HOSPITALIER
ROBERT-GIFFARD**
2601, ch. de la Canardière
418-663-5321
www.rgiffard.qc.ca

**CENTRE HOSPITALIER AFFILIÉ
HÔTEL-DIEU DE LÉVIS**
143, rue Wolfe, Lévis
418-835-7121

L'HÔTEL-DIEU DE QUÉBEC
11, Côte du Palais
418-525-4444

HÔPITAL SAINT-FRANÇOIS-D'ASSISE
10, rue de l'Espinay
418-525-4444

HÔPITAL DE L'ENFANT-JÉSUS
1401, 18e Rue
418-649-0252
www.cha.quebec.qc.ca

HÔPITAL DU SAINT-SACREMENT
1050, ch. Sainte-Foy
418-682-7511

HÔPITAL LAVAL
2725, ch. Sainte-Foy
418-656-8711

MÉDECINES DOUCES

ACUPUNCTURE

**ASSOCIATION DES ACUPUNCTEURS
DU QUÉBEC**
www.acupuncture-quebec.com
1 800 363-6567

**ORDRE DES ACUPUNCTEURS
DU QUÉBEC**
www.ordredesacupuncteurs.qc.ca
1 800 474-5914

MASSOTHÉRAPIE

**ASSOCIATION DES
MASSOTHÉRAPEUTES DU QUÉBEC**
1 866 663-0168
www.amquebec.qc.ca

NATUROPATHIE

**ORDRE DES NATUROPATHES
DU QUÉBEC**
www.onaq.net
1 800 363-6641

OSTÉOPATHIE

**REGISTRE DES OSTÉOPATHES
DU QUÉBEC**
www.registre.org
514-526-4808

PHYTOTHÉRAPIE

**ASSOCIATION QUÉBÉCOISE
DES PHYTOTHÉRAPEUTES**
1 800 268-587
www.aqp-annspq.org

Index

INDEX

À CHACUN SON **QUÉBEC**... AVEC LE

petit futé

On a tous besoin d'un plus **Petit Futé** que soi ...

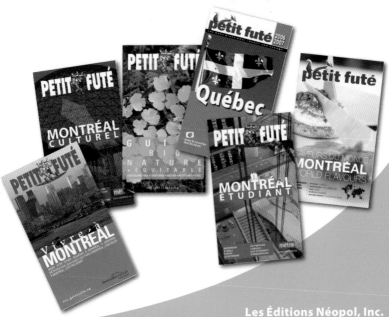

Les Éditions Néopol, Inc.
43, avenue Joyce, Montréal (Québec) H2V 1S7

téléphone (514) 279-3015 fax (514) 279-1143 site internet www.petitfute.ca courriel redaction@petitfute.ca

POUR COMMANDER
TO ORDER

petit futé

On a tous besoin d'un plus **Petit Futé** que soi ... | Everybody needs a **Petit Futé** ...

tel. (514) 279-3015 **fax** (514) 279-1143 **web** www.petitfute.ca **email** redaction@petitfute.ca

Les Éditions Néopol, Inc.
43, av. Joyce, Montréal (Québec) H2V 1S7

Nom : . . . . Prénom : . . . .

Adresse : . . . .

Code postal : . . . . Ville : . . . .

Province : . . . . Tél. : . . . .

Courriel : . . . .

Ville de Montréal :	_____	X 15$
Guide des adresse érotiques :	_____	X 12$
Ville de Québec :	_____	X 12$
Saveurs du Monde à Montréal World Flavours :	_____	X 12$
Bio, Nature et Équitable :	_____	X 13$
Total :	_____	$

(Frais de port et taxes inclus – Merci de faire votre chèque à l'ordre des Éditions Néopol Inc.)

P

Q

R

S